船舶导航系统安装与操作

◎主　编　李海凤
◎副主编　段丽华　史鸿屿　吴　萍
◎主　审　李　晶

北京理工大学出版社
BEIJING INSTITUTE OF TECHNOLOGY PRESS

内 容 简 介

本书共包括8个项目：船用罗经的安装与操作、船用回声测深仪的安装与操作、船用计程仪的安装与操作、船用雷达的安装与操作、全球定位系统的安装与操作、船舶自动识别系统（AIS）的安装与操作、电子海图显示与信息系统（ECDIS）的安装与操作、船载航行数据记录仪（VDR）的安装与操作。

本书从高职教育技能培养的角度出发，以职业岗位的能力为依据，基于技术人员和工人师傅在造船过程中所做的工作，安排了船舶导航系统各项目的内容。

本书可作为高职高专船舶通信与导航、船舶电气等专业的教材，也可作为船厂技术人员的参考用书。

图书在版编目（CIP）数据

船舶导航系统安装与操作／李海凤主编 . -- 北京：北京理工大学出版社，2014.4
（2024.1 重印）

ISBN 978 - 7 - 5640 - 9115 - 6

Ⅰ. ①船… Ⅱ. ①李… Ⅲ. ①船舶驾驶 - 导航系统 - 安装②船舶驾驶 - 导航系统 - 操作 Ⅳ. ①U666.11

中国版本图书馆 CIP 数据核字（2014）第 075725 号

| **责任编辑**：张慧峰 | **文案编辑**：张慧峰 |
| **责任校对**：周瑞红 | **责任印制**：李志强 |

出版发行 / 北京理工大学出版社有限责任公司
社　　址 / 北京市丰台区四合庄路 6 号
邮　　编 / 100070
电　　话 / （010）68914026（教材售后服务热线）
　　　　　　（010）68944437（课件资源服务热线）
网　　址 / http：//www.bitpress.com.cn

版 印 次 / 2024 年 1 月第 1 版第 3 次印刷
印　　刷 / 北京虎彩文化传播有限公司
开　　本 / 787 mm×1092 mm　1/16
印　　张 / 15.25
字　　数 / 355 千字
定　　价 / 45.00 元

前　言

高等职业教育培养的是面向生产、建设、服务和管理第一线需要的高素质技能型专门人才。本书紧紧围绕高等职业教育的人才培养目标，针对造船企业中导航设备和系统的有关知识做了简明扼要的讲解和阐述。

本书的编写具有以下特点：

1. 校企深度合作，书中主要内容均来自企业一线。

2. 从造船角度编写船舶导航系统的内容。

3. 由于船舶导航设备大多数是进口的，本书在编写中特别注意了英文的引用或解释。

4. 书中对于各设备和系统涉及的理论，根据高职教育的特点对内容进行了取舍，做到"必需、够用"。

5. 在船舶导航系统繁杂的安装和操作中，根据造船工作岗位的实际需要进行内容选取和描述，对于相似的安装和操作则只在一种系统中详细讲解。

6. 从船舶导航设备厂家和造船企业两个角度对船舶导航系统的识图过程进行了深入浅出的讲解。

全书共包括8个项目：船用罗经的安装与操作、船用回声测深仪的安装与操作、船用计程仪的安装与操作、船用雷达的安装与操作、全球定位系统的安装与操作、船舶自动识别系统（AIS）的安装与操作、电子海图显示与信息系统（ECDIS）的安装与操作、船载航行数据记录仪（VDR）的安装与操作。

本书由渤海船舶职业学院李海凤主编，渤海船舶职业学院段丽华、渤船重工电装分厂高级工程师史鸿屿、北京电信高级工程师吴萍等三人担任副主编，渤船重工电装分厂正高级工程师李晶主审。其中，段丽华编写项目一和项目三；吴萍编写项目二；史鸿屿编写项目四；李海凤编写项目五、项目六、项目七和项目八。全书由李海凤统稿。

本书在编写过程中得到了渤船重工电装分厂的大力支持，很多技术人员和工人师傅提出了宝贵意见，多名技术员耐心答疑。渤海船舶职业学院的毕业生刘洪亮等对本书的编写也提出了许多建设性意见。在此一并表示衷心的感谢。

书中不妥之处，恳请各位读者批评指正。

编　者

目录

目 录 >>>

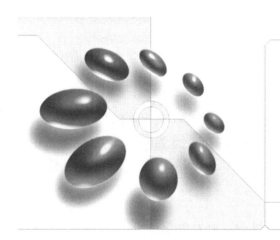

项目一 船用罗经的安装与操作

【项目描述】

罗经（compass）是提供方向基准的仪器。船舶用以确定航向和观测物标方位。罗经有磁罗经（magnetic compass）和电罗经（gyro compass）两种，一般船舶都同时装备有磁罗经和电罗经。前者简单可靠，后者使用方便、准确。

【项目目标】

1. 能正确识读罗经系统的系统图和接线图。
2. 能正确安装罗经系统。
3. 会对磁罗经进行自差校正和对电罗经进行操作。

【知识链接】

知识链接1 罗经的工作原理

一、磁罗经的工作原理

简单来说，磁罗经的罗盘由轴针、轴帽和液体支撑构成，具有绕垂直轴旋转的自由度，罗盘上的轴针受地磁水平分量的作用，使罗盘的"0"度指示磁北。具体说明如下。

1. 磁场

物体能吸引铁、镍、钴等物质的性质叫做磁性。磁铁具有同性磁极相斥、异性磁极相吸的特性。

磁场是指磁场作用力所能达到的空间范围。磁场的性质可用"磁场强度"来描述：

$$H = m/r^2 \qquad\qquad (1-1)$$

式中，H 为磁场强度；m 为磁量；r 为距离。

磁场强度为矢量，指向磁力线的切线方向。磁场强度的单位为"奥斯特"。[①]

磁场强度与磁介质有关，当讨论一块磁介质内部或外部的磁场强度时，除了要考虑外界已存在的磁场外，还要考虑磁介质被磁化后所产生的附加磁场，我们把上述两种磁场强度矢量之和称为磁感应强度 B，即

$$B = H_0 + H' \qquad\qquad (1-2)$$

式中，H_0 为外磁场强度；H' 为附加磁场强度。磁感应强度 B 的单位为"特斯拉"（符号 T）。若磁场中某一范围内，各点的磁场强度大小相等，方向一致，则该范围内的磁场称为均匀磁场。位于船体范围内的地磁场以及罗盘范围内的船磁场可视为均匀磁场。

2. 磁铁

目前所应用的各种磁铁均为人造磁铁，即用人工方法将镍、钴、钨等金属材料经磁化制成的。磁罗经中均使用条形磁铁，如图 1-1 所示。

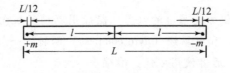

图 1-1　磁铁

我们将磁性最强的地方称为磁极。条形磁铁的磁极主要集中在磁棒的两端，一根自由悬挂着的磁铁，指向地磁北极的一端称为北极，用"N"表示，并涂成红色，其磁量用 $+m$ 表示；指向地磁南极的一端，称为南极，用"S"表示，并涂成蓝色或黄色等，其磁量用 $-m$ 表示。两磁极间的连线称为磁轴，同一磁铁两磁极的磁量是相等的。磁铁磁极的位置视磁铁形状、金属材料、磁化过程和磁化程度而定，用 L 表示磁铁的全长，通常认为南北磁极距磁铁两端为 $L/12$。

我们用磁矩表示磁铁的磁性大小，磁矩是同名磁量与两磁极间距离的乘积，用字母 M 表示，即：

$$M = 2ml \qquad\qquad (1-3)$$

式中，m 为磁极的磁量；$2l$ 为两磁极之间的距离。

磁矩的单位采用电磁单位制 CGSM[②]。为了保持磁铁的磁性，磁铁存放时应避免受到高

---

① 奥斯特为非法定计量单位。1 奥斯特 $= \dfrac{1\,000}{4\pi}$ A/m。

② CGSM，即 Centimeter-Gram-Second Electromagnetic System 厘米 - 克 - 秒电磁单位制。

温、敲击或其他恒定磁场的影响，并应使磁铁异名极相靠。

3. **磁铁的磁场强度**

在磁铁周围各点的场强是比较复杂的。其大小和方向都会发生变化，下面仅对与校正罗经自差有关的两种位置加以讨论。

（1）磁铁磁轴延长线上某点的场强

设有单位正磁量位于具有磁量为 m 的磁铁的磁轴延长线上的 P_1 点，如图 1-2 所示。该点与磁铁中心的距离 $OP_1 = r$，磁铁两磁极间的半长为 l。

按磁场强度的定义，磁铁北极和磁铁南极分别对 P_1 点产生的作用力为 F_N 和 F_S，其中 $F_N = m/(r+l)^2$，$F_S = -m/(r-l)^2$，其合力为 H_1，即

$$H_1 = F_N + F_S \tag{1-4}$$

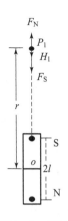

图 1-2　磁轴延长线上场强

若磁铁的半长 l 远小于距离 r 时，合力 H_1 可近似为：$H_1 = 2M/r^3$，H_1 的方向沿着磁轴延长线，M 为磁铁的磁矩。罗经柜中垂直磁铁对罗经的作用力即属 H_1。

（2）磁铁磁轴垂直平分线上某点的场强

如图 1-3 所示，设有单位正磁量位于磁轴垂直平分线上的 P_2 点，磁铁中心 O 点至 P_2 点的距离为 r，则磁铁北极的作用力 F_N 与南极的作用力 F_S 两者大小相等，但其方向对称分布。$F_N = F_S = \dfrac{m}{r^2 + l^2}$，力 F_N 和 F_S 在磁轴垂直平分线上的投影之和为零，而在平行于磁轴方向上的合力为：$H_2 = F_N \cos\alpha + F_S \cos\alpha = \dfrac{2m}{r^2 + l^2} \cos\alpha$。因为 $\cos\alpha = \dfrac{l}{\sqrt{r^2 + l^2}}$，所以 $H_2 = \dfrac{2mL}{(r^2 + l^2)^{3/2}} = \dfrac{M}{r^3 \left(1 + \dfrac{l^2}{r^2}\right)^{3/2}}$，当磁铁半长 l 远小于 r 时，H_2 可近似为：

$$H_2 = M/r^3 \tag{1-5}$$

H_2 的方向与磁轴平行，并指向 S 端。

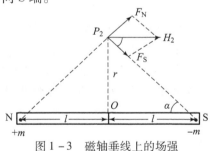

图 1-3　磁轴垂线上的场强

比较 H_2 与 H_1 两式，不难看出，在相同条件下，H_2 之值是 H_1 的一半。罗经柜中纵横校正磁铁对罗经的作用力即属于 H_2。

4. **磁性物质的磁化**

自然界内的物质按其导磁能力的大小，可分为磁性物质和非磁性物质两大类。

（1）磁性物质

磁性物质又称为铁磁性物质，铁、镍、钴及其合金等金属材料均属于磁性物质。磁性物质的磁导率 $\mu \geq 1$，其值可达数千乃至数万。磁性物质被磁化后可呈现出较强的磁性。在 **B-H** 曲

线上，当外磁场 H 为零时，磁感应强度 B 并非为零，$B = B_r$，B_r 称为剩磁。这种 B 的变化落后于 H 变化的现象叫做磁滞现象。为消除剩磁，必须加一反向磁场，当使磁感应强度 B 降为零时，所加的反向磁场 $H = H_c$，H_c 称为矫顽力，它表示磁性物质抗去磁的能力。

实验证明，铁磁体被磁化的极性与它相对于磁场的方向有关，如图 1-4 所示，即铁磁体被磁化的磁极与原磁铁的极性刚好相反，磁力线进去一端为"S"极，磁力线出去一端为"N"极。若外磁场方向与铁磁体纵轴相垂直，则其退磁系数为无穷大，铁磁体不能被磁化。磁性物质按其保留磁性的大小，

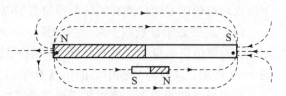

图 1-4　铁磁体被磁化的极性与
其相对于磁场的方向关系图

又可分为硬铁和软铁两类。硬铁磁性材料需由较强的外磁场磁化，一经磁化后，其剩磁可保留较长时间不易消失，亦即硬铁的特点是剩磁和矫顽力均较大；而软铁磁性材料可在较弱磁场中被磁化，一旦外磁场消失，其磁性几乎也随之消失，即软铁不保留磁性。软铁的特点是剩磁、矫顽力均较小。

实际上，硬铁和软铁很难严格地区分，通常将矫顽力 H_c 大于 50 奥的磁性材料视为硬铁，如碳钢、钴钢、钨钢及其合金等；矫顽力 H_c 小于几奥的磁性材料视为软铁，如软铁、坡莫合金、矽钢等。

（2）非磁性物质

非磁性物质有金、银、铜、木、纸、铝、橡胶、玻璃等，其磁导率约为 1。非磁性材料在磁场中被磁化后，所产生的附加磁场甚微，可以忽略，故可认为非磁材料不能被磁化。因此在制造磁罗经时，为避免产生附加的磁性干扰，除了指向元件外，其余所有的材料均采用非磁性材料。

5. 地磁场

地球可认为是一个均匀磁化的球体，在其周围空间存在着磁场。地磁极位于地理南北极附近，而且位于地球深处。地磁极的地理位置是不固定的，逐年缓慢变化。值得注意的是，南半球的南磁极具有正磁量，而北半球的北磁极却具有负磁量，因此，围绕地球空间的磁力线是从南半球走向北半球的，如图 1-5 所示。地面上任意一点的地磁场方向，可用一根自由悬挂的顺着地磁总力 T 指向的磁针来测定。通过磁针磁轴的垂面，称为该地的磁子午面，磁子午面与地理子午面（一般指通过地面一点包含地球南北极的平面）的水平夹角，称为磁差（Var），如图 1-6 所示。

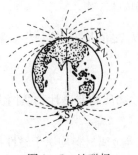

图 1-5　地磁场

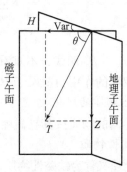

图 1-6　地磁要素

将地磁总力 T 分解为作用于磁子午面的水平磁力 H 和垂直磁力 Z，即得：

$$H = T\cos\theta \qquad Z = T\sin\theta \qquad\qquad (1-6)$$

水平磁力 H 和地磁总力 T 之间的夹角 θ，称为磁倾角。在北半球，θ 角在水平面之下，其符号定为（＋）；反之，在南半球，θ 角在水平面之上，其符号定为（－）。在地球表面上，磁倾角为零各点的连线称为磁赤道。自磁赤道向两极，磁倾角 θ 逐渐增大，在磁北极，磁倾角为 $+90°$；在磁南极，磁倾角为 $-90°$。将磁倾角为固定值点的连线称为磁纬度。

在水平磁力 H 的作用下，罗盘指向磁北。水平磁力在磁赤道处最大，约为 0.4 奥，而垂直磁力 Z 在磁赤道处为零。在磁极处，垂直磁力 Z 为最大，约为 0.7 奥。而水平磁力 H 却为零，因而导致磁罗经在磁极附近是不能指向的。

在不同的地理位置，磁差是不相同的。磁差的变化范围为 $0° \sim 180°$。纬度越高，磁差越大。当磁北分别位于真北的东面或西面时，分别称为东磁差和西磁差。通常把地磁水平磁力 H，磁倾角 θ 和磁差 Var 称为地磁三要素。

在海图上将同一地磁要素相同值的各点连成等值线，这种曲线图称为地磁图。目前，航海上所使用的地磁图有等磁差线图、等水平力线图、等垂直力线图、等磁倾角线图和等地磁总力线图等。由于各地磁要素逐年缓慢变化，因此各地磁图所标注的数据只适用于某一特定年份，通常地磁要素图每 5 年左右重新绘制一次。在实际使用时，为获得较准确的数据，应根据地磁要素的年变化率修正地磁图上标注的数据。

二、电罗经的工作原理

电罗经也叫陀螺罗经，是利用陀螺仪的特性制成的指向仪器。电罗经基本不受外界磁场的影响，指向具有较高的准确性和稳定性，正常工作时只有固定误差，它不随航向地点改变而变化，并且能把航向传送到船上任何地方和送给自动舵、雷达等需要航向信号的仪器。

1. 陀螺仪（gyroscope）的结构及其特性

（1）陀螺仪的结构

陀螺仪是绕定点高速旋转的刚体及其悬挂装置的总称。如图 1-7 所示，陀螺仪由一个高速旋转的转子（rotor）、支撑转子的内环（inner gimbal）和外环（outer gimbal）及基座（pedestal）组成。

陀螺仪具有三个自由度，一是转子绕 OX 轴（亦称主轴）转动；二是转子连同内环绕 OY 轴（亦称水平轴）转动，可改变主轴指向的高度角；三是转子连同内环和外环一起绕 OZ 轴（亦称垂直轴）转动，可改变主轴指向的方位角。三轴的交点 O，称为陀螺仪的中心点。这种转子可绕 X、Y、Z 三个轴任意转动，主轴可指向空间任何方向的陀螺仪称为三自由度陀螺仪。当三自由度陀螺仪的重心（包括内环和外环）和中心 O 重合，则这种陀螺仪称为平衡陀螺仪。而不受任何外力矩作用的三自由度平衡陀螺仪称为自由陀螺仪。

（2）陀螺仪的特性

三自由度陀螺仪具有两个基本特性。

①定轴性（又叫稳定性）（inertia or rigidity）。

自由陀螺仪在转子不作高速旋转时，若转动其基座，则主轴将随基座一起转动。当转子绕其主轴高速旋转时，若再转动陀螺仪的基座，则可发现主轴 OX 并不随基座一起转动，而是保持它原有的空间指向不变，如图 1-8 所示，这种现象称自由陀螺仪的定轴性，也叫稳定性。可叙述为：在不受外力矩作用时，自由陀螺仪主轴保持它在空间的初始方向不变。

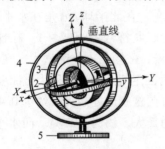

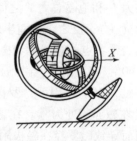

图 1-7　陀螺仪组成图　　　　　　　　　图 1-8　陀螺仪的定轴性

1—转子；2—内环；3—外环；4—固定环；5—基座

②进动性（又叫旋进性）（precession）。

当陀螺仪受到外力矩作用时，若转子不绕主轴高速旋转，则陀螺仪将和一般刚体一样，绕外力矩的作用轴转动。当转子绕主轴高速旋转时，如在 OX 轴上有一个常值作用力 $\overline{F}$，则沿 OY 轴方向有一个常力矩 $\overline{M}_y$ 作用在陀螺仪上时，陀螺仪主轴并不绕 OY 轴转动，而是绕 OZ 旋转，这种现象称为陀螺仪的进动性，也叫旋进性，可叙述为：在外力矩作用下，陀螺仪主轴的动量矩 $\overline{H}$ 矢端以捷径（小于 180°）方向趋向力矩 $\overline{M}$ 矢端作进动。可记为 $\overline{H} \rightarrow \overline{M}$。

2. 陀螺仪运动的参考坐标

（1）陀螺仪主轴在地理坐标系中的指向

为研究陀螺仪主轴在地球上的指向和主轴相对于地球的运动规律，必须建立一个参考坐标系统。以陀螺仪中心点 O 为原点作一个与地球相固连的右手直角坐标系 $ONWZ_0$，ON 轴水平指北，OW 轴水平指西，OZ_0 轴垂直向上，如图 1-9 所示。陀螺仪能绕三个互相垂直的轴 OX、OY 和 OZ 旋转。若在初始时刻，让 OX 与 ON 重合，OY 与 OW 重合，则 OZ 与 OZ_0 重合；而后若转子连同内环和外环一起绕 OZ 轴以角速度 ω_z 转过 α 角，转子连同内环绕 OY 轴以角速度 ω_y 转过 θ 角，则 α 角是陀螺仪主轴 OX 与子午面 ONZ_0S 的夹角，表示陀螺仪主轴在子午

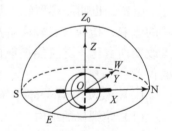

图 1-9　陀螺仪运动的
参考坐标图

面之西或之东的角度，α 角称陀螺仪主轴的方位角。θ 角是陀螺仪主轴与水平面 $ONWSE$ 之间的夹角，表示陀螺仪主轴偏在水平面之下或之上的角度，θ 角称陀螺仪主轴的高度角。

方位角 α 和高度角 θ 在坐标系 $ONWZ_0$ 中的符号用"右手法则"判断：主轴指向北端偏在子午面之西时，$\alpha > 0$；主轴指向北端偏在子午面之东时，$\alpha < 0$；主轴指向北端偏在水平面之下时，$\theta > 0$；主轴指向北端偏在水平面之上时，$\theta < 0$。显然，当陀螺仪主轴指北端相对于地理坐标系 $ONWZ_0$ 的方位角 α 和高度角 θ 确定后，陀螺仪主轴在地球上的指向就能确定。

（2）陀螺仪主轴指向的投影表示法

陀螺仪主轴在地球上指向的方位角 α 和高度角 θ 也可以采用投影法来描述，如图 1-10 所示，在陀螺仪主轴指北端竖立一东西方向的垂直平面 R，子午面与垂直面 R 的交线为 MM'，称为真北线。地平面与垂直平面 R 的交线为 HH'，称为地平线（水平线）。MM' 与 HH' 的交点为 N，主轴延长线交垂直面 R 于 P 点，称为主轴的投影点。显然当主轴水平指北

时，P 点即与 N 点相重合。P 点与真北线 MM' 之间的距离代表方位角 α 的大小，P 点与地平线 HH' 之间的距离代表高度角 θ 的大小。

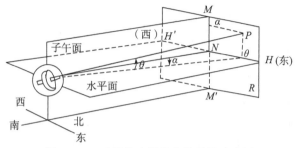

图 1-10　陀螺仪主轴指向的投影示意图

3. 自由陀螺仪的视运动

自由陀螺仪主轴指向的稳定性是相对于宇宙空间的。由于地球的自转，子午面和水平面在空间旋转。人在地球上感觉不到子午面和水平面的旋转，相反却看到了指向宇宙空间方向不变的陀螺仪主轴相对于子午面的方位角和相对于水平面的高度角在不断变化。这种由于地球自转产生的陀螺仪主轴相对于地理坐标系的运动，称陀螺仪在地球上的视运动。

4. 电罗经基本原理

要想把陀螺仪变为航海罗经，必须使其满足航海罗经的两个基本要求，一是主轴相对于地球具有稳定位置；二是当主轴受到干扰偏离稳定位置后，应能自动返回稳定位置。显然自由陀螺仪不满足这两个要求，因此不能作罗经用。要想使自由陀螺仪满足航海罗经的要求，还必须利用其进动性，对其施加控制力矩和阻尼力矩。

（1）电罗经的控制力矩

①什么是控制力矩。

要想把陀螺仪变为航海罗经，首先要克服陀螺仪的视运动，使陀螺仪主轴指向相对于地球具有稳定位置。在电罗经中，向陀螺仪 OY 轴施加的用来抵消陀螺仪方位视运动的力矩叫做电罗经的控制力矩，用 M_y 表示。

②获得控制力矩的方法和罗经的分类。

电罗经有三种方法获得控制力矩，并因此将罗经分为三大系列。

a. 安许茨系列电罗经。

该系列电罗经采用下重法获得控制力矩，又叫下重式罗经，即将陀螺仪的重心沿 OZ 轴下移一段距离，形成陀螺摆而产生摆性力矩——重力控制力矩。较为著名的型号有国产航海 I 型、德国安许茨（ANSCHUTS）型。该系列电罗经的陀螺球内有两个陀螺马达，所以又称为双转子电罗经。

b. 斯伯利系列电罗经。

该系列电罗经采用液体连通器法产生控制力矩，又称液体连通器罗经。产生控制力矩的设备是在陀螺仪上挂着盛有硅油的容器，利用硅油的流动产生多余的液体而产生摆性力矩。这种摆性力矩的作用效果与下重法产生的摆性力矩的作用效果相反，它相当于重心上移，所以液体连通器罗经又称为上重式电罗经。此类罗经的代表型号有美国的斯伯利-MK37 型、日本的 TG-5000 型等。

无论是下重式还是液体连通器式电罗经，它们都是利用摆的效应，即直接利用地球重力作用来产生控制力矩而制成罗经的，所以又称重力摆式电罗经。

c. 阿玛－勃朗系列电罗经。

该系列电罗经采用力矩器和电磁摆结构，用电磁感应方法产生电磁控制力矩，因此又称此类罗经为电磁控制式罗经。国产代号 CLP－2 型、美国的阿玛－勃朗型属此类电罗经。

③在北半球摆式罗经的等幅摆动。

在北半球，影响摆式罗经主轴 OX 高度角和方位角变化的因素有：东升西降的高度视运动，在投影图上用 v_1 表示；向东偏的方位视运动，用 v_2 表示；控制力矩引起主轴 OX 的进动是主轴高于水平面时向西进动，主轴低于水平面时向东进动，用 u_2 表示。图 1－11 中，r 点为主轴 OX 的稳定位置。这时主轴在子午面内，高度视运动 $v_1 = 0$，主轴高于水平面 θ_r 角，控制力矩引起的主轴 OX 向西进动速度 u_2 等于主轴向东偏的方位视运动速度 v_2，抵消了方位视运动，所以主轴相对于地球是稳定的。

若由于某种干扰，比如在启动时刻，摆式罗经主轴指北端水平偏东，投影点在位置 A，此时，投影点以 v_1 线速度向上运动，同时又以线速度 v_2 向东。

这样投影点沿 v_1 和 v_2 的合成方向运动。当主轴指北端上升以后，产生向西的进动线速度 u_2，u_2 随高度角 θ 的增大而增大。当主轴高度角上升到 θ_r 时，$u_2 = v_2$，此时主轴偏离子午面的方位角 α 最大，如图 1－11 中 B 点。在位置 B 时，u_2 和 v_2 等值反向互相抵消，但此时因方位角 α 最大，所以主轴指北端上升的线速度 v_1 也最大。主轴的继续上升，将使控制力矩产生的 u_2 增大，主轴将在 v_1 和 $u_2 - v_2$ 的合成方向上上升并向子午面靠拢运动到 C 点。在 C 位置时，由于方位角 α 的减小使 v_1 的值也减小；而高度角 θ 的逐渐增大，使 u_2 随高度角 θ 的增大而逐渐增大，使投影点沿扁平曲线达到位置 D，即进入子午面。在位置 D，即子午面上，方位角 $\alpha = 0$，$v_1 = 0$，主轴指北端停止上升，此时高度角 θ 最大，向西运动的 u_2 也最大，则主轴指北端以（$u_{2最大} - v_2$）的速度偏离开子午面向西运动。主轴向西偏离子午面后，v_1 是下降的，同时 $u_2 > v_2$，故主轴指北端向西向下接近水平面。

在位置 D、E 至 F 的过程中，高度角 θ 逐渐减小，而方位角 α 却逐渐增大。因此，u_2 逐渐减小，v_1 却逐渐增大，直至 F 点时，$u_2 = v_2$，方位角 α 又为最大，则向下线速度 v_1 最大。

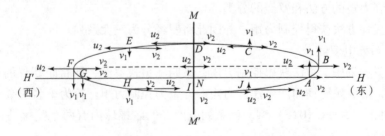

图 1－11　控制力矩作用下主轴指北端的运动轨迹图

其后，由于 $u_2 < v_2$，则投影点向下向东接近水平面，逐渐到达水平面 G 点。当主轴北端来到水平面以下时，u_2 的方向也向东，与 v_2 方向一致，使投影点向下向东沿扁平线经 H 点到达子午面 I 点。在 I 点，方位角 $\alpha = 0$，$v_1 = 0$，主轴下倾角 θ 最大，u_2 也最大，主轴指北端以（$u_{2最大} + v_2$）的速度向东偏离子午面。主轴向东偏离子午面后，又产生 v_1 向上，u_2 逐渐减小，在 v_1、v_2 和 u_2 的共同作用下，投影点沿向上向东的扁平曲线经 J 点回到水平面 A 点，完成了一个周期的摆动，以后周而复始地重复上述运动过程，投影点运动的轨迹为一

椭圆。

由以上分析可见，仅加控制力矩的摆式电罗经，虽然具有稳定位置，但是当主轴受到干扰离开稳定位置以后，主轴 OX 仅具有找北的性能，即主轴围绕稳定位置作椭圆等幅摆动，能进入稳定位置，显然不满足前述航海罗经的第二个要求。所以仅加控制力矩的电罗经还不能当罗经用。

（2）电罗经的阻尼力矩

①什么是阻尼力矩。

如前所述，摆式电罗经仅在控制力矩作用下，当主轴受干扰离开稳定位置后，主轴将围绕稳定位置作等幅椭圆运动，从理论上讲，主轴将一直等幅地运动下去。然而实际上，经过较长的时间以后，主轴摆动的幅度还是减小了，并且最终进入稳定位置。为什么会产生这种现象呢？这是因为在前面所列主轴的运动平衡方程式时没有考虑摩擦力矩的作用。由于摩擦力矩的阻尼作用较小，主轴椭圆运动的幅度减小很慢，短时间可认为是椭圆等幅摆动。

为了使电罗经主轴指北端在离开稳定位置后的椭圆等幅摆动变为减幅摆动，并较快抵达其稳定位置，还必须在摆式罗经中加阻尼设备，产生一个附加力矩，改变主轴运动的角速度，以获得减幅摆动，所加的附加力矩称为阻尼力矩。由阻尼力矩引起的罗经主轴的进动，称为阻尼进动。

主轴指北端作阻尼进动的线速度用 u_3 表示。

②加阻尼力矩的方法。

对阻尼力矩的要求是，它所引起的罗经主轴的阻尼进动应能加快主轴趋向稳定位置，并阻碍其偏离稳定位置。

a. 水平轴阻尼法（又叫长轴阻尼法）（damped method of horizontal axis）。

水平轴阻尼法即由阻尼设备产生的阻尼力矩作用于陀螺仪的水平轴 OY 上，该阻尼力矩使陀螺仪主轴产生绕 OZ 轴的阻尼进动，主轴指北端作阻尼进动的线速度用 u_3 表示。

为获得减幅摆动，u_3 的方向总是指向子午面，如图 1-12 所示，当主轴位于子午面之东时，u_3 的方向指向西；当主轴位于子午面之西时，u_3 的方向指向东。在Ⅰ、Ⅲ象限内，u_3 将促使主轴加快抵达子午面，因而使高度角 θ 小了，主轴抵达子午面时其高度角 θ 将小于等幅摆动时椭圆轨迹的 θ 值。在Ⅱ、Ⅳ象限内，u_3 将减弱主轴偏离子午面的速度，因而使方位角 α 减小了，主轴抵达水平面时其方位角 α 将小于等幅摆动时椭圆轨迹的 α 值。这样就使摆式罗经作等幅摆动时的椭圆轨迹变为收敛的螺旋线轨迹，亦即摆式罗经主轴的方位角 α 和高度角 θ 都渐渐衰减，最后使罗经主轴位于其稳定位置上。

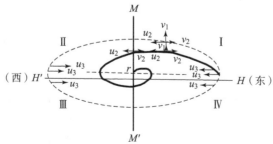

图 1-12　水平轴阻尼法的减幅摆动

正由于水平轴阻尼法的阻尼力矩相对于陀螺仪的水平轴 OY 作用，阻尼进动线速度 u_3 表现为缩短椭圆的长半轴，与此同时，相应地并按比例地缩短椭圆的短半轴，因此，水平轴阻尼法又称为长轴阻尼法。具有液体阻尼器的下重式罗经均采用水平轴阻尼法。

b. 垂直轴阻尼法（又叫短轴阻尼法）（damped method of vertical axis）。

垂直轴阻尼法即由阻尼设备产生的阻尼力矩作用于陀螺仪垂直轴 OZ 上，该阻尼力矩使罗经主轴产生绕水平轴 OY 的阻尼进动，主轴指北端作阻尼进动的线速度仍以符号 u_3 表示。为获得减幅摆动，u_3 的方向总是指向水平面，如图 1 – 13 所示，当主轴位于水平面之上时，u_3 指向下方；当主轴位于水平面之下时，u_3 指向上方。这样，在 Ⅰ、Ⅲ 象限内，u_3 将减弱主轴偏离水平面的速度，因而使高度角 θ 小了，主轴抵达子午面时的高度角 θ 将小于等幅摆动时椭圆轨迹的 θ 值。在 Ⅱ、Ⅳ 象限内，u_3 将促使主轴加快抵达水平面，因而使方位角 α 减小了，主轴抵达水平面时的方位角 α 小于等幅摆动时椭圆轨迹的 α 值。因此使摆式罗经作等幅摆动时的椭圆轨迹变为收敛的螺旋线轨迹。即：方位角 α 和高度角 θ 都渐次衰减，最后使罗经主轴位于其稳定位置 r。

正由于垂直轴阻尼法的阻尼力矩相对于陀螺仪的 OZ 轴作用，阻尼进动线速度 u_3 表现为缩短椭圆的短半轴，与此同时，相应地并按比例缩短椭圆的长半轴，因此垂直轴阻尼法又称为短轴阻尼法。液体连通器罗经均采用垂直轴阻尼法。

（3）电磁控制式罗经原理

①结构原理。

电磁控制式罗经是在平衡陀螺仪结构上设置一套电磁控制装置，即以电磁摆和力矩器替代机械摆和液体连通器及阻尼配重，如图 1 – 14 所示。电磁摆 1 为控制元件，当陀螺仪主轴 OX 相对水平面倾斜时，电磁摆也倾斜一个 θ 角，感应出正比于倾斜角 θ 大小的摆信号输出，其相位取决于摆倾斜的方向，即取决于主轴是上仰还是下倾。电磁摆信号一路经方位放大器 2 放大后送至水平力矩器 3，产生控制力矩 $M_Y = -K_Y\theta$；一路经倾斜放大器 4 放大后送至垂直力矩器 5，产生垂直轴阻尼力矩 $M_Z = K_Z\theta$，上面两式中 K_Y 称为水平轴比例系数，K_Z 称为垂直轴比例系数，K_Y 和 K_Z 值可根据罗经工作状态进行电控。

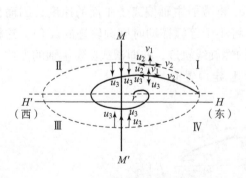

图 1 – 13　垂直轴阻尼法的减幅摆动

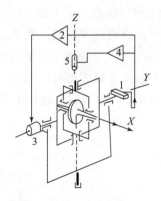

图 1 – 14　电磁控制式罗经

1—电磁摆；2—方位放大器；3—水平力矩器；

4—倾斜放大器；5—垂直力矩器

与加阻尼配重的液体连通器罗经相似，M_Y 使电磁控制式罗经主轴指北端具有找北的性能，M_Z 使主轴指北端的等幅摆动变为衰减运动。

②电磁罗经的稳定位置。

由上述分析，电磁控制式电罗经属单转子，垂直轴阻尼方案，给陀螺仪施加力矩的方式是采用电磁摆和力矩器，以代替液体连通器罗经中的水银连通器和阻尼重物。因此电控电罗经主轴指北端的运动轨迹与液体连通器罗经相同，其稳定位置坐标为

$$\alpha_r = -\frac{K_Z}{K_Y}\tan\varphi$$

$$\theta_r = -\frac{H\omega_2}{K_Y} \tag{1-7}$$

注意电控罗经当主轴上仰时控制力矩 $M_Y = -K_Y\theta$ 向西，阻尼力矩 $M_Z = K_Z\theta$ 向下，这与液体连通器罗经主轴上仰时产生的控制力矩和阻尼力矩的方向相反，为了得到相同的进动方向，电控罗经主轴动量矩的矢量方向是指北的。

知识链接2　罗经系统介绍

一、磁罗经系统组成

1. 组成

磁罗经系统主要包括罗经柜（binnacle stand）、罗（经）盆（compass bowl）、自差校正器（correctors），如图 1-15 所示。

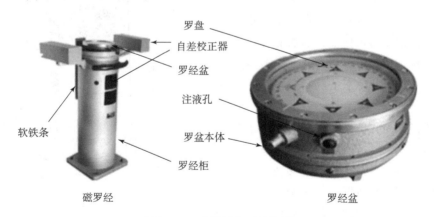

磁罗经　　　　　　　　　　　　　　　罗经盆

图 1-15　磁罗经主要结构图

（1）罗（经）盆

①罗盆本体：非铁磁材料制成，密封存储液体。盆底装有铅块，用以降低罗经盆的重心，使其具有摆性。罗经盆安装在万向平衡环（常平架）上，以在船体发生倾斜时，罗盘保持水平。

②罗盘：罗经指示方向的灵敏部件。其组成主要包括：刻度盘、浮室、磁针或磁钢、轴帽。

a. 刻度盘：云母等非磁性材料制成，刻有 0°～360° 刻度。

b. 罗盘中间有呈半球形的水密空气室——浮子或浮室。增加罗盘浮力，减小罗盘轴帽与轴针间的摩擦力。

c. 磁针或环形磁钢：浮室下部。2～3 对磁针 NS 轴线平行于刻度盘 0°～180° 轴线排列并与刻度盘中心对称。

d. 轴帽：浮子的中心处，内嵌宝石。轴针尖端镶有铱金，不宜磨损。下端固定在罗盆内轴针横梁。

③液体：

作用：减震；阻尼；减小轴针与轴帽间摩擦力。

成分：酒精 45%、蒸馏水 55% 的混合液体，其中酒精的作用为降低冰点，-26℃；

b. 其他：高级煤油等。

④调节液体热胀冷缩措施。

a. 罗盆分上下两室，上室充满液体，下室液体上面留有一定空间，上下毛细管连通；

b. 罗盆底部铜皮压成波浪形缩片。

（2）罗经柜

由木料、黄铜或铝合金等非磁性材料制成，用来放置罗盆和自差校正器，如图 1-16 所示。

在罗经柜的顶部：有罗经帽，它可以保护罗盆，使其避免雨淋和阳光照射，以及在夜航中防止照明灯光外露。

①在罗经柜的正前方：有一竖直圆筒，筒内根据需要放置长短不一消除自差用的佛氏铁或在竖直的长方形盒内放数根消除自差用的软铁条。

②在罗经柜左右正横处：有放置象限自差校正器（软铁球或软铁片）的座架，软铁球或软铁盒的中心位于罗盘磁针的平面内，并可内外移动。

③在罗经柜内：位于罗盘中心正下方安装一根垂直铜管，管内放置消除倾斜自差的垂直磁铁，并由吊链拉动可在管内上下移动。

④在罗经柜还有放置消除半圆自差的水平纵横向磁铁的架子，并保证罗经中心应位于纵横磁铁的垂直平分线上。

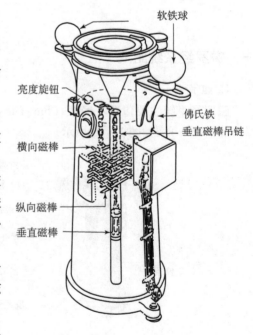

图 1-16　罗经柜

（3）自差校正器

①垂直磁铁：罗经柜内罗盘正下中间垂直放置，可上下移动，用以校正倾斜自差。

②纵横磁铁：罗经柜内正中间水平放置，可上下移动、转动，用以校正硬半圆自差。

③垂直软铁条或佛氏铁：罗经柜外正前方直立盒内，用于校正软（次）半圆自差。

④软铁球或软铁片：罗经柜外左右正横支架上，其中心与罗盘处于同一平面，可左右移

动调节，用以校正象限自差。

2. 磁罗经观测方位的辅助仪器

（1）方位圈

方位圈如图 1 - 17（a）所示，它由铜制做，有二套互相垂直观测方位的装置。其中一套装置由目视照准架和物标照准架组成。在物标照准架的中间有一竖直线，其下部有天体反射镜和棱镜。天体反射镜用来反射天体（如太阳）的影像，而棱镜用来折射罗盘的刻度。目视照准架为中间有细缝隙的竖架。当测者从细缝中看到物标照准线和物标重合时，物标照准架下三棱镜中的罗盘刻度，就是该物标的罗经方位。这套装置既可观测物标方位，又可观测天体方位。

另一套装置由可旋转的凹面镜和允许细缝光线通过的棱镜组成，它专门用来观测太阳的方位。若将凹面镜朝向太阳，使太阳光聚成一束的反射光经细缝和棱镜的折射，投影至罗盘上，则光线所照亮的罗盘刻度即为太阳的方位。

（2）方位仪

方位仪是一种配合罗经用来观测物标方位的仪器，如图 1 - 17（b）所示。在方位仪上均有水准仪，在观测方位时，应使气泡位于中央位置，提高观测方位的精度。

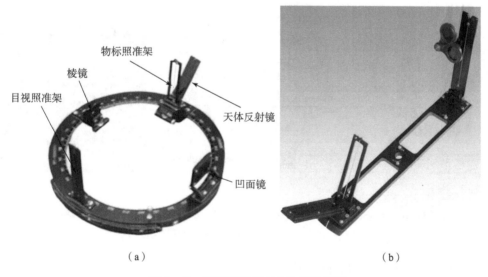

（a）　　　　　　　　　　　　　（b）

图 1 - 17　磁罗经观测方位的辅助仪器

（a）磁罗经方位圈；（b）GFC - 180 方位仪

二、几种常见电罗经系统组成

目前，船上常用的电罗经有安许茨型、斯伯利型、阿玛 - 勃朗型等，现对其进行详细说明。

1. 安许茨标准 22 型罗经

（1）主要特点

①接入其他传感器数据，自动或手动校正误差。

②快速稳定功能，使找北稳定时间由 3 h 缩短到 1 h。

③数字化同步传输，自动校准分罗经，打印机代替航向记录器。

④转换装置提供多种数字和模拟信号，提供转向速率。

⑤网络连接，多接口、多数据格式输入输出。

⑥直流静止逆变器低压直流供电，减小噪声能耗。

⑦控制电路集成化，信号传输网络化，设备结构小型化。

（2）配置方式

①简化型：主罗经（master compass）、分罗经（repeater compass）及选购件的快速稳定操作单元（fast and stable operation of unit）、交直流转换器（AC/DC converter）和附加输出箱（additional output box）等组件。

②完整型：主罗经、分罗经、操作单元（operation unit）、信号分配器（signal distributor）、选购件交直流转换器和多罗经互换器（many compass exchanger）等组件。

（3）系统组成

①主罗经。

主罗经实物图、随动球组件结构图以及实物接线图如图 1-18 所示，包括灵敏部分、随动部分和固定部分。

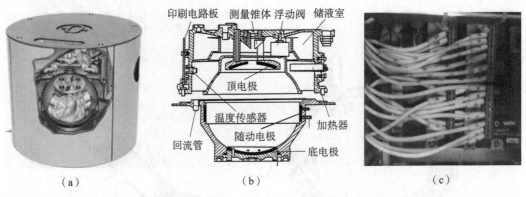

图 1-18　安许茨标准 22 型主罗经实物图、随动球组件结构图、实物接线图
(a) 实物图；(b) 结构图；(c) 实物接线图

a. 灵敏部分—陀螺球（尺寸较小）。

控制力矩：重心下移。

阻尼力矩：液体阻尼器。

球壳：顶电极、底电极和赤道电极，直径 115 mm。

球内：双转子、无电磁上托线圈、无液态润滑油、抽真空充氢气、转速为 12 000 r/min。

支撑方式：液浮加液压辅助支撑，离心水泵代替电磁上托线圈。

离心泵作用：

➢ 定中心。

➢ 辅助支撑上托力，代替电磁上托线圈。

b. 随动部分—随动球组件、减振波纹管摆式连接器、方位齿轮、汇电环等。

作用：确保主罗经中的随动部分在方位上准确地跟踪灵敏部分—陀螺球一起转动。

目的：

➤ 消除由于陀螺球相对随动球转动而引起的支撑液体与陀螺球之间产生的摩擦力。

➤ 保证随动部分方位刻度盘的0°表示陀螺球主轴的指北端，从而直接读取航向。

随动球组件：随动球、离心水泵、附件等。

随动球：充满液体密封球体。

上半球：

储液室：蒸馏水，自动补给液体。

筒式加热器：在温度控制器的控制下对罗经支撑液体加温。

透明锥体——顶部：测量液面高度。

印刷电路板——球壳：过温保护装置、离心水泵移相电容、连接导流区域内的温度传感器。

顶电极：通单相交流电。

下半球：

底电极：通单相交流电。

两随动电极：对准陀螺球赤道电极。

离心水泵：导流管连接下半球导流区，循环通路随动球通过四个快速拆卸机构与摆式连接器相连，使随动球在船舶摇摆时保持直立状态。摆式连接器上部装有编码器，经传动皮带轮连接方位随动电机。

附件：减振波纹管摆式连接器，是性能卓越的三向防振装置。

方位齿轮：与汇电环上托板固连。

编码器：将随动球转动的角度变换为数字编码。

c. 固定部分。

由支撑板、罗经箱体等组成，传感器印刷电路板、方位电机、循环编码器、电风扇安装其上。

②电路系统。

电路系统实物图如图 1 - 19 所示，由电源系统、随动系统、温控系统、信号检测系统等组成，其元器件基本上都安装在印制电路板上。

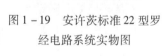

图 1 - 19　安许茨标准 22 型罗
经电路系统实物图

a. 电源系统。

由数个稳压电路和（55 V/400 Hz）逆变器组成，主要作用是将船舶电源变换成陀螺罗经系统所需要的各种电源。

稳压电路：将船电变换成电子传感器所需的各种稳定的直流电。

逆变器的作用：将直流 24 V 船电变换成陀螺球及离心泵所需的单相 55 V/400 Hz 电源，将球内移相电容变换成三相电供陀螺马达，陀螺马达额定转速 12 000 r/min。

b. 随动系统。

随动系统方框图如图 1 - 20 所示，由随动传感器、放大器、A/D 转换器、（CPU）微处理器、随动电机控制器和随动步进电机等组成。

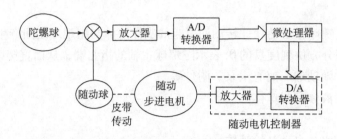

图 1 – 20   安许茨标准 22 型罗经随动系统方框图

随动传感器：随动电压信号为 0.5 VDC/度，为信号电桥。

c. 传向系统。

方位齿轮转动带动支撑板中央的编码器转盘转动，将随动球转动的角度变换为数字编码，送至微处理器，微处理器计算出船舶航向后，输至数字显示器显示航向，同时通过串行接口送至分配箱，分配箱变换处理后，可同时带动 5 路步进式分罗经和 8 路同步式分罗经。

d. 温控系统。

由温度传感器、CPU、温度控制器、加热器、电风扇和过温保护装置等组成，如图 1 – 21 所示。主要作用是使支撑液体的温度自动保持在规定的工作范围内，以保持陀螺球位于正常高度。工作温度为 50℃ ±1℃，实际温度可随时从数字监视器上读出。

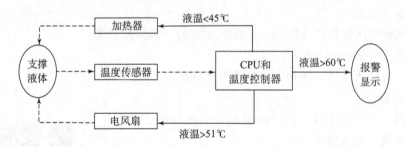

图 1 – 21   安许茨标准 22 型罗经温控系统方框图

温度控制系统的工作情况：

液温 <45℃   加热器工作。

液温 =45℃   随动系统工作，加热器供电电压逐渐下降。

液温 =50℃   加热器停止工作。

液温 =51℃   电风扇工作。

液温 =60℃   数字显示器航向小数点闪烁，此时按下 B38 键显示警告符号 C3（具体按钮见后面的面板操作说明图 1 – 51，下同）。

液温 =70℃   警告符号变为 E9。

液温 ≥77℃   温度保护装置自动切断加热器电路。

2. 斯伯利 MK37 型电罗经

（1）斯伯利 MK37 型电罗经整套设备

斯伯利 MK37 型电罗经整套设备由主罗经、电子控制器（electronic control unit）、速纬误差补偿器（speed and latitude compensator unit）和发送器（transmission unit）等组成。

主罗经：电罗经的主体，具有指示船舶航向的性能。

电子控制器：电源变换及开关控制，它由静止式逆变器及其控制电路组成。

速纬误差补偿器：用来产生速度和纬度误差校正信号，该校正信号输至主罗经，对速度误差和纬度误差进行补偿。

发送器：主要包括传向系统的放大控制电路，用来放大主罗经航向信号并将其传递到各个分罗经。

MK37 型罗经整机布置图如图 1-22 所示（以 MK37E 为例）：

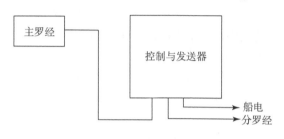

图 1-22　罗经整机布置图

（2）主罗经结构

外部：是一个罗经座，它由上盖和壳体组成，盖上有观察窗，用以读取航向。

内部：充满硅油液体，底罩内设有波纹管，用以适应液体随温度变化而产生的膨胀或收缩。另外还有陀螺球、液体连通器、垂直环、叉形随动环、支撑板和航向刻度盘等。

主罗经的结构可分为灵敏部分、随动部分和固定部分。

①灵敏部分（sensitive element）。

灵敏部分由陀螺球、垂直环及其组件组成，参见图 1-23。

a. 陀螺球（gyrosphere）。

外部：铝质密封球体，是罗经的指北元件。由两

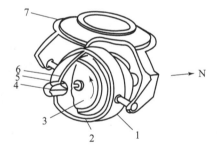

图 1-23　灵敏部分
1—垂直环；2—连通管；3—陀螺转子；
4—圆柱形金属瓶；5—空气管；
6—陀螺球；7—叉形随动环

个半球和中间环组成。直径 165 mm（6.5 in），设有 8 组配重用螺钉固定在球壳表面上，供平衡之用。西侧有一方形凹槽，装有随动变压器的衔铁。

球内：充满氢气，装有陀螺电动机（陀螺马达），它的动量矩指南。球内底部有润滑油，用来润滑转子主轴承，电气连接部件装在中间环上。西侧装有两块阻尼重物，用以产生阻尼力矩，保持陀螺球平衡稳定。

b. 垂直环（vertical ring）。

圆环形铝合金铸件，装置在叉形随动环内。连同陀螺球可绕水平轴转动，弹簧制动器安装在叉形随动环的下面。

西侧：安装 E 形随动变压器，与陀螺球西侧凹槽内的衔铁相对应，构成罗经的随动系统的测量元件。

东侧：安装 E 形力矩器，当速纬校正电路的信号输入到力矩器的控制绕组时，便在陀

螺球壳上产生涡流，涡流与磁场相互作用便产生沿垂直轴的力矩，用以补偿速度误差和纬度误差。

顶部：安装电解液水准器，它用来检测陀螺球主轴的倾斜角并产生校平信号，经放大后驱动方位电机，带动随动环和垂直环转动，对陀螺球施加垂直力矩使陀螺球主轴自动校平。

垂直环和陀螺球之间设有限动片，用以限制陀螺球绕垂直轴转动的角度在 ±6° 之内。

c. 液体连通器（liquid ballistic）。

由两个互相连通的黄铜瓶组成，呈圆柱形，位于陀螺球的南北两端。瓶内注入部分硅油，液体连通器直接装在垂直环上。当陀螺球绕其水平轴作俯仰运动时，硅油自升高的瓶中通过液体连通管流向下降的瓶中，在下降的瓶中出现多余硅油，其重力产生相对于水平轴作用的控制力矩，将陀螺球引向子午面。

采用的硅油具有较大的黏度，而且连通管口径小，硅油流动周期远大于船舶摇摆周期。因此对船舶摇摆惯性力的反应不甚敏感，从而使罗经的摇摆误差得到消减。

②随动部分（follow-up element）。

随动部分如图 1-24 所示，主要由叉形随动环、方位刻度盘和方位随动电机组成。叉形随动环通过垂直轴承在支承板上与航向刻度盘相连。叉形随动环上面的方位齿轮与方位随动电机的齿轮相啮合。在垂直环西侧安装 E 型随动变压器，与陀螺球上的衔铁相对应。

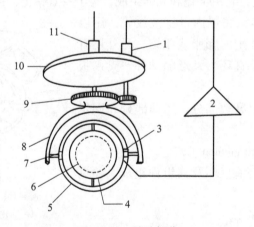

图 1-24　随动部分

1—方位电机；2—随动放大器；3—随动变压器；4—陀螺球；5—垂直环；6—陀螺电机；

7—力矩器；8—叉形随动环；9—方位齿轮；10—支撑板；11—同步电机

③固定部分（fixed element）。

支撑板：支撑在罗经座的凸缘上，用于悬挂随动部分和灵敏部分，同时还兼作安装托架，在其上安装有：方位电机、齿轮装置、光电式步进发送器、航向余弦解算装置、汇电环与电刷组件和照明灯等。

罗经座：用于支承陀螺球和垂直环组件。

（3）电路系统

斯伯利 MK37 型罗经的电路主要包括：电源系统、随动系统、传向系统、速纬误差校正电路以及各种工作方式的控制电路等。

①电源系统。

采用静止式逆变器（static inverter），将船电变为 115 V/400 Hz 的单相方波，再经分相电路使其变为陀螺电机所需要的三相交流电，如图 1 – 25 所示。

电源系统由整流稳压电路，调谐转换电路及分相电路组成。

整流稳压电路和调谐转换电路构成静止式逆变器。

图 1 – 25 电源系统框图

整流稳压电路的作用：将船舶电源 50 V/60 Hz 单相交流电经全波整流电路变为 25 V ± 3 V 的直流电，再经稳压电路变为恒定的 24 V 直流电压。

调谐转换电路：由变压器 T3、开关电路和谐振电路组成。直流电压经调谐转换电路变成 400 Hz 单相交流电。

分相电路的作用：将逆变器输出的单相方波通过移相变为 115 V/400 Hz 三相交流电，向陀螺电机供电。

②随动、传向系统。

随动、传向系统的作用是确保罗经的随动部分能够跟随灵敏部分一起运动，同时把船舶航向精确地传递到各个分罗经。

3. 阿玛 – 勃朗 10 型电罗经

（1）整机组成

阿玛 – 勃朗 10 型电罗经由主罗经、直流静止逆变器（早期为变流机 motor and generator）、分配箱（distribution box）、分罗经和警报器（alarm）组成。

主罗经：灵敏部分能够自动找北并稳定指北，刻度盘指示主罗经航向。

逆变器：将船电转换为罗经工作电源。

开关接线箱：控制保护变流机和控制分罗经工作。

分配箱：向各分罗经分配主罗经航向信号，可以连接 20 个分罗经。

分罗经：方便地读取船舶航向和测量物标方位。

警报器：作用是当罗经电源发生故障时，以音响和灯光形式报警。

图 1 – 26 阿玛 – 勃朗 10 型罗经的主罗经实物图

（2）阿玛 – 勃朗 10 型罗经的主罗经

阿玛 – 勃朗 10 型罗经的主罗经由灵敏部分、随动部分和固定部分组成，实物如图 1 – 26 所示。

①灵敏部分。

灵敏部分的结构如图 1 – 27 所示：包括单转子陀螺球、浮动平衡环（gimbal ring）和扭丝（torsion fibre）。

陀螺球：为哑铃状密封金属球体。球壳由南北两个紫铜的空心半球组成，并用短筒连接为一体。球内装有陀螺电机，转速为 12 000 r/min，动量矩指北。转子直径为 2.2 cm，两端

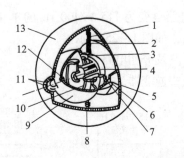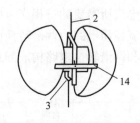

图 1 - 27　灵敏部分结构图

1，7—柔软银质导线；2—垂直扭丝；3—浮动平衡环；4—陀螺电机；5—水平轴；6—水平扭丝；

8—垂直轴；9—陀螺球；10—陀螺转子飞轮；11—陀螺球位置敏感线圈；

12—电磁铁；13—贮液缸；14—东边支架

装有直径为 7.6 cm 的飞轮，以增大转子的转动惯量。陀螺球内充入氢气，以利于散热和防锈。

浮动平衡环：陀螺球采用液浮和扭丝组合支撑，在陀螺球壳中间位置的凹槽，装有浮动平衡环，其平面与陀螺电机转子轴相垂直。陀螺球在其东西方向上有两根水平金属扭丝，支撑在浮动平衡环与陀螺球东、西边的支架上，构成陀螺球的水平轴。陀螺球与浮动平衡环之间有一定的间隙，容许陀螺球相对于浮动平衡环作小角度的运动而不会触及浮动平衡环。浮动平衡环本身又有上下两根垂直方向的金属扭丝，固定在贮液缸上下内壁上，构成了陀螺球的垂直轴。

水平扭丝：是一种直径约为 0.3 mm 的铍青铜丝，其作用为：

a. 作为无摩擦轴承，产生陀螺球的水平轴。

b. 用于在贮液缸内通过浮动平衡环，内定陀螺球左右的中心位置。

c. 起水平力矩器的作用。当陀螺球相对于浮动平衡环在倾斜方向上存在角位移时，水平金属扭丝受扭，产生的沿水平轴向的扭力矩作用于陀螺球。

垂直扭丝：也是一种直径约为 0.1 mm 的铍青铜丝，其作用为：

a. 作为无摩擦轴承，产生陀螺球的垂直轴。

b. 用于在贮液缸内通过浮动平衡环，内定陀螺球上下的中心位置。

c. 起垂直力矩器的作用。当陀螺球连同浮动平衡环一起相对于贮液缸在方位上存在角位移时，垂直金属扭丝受扭，产生的沿垂直轴向的扭力矩作用于陀螺球。

②随动部分。

由贮液缸、倾斜平衡环（tilt gimbal ring）、方位随动电机（azimuth motor）、倾斜随动电机（tilt motor）、方位平衡环（azimuth gimbal ring）、刻度盘、汇电环等组成（如图 1 - 28 所示）。

贮液缸：呈灯形，通过其南北轴支撑在倾斜平衡环上，可绕南北轴运动。南北轴又可绕东西轴作俯仰运动。同时贮液缸又与倾斜平衡环、方位平衡环和刻度盘一起绕垂直轴转动。贮液缸的主要作用：一是起支撑液体容器的作用，通过支撑液体支撑灵敏部分；二是跟踪并保持与陀螺球相对位置一致，将陀螺球航向传到刻度盘，便于读取航向；位于贮液缸西侧的电磁摆，间接检测陀螺球主轴的高度角产生摆信号；启动罗经时使陀螺球主轴近似指示真北和水平，达到快速启动罗经的目的；三是相对陀螺球在倾斜上和方位上产生角位移，使水平

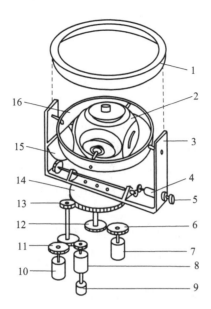

图 1 – 28　随动部分结构图

1—刻度盘；2—贮液缸；3—方位平衡环；4—倾斜随动电机；5，9—黏性阻尼器；6—1:1 同步齿轮；
7—航向发送器；8—方位随动电机；10—余弦解算器；11—36:1 同步齿轮；12—可调小齿轮；
13—方位齿轮；14—可调齿侧间隙小齿轮；15—扇形倾斜齿轮；16—倾斜平衡环

扭丝和垂直扭丝受扭，对陀螺球施加水平力矩和垂直力矩。

倾斜平衡环：由倾斜随动电机通过倾斜齿轮驱动，带动贮液缸工作。

方位平衡环：由方位随动电机通过方位齿轮驱动，带动贮液缸工作，同时带动固定在方位平衡环上端的主罗经刻度盘，使刻度盘的"0"度始终与陀螺球主轴方向完全一致。在方位平衡环下端的垂直轴装有汇电环，由汇电环上的电刷向随动部分和灵敏部分供电。

③固定部分。

由罗经箱体、操作面板、航向步进发送器、余弦解算器及电子器件等组成。

罗经箱体：由底座、中部箱体和顶盖组成，其中中部箱体和顶盖在修理时可以拆装。

操作面板：如图 1 – 29 所示。面板上设有主罗经电源开关（power）、旋转速率旋钮（slew rate）、方位按钮（azimuth）、倾斜按钮（tilt）、速度旋钮（speed）、纬度旋钮（latitude）和照明旋钮（illumination）。

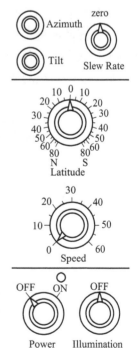

图 1 – 29　操作面板图

航向步进发送器：其转子由方位随动电机通过方位齿轮驱动，信号绕组产生的主罗经航向信号，控制分罗经步进接收机工作，使分罗经复示主罗经航向。

余弦解算器：相当于同步航向发送器，其转子也是由方位随动电机通过方位齿轮驱动，信号绕组产生的航向信号控制速度误差力矩器，产生与航向成余弦规律变化的校正力矩。

（3）电路系统

包括电源系统、随动系统、传向系统和几个附属电路。

①电源系统。

变流机是早期的电源系统，由三相异步电动机同轴带动一台三相交流发电机组成。电动机可由380 V/50 Hz 或440 V/60 Hz 的三相船电供电，交流发电机发出26 V/400 Hz 的三相交流电，作为罗经的工作电源。变流机由开关接线箱上的变流机开关和箱内的保险丝控制和保护其工作。此电源系统已基本淘汰，目前大都采用逆变器。

②随动系统。

随动系统包括倾斜随动系统和方位随动系统。随动系统由电磁铁和陀螺球位置敏感线圈（包括倾斜敏感线圈和方位敏感线圈）、倾斜随动放大器和方位随动放大器、倾斜随动电机和方位随动电机等组成。

倾斜敏感线圈：产生倾斜随动信号。

方位敏感线圈：产生方位随动信号。

倾斜随动放大器：放大倾斜随动信号。

方位随动放大器：放大方位随动信号。

倾斜随动电机：在放大后的倾斜随动信号控制下，使贮液缸南北轴保持与陀螺球主轴相同的倾斜状态（高度角 θ 相等）。

方位随动电机：在放大后的方位随动信号控制下，使贮液缸南北轴保持与陀螺球主轴相同的方位状态（方位角 α 相等）。

倾斜随动系统的随动原理框图和方位随动系统的随动原理框图如图 1-30、图 1-31 所示。

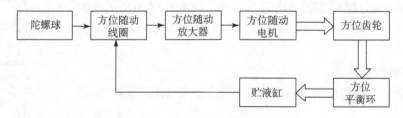

图 1-30　方位随动系统的随动原理框图

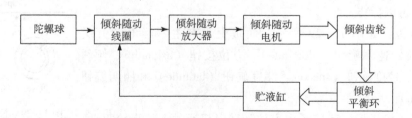

图 1-31　倾斜随动系统的随动原理框图

除了随动信号控制随动系统工作，使贮液缸南北轴在倾斜上和方位上保持与陀螺球主轴一致外，控制随动系统工作的还有：

电磁摆产生的摆信号：其作用是控制随动系统，使贮液缸在倾斜上和方位上分别产生位移，水平扭丝和垂直扭丝受扭，产生沿陀螺球水平轴向的控制力矩和沿陀螺球垂直轴向的阻尼力矩。

旋转速率旋钮、方位按钮、倾斜按钮及电路产生的旋转速率信号：其作用是启动罗经时，控制随动系统，通过贮液缸使陀螺球主轴水平和主轴近似指示真北，进行快速启动罗经。

纬度旋钮及电路产生的纬度误差校正信号：作用是控制倾斜随动系统，使贮液缸在倾斜上产生位移，使水平扭丝受扭，产生沿陀螺球水平轴向的纬度误差校正力矩，消除纬度误差。

速度旋钮及电路产生的速度误差校正信号：作用是控制方位随动系统，使贮液缸在方位上产生位移，使垂直扭丝受扭，产生沿陀螺球垂直轴向的速度误差校正力矩，消除速度误差。

有关电路产生的倾斜偏压信号：作用是控制倾斜随动系统，使贮液缸在倾斜上产生位移，使水平扭丝受扭，产生沿陀螺球水平轴向的附加控制力矩，用以补偿陀螺球沿其主轴存在某一固定的不平衡所引起的作用于水平轴向的干扰力矩，以使陀螺球能恰如其分地补偿地球自转角速度垂直分量 ω_2 的影响。

有关电路产生的温度补偿信号：作用是控制倾斜随动系统，使贮液缸在倾斜上产生位移，使水平扭丝受扭，产生沿陀螺球水平轴向的补偿力矩，消除由于支撑液体的温度变化（正常工作时在25℃～85℃之间变化）而使灵敏部分的重心、浮心和中心不重合引起的干扰力矩的影响。

以上各种信号均输入各随动系统的放大器，经放大后控制随动系统工作。

③传向系统。

采用直流步进传向系统，由航向步进发送器（step-by-step transmitter），控制电路（controlling circuit）和直流步进接收机（D. C. step-by-step motor）（分罗经）组成。

航向步进发送器安装在主罗经箱内底板上，其转子由方位随动电机通过方位齿轮带动旋转，信号绕组产生主罗经航向信号，控制传向系统的控制电路工作，控制电路又再控制分罗经直流步进接收机的工作，使分罗经航向与主罗经航向相等，将主罗经航向传到了分罗经。传向系统的工作原理框图如图1-32所示。

图1-32　传向系统的工作原理框图

④附属电路。

有稳压电路、压降保护电路和摆信号控制电路等。

稳压电路：由稳压电路板上的电子元件组成。其主要作用有两个：一是为随动系统放大电路提供稳定的DC 40 V电压，二是为压降保护电路提供DC 55 V工作电压。

压降保护电路：由压降保护电路板上的电子元件组成。其主要作用是在罗经刚启动时，陀螺电机转速低，压降保护电路自动控制随动系统不投入工作。大约10 min钟后，陀螺电机转速正常，压降保护电路便使随动系统自动地投入工作，使罗经自动地找北指北。压降保护电路对罗经起到保护的作用。

摆信号控制电路：用来对输入到倾斜随动系统和方位随动系统的摆信号的大小进行控制。

4. 光纤罗经

光纤罗经是由光纤陀螺仪组成的，而光纤陀螺仪的基本工作原理是利用光速的恒定性和所谓的沙格奈克（Sagnac）相移效应而设计生产的。

（1）Sagnac 效应

众所周知，光在介质中具有传递的等速性。利用这一原理，光可用来测距。光波具有反射与折射特性，当波导的尺寸与光波的波长符合一定关系时，光波就能在波导内产生全反射而不会泄出波导外。光导纤维就是根据这一原理拉制的，现已广泛应用于通信领域。通常，被用于通信的光导纤维是相对静止的，如果光导纤维这一媒体相对于光本身有运动，那么，光的传导就会产生类似多普勒效应（见"船用计程仪系统"内容）的现象。由于光具有顺着光导纤维定向传输的能力，如果我们将光导纤维弯曲成完整的圆弧，让光在这个旋转着的光导纤维中传输，相对于相对静止的光导纤维而言，这就会产生光的提前/迟到现象。显然，提前/迟到量与光导纤维这一媒体转速成正比。如果我们同时让两束光分别通过两个大小相同，而且一个相对静止、一个旋转着的圆周，测量它们到达的时间差，就可以知道转速的大小，通过积分就可知道转动量。如果提供一个精确的始点，就可以知道其转动的绝对值了。事实上，我们不通过测量与旋转圆周的时间差，而是改用测量两束沿相反方向运动的光到达的时间差。通过分光器将来自光源的光分成两束，分别从光纤线圈两端耦合进光纤传感线圈并反向回转。从光纤线圈两端出来的光，经过合束分束器而复合，产生干涉。当光纤线圈处于静止状态时，从光纤线圈两端出来的两束光，相位差为零。当光纤线圈以旋转角速度 Ω 旋转时，这两束光产生相位差。这就是 Sagnac 效应，也是光纤罗经指向的基本原理。

以半径为 R 的圆周为例（图 1-33）。P 为分光器位置，光从 P 点进入。光从 P 点进入后，被分成的两束光沿着相反的旋向沿着圆弧运动。若圆弧本身相对静止，则两束光将同时到达 P 点，时间差为 0。若圆周以 Ω 的角速度顺时针旋转，则逆时针向的光经过的路径为：

$$L_S = L - I \tag{1-8}$$

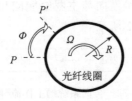

图 1-33　光纤线圈

式中　L——圆周长，$L = 2\pi R$；

　　　I——光通过光纤线圈的弧长，$I = R\Phi$。

同理，顺时针向的光经过的路径为：

$$L_B = L + I \tag{1-9}$$

光程差为：

$$\Delta L = L_B - L_S = 2I = 2R\Phi; \tag{1-10}$$

相位差为：

$$\Delta\Phi = 2\pi\Delta L/\lambda = 2\pi \cdot 2R\Phi/\lambda = 4\pi R\Omega L/\lambda C \tag{1-11}$$

式中　λ——波长；

　　　C——光速。

可见，当 R、λ 和 C 确定后，$\Delta\Phi$ 将取决于 Ω，即 $\Delta\Phi$ 将与 Ω 成正比。

（2）光纤陀螺罗经

光纤陀螺罗经是基于 Sagnac 效应研制的。由于光纤罗经是基于对角速度的敏感，所以光纤陀螺罗经不仅能起到传统罗经的指向作用，而且能直接反映旋转的角速度。所以光纤陀螺罗经又叫光纤陀螺罗经与姿态参考系统。光导纤维绕成的线圈被用作测量地球转速的十分灵敏的速率传感器。一般光纤陀螺罗经除了在 Z 轴方向装有敏感元件外，还在 X 轴、Y 轴装有敏感元件，它可以测量三轴动态与姿态，通过平面电子感应器，可以反映船舶的横摇、纵摇和转向运动。本书以 C. PLATH 公司研制的 NAVIGAT 2100 光纤陀螺罗经为例进行说明。

C. PLATH 公司研制的 NAVIGAT 2100 光纤陀螺罗经是由感应器、控制及显示器和相关接口电路组成。感应器是光导罗经的主要组成部分，它主要由光感及光电电路组成，按其功能分，可分为三部分—电源及导航信号处理、平面电子感应器及三轴光导陀螺仪。其中，三轴光导陀螺仪由 X，Y，Z 轴三个独立的陀螺仪组成。根据来自三个陀螺仪的信号和来自平面电子感应仪的信号，经过 Kalman 滤波，就能计算出地球的转动方位，从而得到地球真北方向。由于采用链联式技术设计，光纤陀螺罗经的 $X-Y$ 主平面由电子感应仪产生，光纤陀螺罗经可直接安装在船体上，从而取消了传统陀螺罗经中最繁复的平衡环系统。同时，由于光纤陀螺罗经是基于旋转速率的，启动稳定时间很短，动态精度高且没有北向速度误差，从而大大增加了各类船只的安全性，尤其是当高速船艇在高纬度频繁机动时，更能保证船艇的安全。因此，它尤其适用于高速船艇。

三、识读罗经系统图与接线图

下面以某船厂 45 000 t 罗经系统为例详细介绍。

封面页和第 1 页的图纸履历已经省略。图 1-34 是该系统图的第 2 页。此页第 1 列为设备序号，第 2 列为后续图纸中对此设备或单元的代号，第 3 列详细说明了系统中的设备或单元名称，第 4 列是设备或单元的数量，第 5 列为设备或单元的规格型号，第 6 列的附注为设备的提供厂家。

图 1-35 是图纸的第 3 页，具体说明了主罗经与各分罗经之间的关系和布局。主罗经 Ⓖ 安装在驾驶室顶上，方位分罗经 Ⓡⓞ 安放在船左右翼，数字分罗经 Ⓡⓡⓒ 安装在船长室、前壁等各种需要的场合，主罗经 Ⓖ 通过安装在驾控台里面的罗经控制单元 GCU 将信号传送到了各分罗经、电子海图、雷达、投影磁罗经 ◇、海图桌 GCR 、舵机舱中的复示罗经 1RC 、罗经连续信号分配箱 SSDB 等需要的仪器上，来自 GPS 和计程仪的信号同样可以被送至罗经控制单元 GCU ，磁罗经的用电电源来自 AC 220 V 航行分配板 NP ，和 DC 24 V 分配电板 LNP 以及 1 号充放电板，同时，该配电板还给磁罗经照明控制器 DMC 供电，磁罗经照明控制器

DMC 又与投影磁罗经 ◇ 相连，安装在前壁的 ⓇⒸ 又与数字分罗经调光器 DIM/GC 相连；通过罗经连续信号分配箱 SSDB ，罗经控制单元 GCU 的信号又被送至 AIS、VDR、和卫通 F 站。

罗经系统图 COMPASS SYSTEM DIAGRAM		419 – 651 – 002B	共 3 页 TOTAL SHEETS 3	SHEET 2
12	NP	AC 220 V 航行分配电板	1		上海船研所
11	LNP	DC 24 V 分配电板	1		上海船研所
10	DIM/GC	数字分罗经调光器	1	DR – 10	TOKYO KEIKI
9	DMC	磁罗经照明控制器	1		TOKYO KEIKI
8	◇	投影磁罗经	1	SH – 165A1	TOKYO KEIKI
7	GCR	航向记录器	1	CR – 4	TOKYO KEIKI
6	②ⓇⒸ	数字分罗经	2	DR – 110	TOKYO KEIKI
5	①ⓇⒸ	复示罗经（带安装架）	1	RP – 41 – 1 + MB	TOKYO KEIKI
4	ⓇⒸ	方位分罗经（带支架）	2	RP – 41 – 1 + BH	TOKYO KEIKI
3	SSDB	罗经连续信号分配箱	1		TOKYO KEIKI
2	GCU	罗经控制单元	1	TG – 8000	TOKYO KEIKI
1	ⒼⒸ	主罗经	1	TG – 8000	TOKYO KEIKI
序号 Ser No.	代号 Code No.	名称 Description	数量 Qty	规格型号 Spec Type	附注 Remarks

图 1 – 34 罗经系统图第 2 页

接线图共分为 8 列（图 1 – 36 示），第 1 列和第 7 列为要连接的设备的设备号，第 2 列和第 6 列是要连接在一起的设备的接线板号，第 3 列和第 5 列为接线柱号，第 4 列为连接两设备的电缆号，第 8 列为备注。下面对各页接线图做具体说明。

图纸第 2 页（第一页为封皮，略掉），要连接在一起的设备为罗经控制单元 GCU 和 1 号放电板 1CHP、方位分罗经 RC、复示罗经 1RC、航向记录器 GCR、驾控台 AC 220 V 航行分配电板 NP。

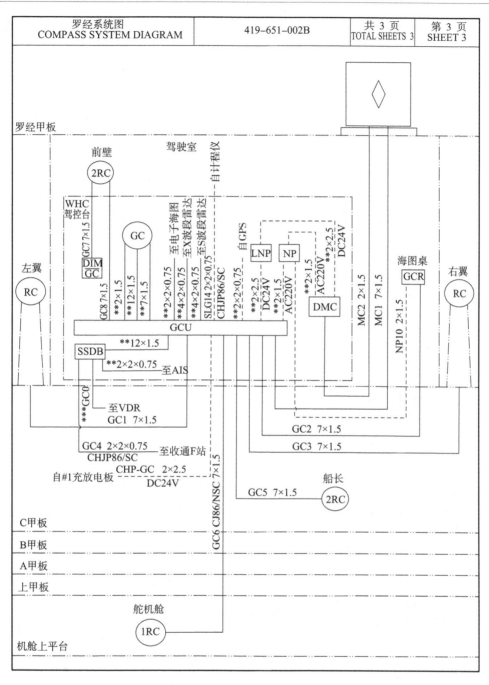

图 1-35　罗经系统图第 3 页

从上往下依次：GCU 的 TB31 号接线板的 24A + 和 24A - 也就是 3、4 号接线柱通过一根 2×2.5 即一根 2 芯、横截面积为 2.5 mm² 的线（CHP - GC CJ86/SC 为电缆型号，会因厂家、船型号不同而异）连接在 1CHP 的 QF4 接线板的第 2、4 号接线柱上，其中 1 号芯接在 TB31 的 3 上，另外一端接在 QF4 的 2 上，2 号芯接在 TB31 的 4 上，另外一端接在 QF4 的 4 上；GCU 的 TB2 号接线板的 ST21、ST22、ST23、ST24、ST25 也就是 62，63，64，65，66 号接线柱通过一根 7 芯横截面积为 1.5 mm² 的线连接在 RC 的第 1、2、3、C 号接线柱上，同样也是同一线芯对应连接，所不同的是 4、5 芯同时连接在 C；以下相同，不再多述；值得注意的是第 7 列的 GCR 的 G 接线柱接地；AC1、AC2 接线柱与 NP 的 A4 接线板的第 19 和第 20 接线柱用一根 2 芯横截面积 1.5 mm^2 的线对应连接。

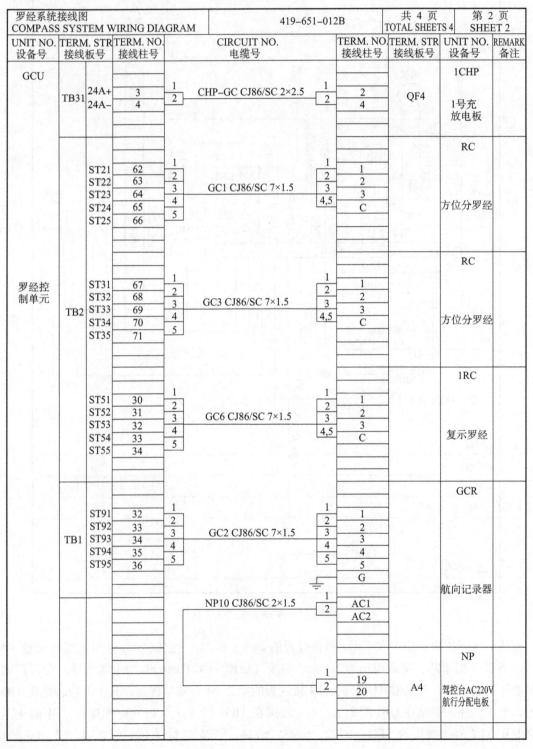

罗经系统接线图 COMPASS SYSTEM WIRING DIAGRAM			419-651-012B		共 4 页 TOTAL SHEETS 4	第 2 页 SHEET 2	
UNIT NO. 设备号	TERM. STR 接线板号	TERM. NO. 接线柱号	CIRCUIT NO. 电缆号	TERM. NO. 接线柱号	TERM. STR 接线板号	UNIT NO. 设备号	REMARK 备注
GCU 罗经控制单元	TB31	24A+ 3 / 24A- 4	CHP-GC CJ86/SC 2×2.5	1→2 / 2→4	QF4	1CHP 1号充放电板	
	TB2	ST21 62 / ST22 63 / ST23 64 / ST24 65 / ST25 66	GC1 CJ86/SC 7×1.5	1→1 / 2→2 / 3→3 / 4,5→C		RC 方位分罗经	
		ST31 67 / ST32 68 / ST33 69 / ST34 70 / ST35 71	GC3 CJ86/SC 7×1.5	1→1 / 2→2 / 3→3 / 4,5→C		RC 方位分罗经	
		ST51 30 / ST52 31 / ST53 32 / ST54 33 / ST55 34	GC6 CJ86/SC 7×1.5	1→1 / 2→2 / 3→3 / 4,5→C		1RC 复示罗经	
	TB1	ST91 32 / ST92 33 / ST93 34 / ST94 35 / ST95 36	GC2 CJ86/SC 7×1.5	1→1 / 2→2 / 3→3 / 4→4 / 5→5 / G		GCR 航向记录器	
			NP10 CJ86/SC 2×1.5	1→AC1 / 2→AC2			
			NP10 CJ86/SC 2×1.5	1→19 / 2→20	A4	NP 驾控台AC220V 航行分配电板	

图 1-36　罗经系统接线图第 2 页

　　图纸第 3 页（图 1 - 37 示）连接同第 2 页，不同的是第 7 列设备号为 DIS 的第 1，2 号接线柱的右侧的 LOG2 表示将 1，2 号接线柱短路接到 LOG2。

罗经系统接线图 COMPASS SYSTEM WIRING DIAGRAM			419–651–012B			共 4 页 TOTAL SHEETS 4	第 3 页 SHEET 3
UNIT NO. 设备号	TERM. STR 接线板号	TERM. NO. 接线柱号	CIRCUIT NO. 电缆号	TERM. NO. 接线柱号	TERM. STR 接线板号	UNIT NO. 设备号	REMARK 备注
GCU						DIS	
	TB1	SL+ 46	W1 B1 SLG14 CHJP86/SC 2×2×0.75	W1 1	LOG2	计程仪	
		SL− 47		W2 2		信号分配器	
						2RC	
	TB2	2TX+ 6 (1)	GC8 CJ86/SC 7×1.5	1 TKRX+	TB2		
		2TX− 7 (2)		2 TKRX−			
		2TSC 8 (3)		3 TKSG			
		2R24− 9 (4)		4 24C			
		2R24+ 10 (5)		5 24V			
				1 DIM+		数字分罗经	
			GC7 CJ86/SC 7×1.5	2 DIM−			
				3 DIMSG			
				4 PWRSW			
罗经控 制单元				6 24EC			
				5 24E	TB1		
						DIM GC	
				1 1		数字分罗经 调光器	
				2 2			
				3 3			
				4 5			
				6 6			
				5 7			
						2RC	
	TB2	5TX+ 25 (1)	GC5 CJ86/SC 7×1.5	1 TKRX+		数字分罗经	
		5TX− 26 (2)		2 TKRX−			
		5TSC 27 (3)		3 TKSG			
		5R24− 28 (4)		4 24C			
		5R24+ 29 (5)		5 24V			

图 1 - 37　罗经系统接线图第 3 页

第 4 页（图 1-38 示）不同之处在于第 7 列设备号为投影磁罗经 ◊ 的接线柱号为 7 的接线，上面的小圆圈表示电缆通过 7 号接线柱屏蔽接地；设备号为 VDR 主单元的接线板

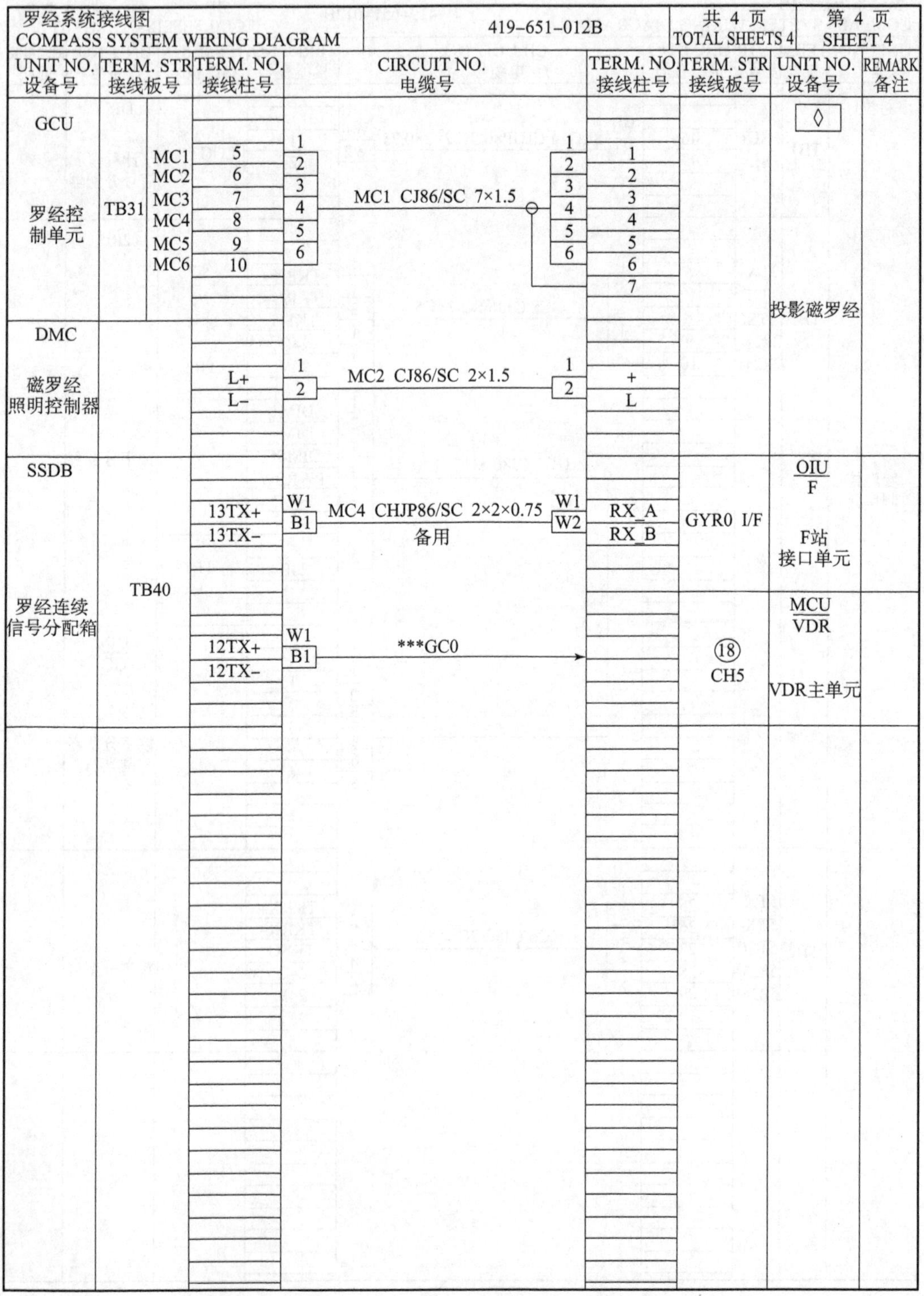

UNIT NO. 设备号	TERM. STR 接线板号	TERM. NO. 接线柱号		CIRCUIT NO. 电缆号		TERM. NO. 接线柱号	TERM. STR 接线板号	UNIT NO. 设备号	REMARK 备注
GCU 罗经控 制单元	TB31	MC1 5 MC2 6 MC3 7 MC4 8 MC5 9 MC6 10	1 2 3 4 5 6	MC1 CJ86/SC 7×1.5		1 2 3 4 5 6	1 2 3 4 5 6 7		◊ 投影磁罗经
DMC 磁罗经 照明控制器		L+ L-	1 2	MC2 CJ86/SC 2×1.5		1 2	+ L		
SSDB 罗经连续 信号分配箱	TB40	13TX+ 13TX-	W1 B1	MC4 CHJP86/SC 2×2×0.75 备用	W1 W2	RX_A RX_B	GYR0 I/F	OIU F F站 接口单元	
		12TX+ 12TX-	W1 B1	***GC0 →			⑱ CH5	MCU VDR VDR主单元	

图 1-38　罗经系统接线图第 4 页

号左边箭头表示来自设备罗经连续信号分配箱 SSDB 的 TB40 接线板号的 12TX + 、12TX − 接线柱的 *** GC0 线（设备厂家提供，根据具体的图纸选择）可以接到 CH5⑱的任意接线柱上，W1 表示白色线，B1 表示黑色线。

【项目实施】

任务 1　罗经的安装

一、磁罗经安装位置的选择

磁罗经剩余自差的大小与罗经在船上安装位置有关，为保证罗经具有良好的指向性能，应正确选择罗经安装位置，商船上的磁罗经不论是标准磁罗经还是操舵磁罗经都应安装在船首尾线上，以使罗经左右两舷的软铁对称，减小罗经的剩余自差。再者标准磁罗经安装在驾驶台的露天甲板上，周围应是开敞的，视线尽可能不被障碍物遮挡，以便于观测方位。罗经安装位置尽可能选择船磁影响小的地方，远离固定或移动的钢铁器件，船舶钢铁设备与罗经的距离应满足磁性材料最小安全距离的要求，任何磁性物体与罗经的最小距离不得小于 1 米。

二、罗经的正确安装

在安装罗经时，船应保持正平，在选择好安装标准罗经的地点后，首先用尺量出船首尾线的位置，然后在该位置上装上罗经垫板，并安装上罗经。罗经柜必须与甲板保持垂直，可用铅垂线或罗经柜上的倾斜仪进行测量，若发现罗经柜有倾斜时，可调整罗经柜下方的垫木，使罗经柜垂直。

为使罗经基线与船首尾线重合或平行，可利用船上桅杆、烟囱等位于船首尾线上的物标来校准罗经基线。如图 1 − 39 在罗经处，当用方位圈对准罗经首基线后，从方位圈照准面观测照准线是否对准桅杆中线，若照准线不与前桅杆中心线重合，可旋松罗经柜的底脚螺丝，旋转罗经柜，使照准线对准桅杆中心线。也可用方位圈观测烟囱两边缘相对于罗经尾基线的夹角是否相等，若两夹角相等，则说明罗经的尾基线在船首尾线上。在固定罗经位置过程中，须反复核对罗经首尾基线位置的准确性。

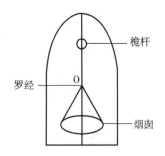

图 1 − 39　罗经安装

操舵罗经的安装与标准罗经的安装相类似，但操舵罗经只能利用船首方向的目标，如利用船前方的桅杆校核操舵罗经基线是否位于船首尾面内。

船上安装罗经，要求标准罗经和操舵罗经基线的误差角小于 0.5°。

任务2　磁罗经的自差校正与电罗经的精准性调校

一、磁罗经的自差校正

现代运输船舶多为几万吨到几十万吨的大型和超大型钢铁船舶，机械设备也多为钢铁材料，所以船磁很强，可使船上磁罗经产生十几度至几十度的自差。船上的磁罗经若有这么大的自差，再加上磁差，磁罗经的指向误差会达到几十度，且变化复杂。若对磁罗经不进行校正，使用磁罗经确定方向非常不便，稍有疏忽，将危及船舶安全；磁罗经的自差大意味着产生自差的船磁力就大，在某些航向时船磁力将抵消磁罗经的指北力，使磁罗经在一般纬度时也不能指向或指向精度太差而不能使用；观测法求磁罗经自差比较繁琐、费事，一般只求4个基点航向和4个隅点航向上的自差，其余航向上的自差利用自差公式计算求得。为了保证计算的自差精确到0.1°，磁罗经在各航向上的最大自差不能超过±3°。鉴于以上原因，磁罗经自差必须进行校正。

1. 磁罗经自差的校正原理

船舶校正磁罗经自差，目前基本采用大小相等、方向相反的外磁力（校正器磁力）抵消船磁力的方法，即硬铁船磁力用永久磁铁磁力抵消，软铁船磁力用校正软铁产生的感应磁力抵消。

2. 校正自差的一般顺序

鉴于磁罗经的各类自差校正时的相互影响及校差的便利，新造船舶上的磁罗经校差顺序是：

①减小象限自差。

②近似校正次半圆自差。

③校正倾斜自差。

④校正半圆自差。

⑤校正象限自差。

旧船上的磁罗经都曾经校正过自差，已安放有各类自差校正器，校差顺序为：

①校正倾斜自差。

②校正半圆自差。

③校正象限自差。

3. 具体自差校正方法

（1）倾斜自差的校正

倾斜自差主要是由垂直方向的硬铁船磁力 R 产生的，校正倾斜自差是在磁罗经罗盘下方安放垂直磁铁，抵消 R 力。由于 R 力是在船舶倾斜（摇摆）时使磁罗经产生倾斜自差的，因此抵消 R 力有两种方法。

一种方法是比较精确地校正倾斜自差，方法是校差时船舶停靠码头，船体正平，船首朝向磁东（或磁西）方向，利用测量垂直磁力的倾差仪，首先测量当地的地磁垂直分力 Z，将倾差仪的测量读数调在 lZ 值，然后将磁罗经罗盆取下，把倾差仪安放在罗经盆的位置，在罗经柜内安放垂直磁铁并上下调整，使倾差仪的测量磁铁水平，也就是使罗盘在垂直方向所受的磁力 Z' 等于当地的地磁垂直分力 Z 与 l 的乘积时（$Z' = lZ$），R 力就被抵消了。l 为磁罗经的指北力系数，$l = 1 + (a + e)/2$（其中的 a 和 e 为软铁系数）。由于一般商船的 a、e 的符号均为负，因此 $l < 1$。由于 R 力被抵消了，当船舶倾斜或在风浪中摇摆时，船上磁罗经就不会再产生倾斜自差了。

另一种方法是当船在风浪中摇摆时，船上磁罗经罗盘左右抖动不停，这是由于 R 力没有被精确抵消造成的。可通过上下移动罗经柜内已有的垂直磁铁，直到使罗盘停止抖动，然后将垂直磁铁固定。

（2）半圆自差的校正

半圆自差主要是由水平方向的硬铁船磁力 P、Q 产生的。校正半圆自差多采用爱利法，即在产生最大半圆自差的航向，观测自差，使用相应的校正器校正自差，将 P 力和 Q 力抵消。具体做法是航向为 N（000°）（校差开始可任选一基点航向），观测得自差 Dev N，在罗经柜内安放横向磁铁（NS 极朝向左右舷方向的磁铁），将自差 Dev N 校正为零；船转向为 E（090°），观测自差 Dev E，在罗经柜内安放纵向磁铁（NS 极朝向船首尾方向的磁铁），将自差 Dev E 校正为零；船转向为 S（180°），观测自差 Dev S，调整或增减罗经柜内的横向磁铁，将 Dev S 校正一半（将 Dev S 只校正一半而不是校正为零，是为了去掉为抵消 Q 力由横向磁铁多加的校正磁力，使各航向上的自差最小）；船转向为 W（270°），观测自差 Dev W，调整或增减纵向磁铁，将自差 Dev W 校正一半（原因同上）。

校正半圆自差时，可按照下列口诀移动罗经柜内的纵向磁铁和横向磁铁。

东东上、西西上、东西下、西东下。

口诀中第一个字"东或西"，是指自差符号即自差是东自差还是西自差；第二个字"东或西"，是指罗经柜内已放置的磁铁的红端（N 极）是朝向"东"还是朝向"西"；第三个字"上或下"，是指将罗经柜内的磁铁往上移动（靠近罗盘）还是往下移动（远离罗盘）。

（3）象限自差的校正

磁罗经的象限自差主要是由软铁系数 a、e 表示的水平方向的软铁船磁力产生的。象限自差的校正一般采用与校正半圆自差相同的方法，即在产生最大象限自差的航向，观测自差，使用相应的校正器校正自差，将产生这一自差的船磁力抵消。具体做法是航向为 NE（045°）（可任选一隅点航向），观测自差 Dev NE，安放并调整软铁球（片），将自差 Dev NE 校正为零；船转向为 SE（135°）或 NW（315°），观测自差 Dev SE 或 Dev NW，调整软铁球或调整增减软铁片，将自差 Dev SE 或 Dev NW 校正一半（原因与校正半圆自差相同）。校正象限自差时，可按照下列口诀移动软铁球（片）。

一、三象限大，软铁往里靠；一、三象限小，软铁往外移。
二、四象限大，软铁往外移；二、四象限小，软铁往里靠。

口诀中"一、三或二、四"，是指航向所在的象限；"大或小"，是指磁方位比罗方位大还是磁方位比罗方位小，即是东自差还是西自差；"往里靠或往外移"，是指软铁球（片）是靠近罗盘还是远离罗盘。

（4）恒定自差的处理

对于磁罗经的恒定自差，可根据产生恒定自差的原因分别对待，主要有以下几种情况：

①对于 b、d 不等于零产生的恒定自差，应将罗经安装在船首尾线上。

②对于求自差时使用的磁差不正确，应使用计算准确的磁差。

③对于罗盘磁针轴线与罗盘 0°~180° 线不平行产生的恒定自差，更换新罗盘。

④对于因使用的方位圈（仪）有误差产生的恒定自差，应使用精确的方位圈（仪）。

⑤对于因罗经基线与船首尾线不重合（或不平行）产生的恒定自差，应调正罗经基线与船首尾重合（或平行）。软铁系数 c 表示的主要是由垂直方向烟囱磁性的软铁船磁力，产生磁罗经的次半圆自差，因其比较小且变化复杂，一般参考同类型船舶，安放佛氏铁进行校正。安放佛氏铁圆铁柱时，应将长柱放在上边，短柱放在下边。

注：还可以利用太阳方位法测定自差，因篇幅所限，具体方法请查阅相关资料。

4. 计算任意航向的自差和自差表的使用

船上磁罗经的自差经过校正后，其剩余自差一般不大于 ±1°，最大不超过 ±3°，可利用自差公式计算任意航向的自差。

$$Dev = A + B\sin\varphi' + C\cos\varphi' + D\sin2\varphi' + E\cos2\varphi' \tag{1-12}$$

上式中的 A、B、C、D、E 称为磁罗经自差系数，其中 A 称为恒定自差系数，B、C 称为半圆自差系数，D、E 称为象限自差系数，φ' 为罗航向（罗经线北段顺时针量到航向线的角度叫罗航向；以磁北极作为航向度量的起点，叫做磁航向，磁罗盘的度数修正了罗差（包括机械误差）所得到的才是磁航向；真航向是按照地理真北为基准的航向，计算方法为当地磁航向减去当地磁差；大圆航向是从起点看终点所在方位的航向。）。这五个系数由磁罗经校正自差后，观测四个基点航向的剩余自差 DevN、DevE、DevS、DevW 和四个隅点航向的剩余自差 DevNE、DevSE、DevSW、DevNW 计算求得，其计算公式如下：

A = (Dev N + Dev NE + Dev E + Dev SE + Dev S + Dev SW + Dev W + Dev NW)/8

B = (Dev E − Dev W)/2

C = (Dev N − Dev S)/2 $\qquad(1-13)$

D = [(Dev NE + Dev SW) − (Dev SE + Dev NW)]/4

E = [(Dev N + Dev S) − (Dev E + Dev W)]/4

A、B、C、D、E 单位为"度"，有正负之分。计算求得 A、B、C、D、E 五个自差系数后，将其代入自差公式，计算每隔 10° 或 15° 航向的所有自差，绘制成自差表和自差曲线图。计算的 4 个基点和 4 个隅点航向的自差与观测所得的这些航向的自差之差应小于 0.5°，否则可能存在观测误差。绘制的自差曲线应是平滑的，不能有明显的凸起或凹进，否则，说明计算或观测的自差有错误，应重新观测计算和绘制自差图表。

磁罗经校差后绘制的磁罗经自差图表（如表 1-1），一般贴在驾驶室，以备查用。驾驶员应经常观测磁罗经自差，将观测的自差与根据船舶当时的航向从自差图表查得的自差进行比较，随时掌握自差情况，保证磁罗经的正常使用。

表 1-1 磁罗经自差表　　　　　　　　　　　　　　　　单位（°）

罗航向	自差	罗航向	自差	罗航向	自差	罗航向	自差
000	−0.3	090	−0.1	180	0.1	270	0.3
015	−0.1	105	−0.3	195	0.4	285	0

罗航向	自差	罗航向	自差	罗航向	自差	罗航向	自差
030	0.2	120	− 0.5	210	0.6	300	− 0.2
045	0.4	135	− 0.7	225	0.8	315	− 0.4
060	0.3	150	− 0.6	240	0.7	330	− 0.7
075	0.1	165	− 0.3	255	0.5	345	− 0.6

注：表 1 – 1 中各列值的单位为度（°）。

5. 自差校正时应注意的事项

①应选择好天气，风浪较小时进行。

②校差前船上应准备好下列物品：大比例尺海图、应悬挂的信号旗、备用校正器、方位圈（仪）、防磁表、磁罗经记录簿等。

③悬挂信号旗。

④船上所有设备应处于正常航行状态。

⑤应有 2 人协同进行。

⑥每一航向上应至少稳定 2 min。

⑦暂时不用的校正器应远离磁罗经。

⑧在罗经柜内安放纵向校正磁铁时，应对称安放并尽量离罗盆远一点。

⑨校差结束时，应将各校正器的名称、位置、数量等详细记录在磁罗经簿。

二、电罗经的精准性调校

由于某种因素，引起电罗经主轴在方位上偏离真北方向的罗经主轴与真北方向的夹角，称为电罗经的误差。

电罗经的误差分为两类，一类由电罗经原理决定的误差，包括纬度误差、速度误差、冲击误差和摇摆误差，称为原理误差；另一类由安装引起的误差，称为基线误差，其大小和符号不变，又称为固定误差。

1. 纬度误差校正

采用垂直轴阻尼的电罗经，其主轴指北端的稳定位置偏离子午面一个角度，有阻尼重物的液体连通器罗经和电磁控制式罗经主轴偏离稳定位置的方位角分别见式 1 – 14。由公式可以看出，对于结构参数已经确定的电罗经，其偏离稳定位置方位角的大小仅与纬度 φ 的正切成正比，故称纬度误差。

$$\left. \begin{array}{l} \alpha_{r\varphi} = -\dfrac{M_D}{M}\tan\varphi \\[2mm] \alpha_{r\varphi} = \dfrac{K_Z}{K_Y}\tan\varphi \end{array} \right\} \tag{1 – 14}$$

消除纬度误差的方法有两种：一种称为外补偿法，另一种称为内补偿法。

外补偿法是利用机械解算装置求出纬度误差的数值和符号，移动主罗经的基线，从而在罗经的示度中消除该误差。采用外补偿法时，电罗经主轴在方位上的稳定位置不变，即仍偏离子午面一个角度。

内补偿法是利用电气解算装置求出与纬度误差的数值和符号相对应的电信号，输至力矩器，给陀螺仪施加补偿力矩，使罗经主轴和稳定位置回到子午面内，从根本上消除纬度误差。

现代电罗经中，通常将纬度误差校正机构与速度误差校正机构有机结合成一体，组成速度纬度误差校正器，将两个误差同时消除。

2. 速度误差校正

（1）什么是速度误差

速度误差是指船舶作恒速恒向航行时，电罗经主轴的稳定位置，与船速为零时电罗经主轴的稳定位置，两者在方位上的夹角，用 α_{rv} 表示。经推导

$$\alpha_{rv} = \frac{V\cos C}{R_e \omega_e \cos\varphi + V\sin C} \tag{1-15}$$

由于 $V\sin C$ 与 $R_e \omega_e \cos\varphi$ 相比很小，可略去不计，因此，1-15 式可简化为

$$\alpha_{rv} = \frac{V\cos C}{R_e \omega_e \cos\varphi} \tag{1-16}$$

上式精度基本满足海上航行要求，但对于航行在高纬度区的船舶来讲，由于 $R_e \omega_e \cos\varphi$ 随纬度增高快速减小，因而 $V\sin C$ 的影响就不能忽略，此时应用 1-15 式计算速度误差。

（2）速度误差的消除

①外补偿法。

主罗经上设置一套机械解算装置，即速度误差机械校正器，采用人工输入速度 V 和纬度 φ，由罗经自动输入航向 C，通过机械模拟解算装置移动罗经的基线，从罗经示度中消除速度误差，而电罗经主轴的指向仍为航速为 V 时主轴的指向。

误差校正器应根据航速航向的变化加以调节，当纬度变化大于 5° 或航速变化大于 $5K_n$ 时，均须进行重新调整，停航 1h 以上，应调整至 "0"。

②内补偿法。

现代电罗经常用内补偿法消除速度误差。内补偿法通常采用人工输入航速 V 和纬度 φ，由罗经自动输入航向 C，通过速度误差校正电路，将校正信号输至力矩器，由力矩器给电罗经施加补偿力矩，使主轴位于子午面内，从根本上消除速度误差。

③查表法。

有些机械摆式罗经，为了简化机构，不设速度误差校正器，而用速度误差表来代替，驾驶员可根据本船航速、航向和所在纬度从速度误差表中查取速度误差值和符号，然后按公式：

$$真航向 = 罗经航向 \pm 速度误差$$

计算真航向。

3. 冲击误差校正

（1）什么是冲击误差

船舶作机动航行（变速或变航向航行）时，有加速度产生，它使电罗经受到惯性力的作用因而对罗经施加了一个惯性力矩，引起罗经主轴偏离其稳定位置而形成误差。因为船舶作机动运动的持续时间通常较罗经摆动周期短暂得多，机动时出现的惯性力相当于一个冲击，所以该误差称为冲击误差。机动航行期间，罗经控制设备受到惯性力的作用产生的冲击

误差，称为第一类冲击误差。机动航行期间，罗经阻尼设备受到惯性力的作用产生的冲击误差，称为第二类冲击误差。

（2）冲击误差的消除

①第一类冲击误差的消除：如果陀螺罗经的结构参数可调，则可调节结构参数使其在任何纬度上等幅摆动周期为 84.4 min，该罗经将不存在第一类冲击误差；若其结构参数不可调，第一类冲击误差将出现，但当机动终了时，其误差的大小和符号均作周期性变化并消失。

②第二类冲击误差的消除：在机动过程中关闭阻尼器。但即使不关闭阻尼器，约 1 h 后第二类冲击误差也可自行消失。鉴于第二类冲击误差的符号与第一类冲击误差相反，即惯性力同时作用在重力设备和阻尼设备上，可使主轴的冲击位移减小，故在低于设计纬度上，对第二类冲击误差不予校正反而能使合成冲击误差减小。只有在高于设计纬度上，才应对第二类冲击误差进行校正。

4. 摇摆误差校正

（1）什么是摇摆误差

船舶在风浪中摇摆时，会有周期性的加速度出现，电罗经就受到惯性力的作用，使罗经示度出现误差，这种误差称为摇摆误差。理论分析，摇摆误差随纬度的升高而增大，当波浪方向与南北线和东西线成 45°角时，摇摆误差为最大。

（2）克服摇摆误差的方法

①安许茨系列罗经采用陀螺球内装两个转子的方法，这样使陀螺球除南北方向有动量矩外，还有东西方向的动量矩，但其方向相反，矢量和为零，这样使陀螺球在南北轴和东西轴有稳定性，可以认为它不随船舶的摇摆而摇摆，有效地消减了摇摆误差。

②斯伯利系列罗经中，液体连通器内盛有部分黏性液体，当主轴绕水平轴摇摆时，液体在连通器内南北流动，约落后于主轴摇摆 1/4 周期，从而大大减小了摇摆误差。

③阿玛 – 勃朗系列罗经中，采用强阻尼摆，即把阻尼摆的摆锤置放在高黏度的硅油中，锤在硅油中的运动呈强阻尼而不随船舶摇摆，对消减摇摆误差效果很好。

5. 基线误差校正

（1）基线误差的产生

电罗经安装在船舶上，其主罗经和分罗经都设有读取航向的基准线，称为基线。安装罗经时，应使基线与船首尾线平行，否则会产生基线误差。由于基线误差的大小和符号不随时间和航向等因素而改变，因此基线误差属于固定误差。主罗经的基线误差会反映到各个分罗经上，在利用方位分罗经读取航向和测定物标方位时，必然存在着基线误差。

（2）基线误差的测定及消除

一般在船舶上当罗经稳定后，当船舶停泊或航行中，测取岸标或天体的罗经方位，然后根据岸标或天体的真方位计算电罗经差：

$$电罗经差 = 真方位 - 罗经方位$$

当基线误差的值大于 ±0.5°时，应予以消除。

经过多次测定，发现电罗经误差的大小和符号基本不变，则可认为此误差为基线误差，必须用移动基线予以消除，在校正主罗经的基线误差之前，应先消除分罗经的基线误差使分罗经的基线与船首尾线平行。之后在船舶停靠码头并在主罗经工作稳定后，移动主罗经座的基线来消除主罗经的基线误差。

任务3　磁罗经的方位观察

一、利用磁罗经观测陆标的方位

首先将方位仪正确安装，手握方位仪上的手柄，保持罗盆基本水平。转动方位圈，从照门孔通过照准线观测某一陆标，使照门孔、准线、观测的陆标三者重合（在一条竖线上），并保持罗盆（方位圈）水平（方位圈上的水准仪气泡位于"中间"位置）。从照准架下的读数窗口中读出物标方位线（窗口中的竖线）所对应的罗盘刻度，就是所测陆标的罗经方位，（例如：CB 220.5°）。观测（读取）罗经基线所对应的方位圈上的固定刻度，就是所测陆标的相对位置或舷角（例如：RB 40°或Q右40°）。

当所观测的物标相对方位小于180°时，相对方位等于右舷角；当所观测的物标相对方位大于180°时，360°减去180°等于左舷角。

二、利用磁罗经观测太阳的方位

当太阳高度较低时（一般应低于10°），观测太阳方位的方法与观测物标的方位的方法相同。如图1-40所示，当太阳高度较高时，使用照准仪观测太阳方位不能保持罗盆水平，将产生较大的观测误差，应使用反射照准仪观测太阳方位，以提高观测太阳方位的精度。

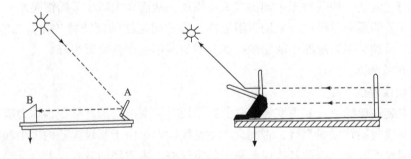

图1-40　太阳方位法示意图

三、利用磁罗经观测星体的方位

当星体高度较低时（一般应低于10°），观测星体方位的方法与观测物标方位的方法相同。当星体高度较高时，使用照准仪观测星体方位不能保持罗盆水平，将产生较大的观测误差，应使用照准仪的黑色反射镜观测星体方位，以提高观测星体方位的精度。

任务 4　电罗经的操作

下面分别以安许茨标准 22 型罗经和斯伯利 MK37 型电罗经为例说明。

一、安许茨标准 22 型电罗经的操作

1. 认识安许茨标准 22 型罗经的操作面板

安许茨标准 22 型罗经的操作面板实物图如图 1 – 41 所示。

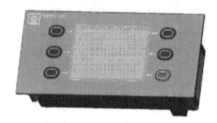

图 1 – 41　电罗经操作面板实物

接通电源后，显示屏上显示电罗经的航向信息；若连接多个电罗经则显示选定的电罗经。操作单元分为：数据显示区和 6 个软按键，如图 1 – 42 所示。

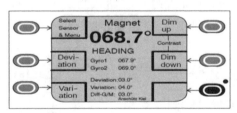

图 1 – 42　操作单元示意图

其中右下角的数据显示区为报警显示，对应的软按键上面的小点为一个双色发光二极管，当有意外情况发生时，二极管的作用为：指示数据传送和闪射红光报警，如图 1 – 43 所示。

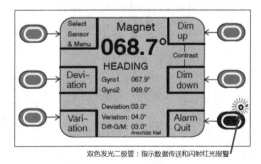

图 1 – 43　操作单元中的二极管

快速稳定操作：

通过方位电机带动随动球转动产生的摩擦力来推动陀螺球向减小方位角的方向转动，直

至最小。摩擦力较小，推动能力有限，故只适用于前次关机和本次启动期间没有改变航向的情况（快速稳定功能可使加热阶段和稳定阶段减小到 1 小时）。

如前面所述，因为安许茨标准 22 型罗经分为简化型和完整型，下面分别对其操作做出说明。

2. 完整型安许茨标准 22 型罗经显示单元的操作

①亮度调整如图 1 – 44 （a）：Dim Up 或 Dim Down，使显示屏幕变亮或变暗。

②对比度调整：同时按 Dim Up 和 Dim Down 键，转换为（b），按动 Contr. Up 或 Contr. Down 使显示屏幕对比度发生变化。

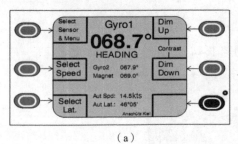 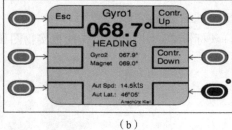

（a） （b）

图 1 – 44 亮度调整和对比度调整图

（a）亮度调整；（b）对比度调整

③当前传感器选定，如图 1 – 45 （a），按 Select Sensor &Menu 键，传感器依次出现在显示屏顶端，选择传感器，按 Set 键确认。

④指示灯测试，按住 Lamp Test 大约 3 s，进入测试状态，底部显示"Lamp Test"，发光二极管发光如图 1 – 45 （b），逐渐增大亮度，同时发声。

 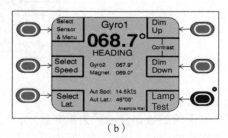

（a） （b）

图 1 – 45 传感器测试操作图

（a）传感器选择；（b）测试操作

⑤航向显示分为加热阶段和稳定阶段（图 1 – 46 示）。

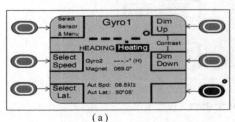 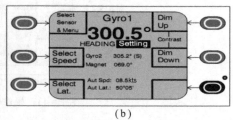

（a） （b）

图 1 – 46 航向显示

（a）加热阶段；（b）稳定阶段

⑥速度输入。

如图 1-47 所示，按 Select Speed 键选择手动输入"Man Spd"，发光二极管黄色光闪烁，按 Up 或 Down 改变数值，按 Set 键确认，闪光熄灭。

图 1-47　速度输入

⑦纬度输入。

如图 1-48 所示，按 Select Lat 键选择手动输入"Man Lat"，发光二极管黄色光闪烁，按 Up 或 Down 改变数值，按 Set 键确认，闪光熄灭。（系统接受输入的纬度和速度数值后，按此计算速度误差并消除之。）

图 1-48　纬度输入

⑧快速稳定激活操作。

启动后，选定航向信息下出现"QS-possible"，必须立即按下 Select Sensor & Menu 键，选择"Menu"项，按 Set 键确认进入下级菜单；按 Select Menu 键，选择"Quick-Settling"项，再按 Set 键激活快速稳定功能；此时显示"Gyro X QS SET"，选择"Exit"退出。

3. 简化型安许茨标准 22 型罗经显示单元（选配）的快速稳定操作

实物图和示意图如图 1-49 所示，启动后，快速稳定按钮闪烁持续 2 分钟，在此期间按下此钮激活快速启动功能；若 3 分钟内没有激活则正常启动。

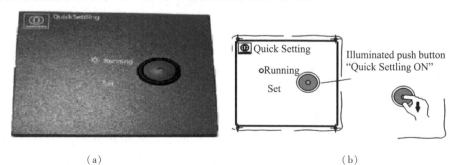

（a）　　　　　　　　　　　　　　　（b）

图 1-49　快速稳定操作器实物图和示意图

（a）实物图；（b）示意图

4. 安许茨 22 型罗经工作状态监测

对于安许茨 22 型罗经来说有多种信号检测传感器可对罗经的工作状态检测和监测。

如图 1 – 50 所示，使用切换开关 B37、按键 B38 和 B39，通过数字显示器查阅工作状态及参数、故障信息和告警信息。

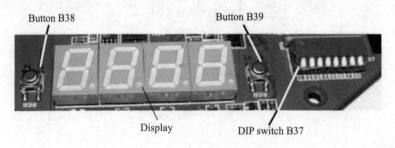

图 1 – 50　信号检测系统面板图

二、斯伯利 MK37 型电罗经的操作

1. 认识斯伯利 MK37E 型电罗经的控制面板

斯伯利 MK37E 型电罗经的开关按钮及指示装置均安装在控制与发送箱的面板上，如图 1 – 51 所示。

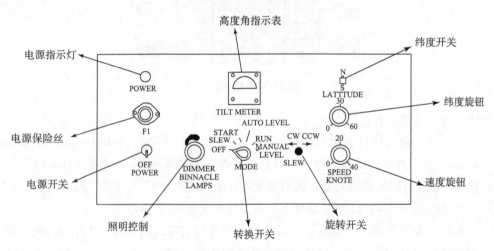

图 1 – 51　控制与发送箱的面板图

各开关按钮及指示装置的作用如下：

高度角指示表——指示陀螺球的倾斜角。

纬度开关——船舶在北（或）南纬时，开关置于 N（或 S）位置。

纬度旋钮——0°~80°，用于校正纬度误差。

速度旋钮——0~40 kn，用于校正速度误差。

旋转开关（弹性手柄）——设有 CW 或 CCW 位置，当转换开关置于"旋转"时，用此开关控制刻度盘顺时针或逆时针旋转；当转换开关置于"手动校平"时，用此开关调整陀螺球的倾斜角。

转换开关，有六挡：

OFF——切断：转换开关在断开位置。

SLEW——旋转：容许主罗经刻度盘在陀螺电机不转时旋转。

START——启动：接通陀螺电机电源。

AUTO LEVEL——自动校平：自动将陀螺球主轴校平。

RUN——运转：所有的罗经回路处于工作状态。

MANUAL LEVEL——手动校平：适用旋转开关，并观察高度角指示表，进行手动校平。

照明控制——顺时针或逆时针旋转，控制主罗经照明灯的亮度。

电源开关——接通或切断控制与发送箱电源。

电源保险丝——保护控制与发送箱的输入电路，以免过电流通过。

电源指示灯——灯亮，表明罗经电源正常。

分罗经开关——在机箱内，分别控制各个分罗经电源的通断。

复位开关——在机箱内，熄灭警报指示灯。

警报指示灯——在机箱内，当分罗经电路板的过载保护电路被触发时，警报指示灯亮。

2. 操作斯伯利 MK37E 型电罗经

（1）正常启动

当陀螺电机不转动时，可采用以下步骤启动电罗经：

①检查控制与发送箱上的电源开关，转换开关应位于"切断"位置。

②将控制与发送箱内的各个分罗经开关置于"切断"位置。

③将控制与发送箱上的电源开关置于"接通"位置。

④将转换开关置于"旋转"位置，并观察高度角指示表的指示。若指示为（＋），用旋转开关使主罗经刻度盘转动至真航向减 30°处，若指示为（－），则用旋转开关使主罗经刻度盘转至真航向加 30°处。

⑤将转换开关置于"启动"位置。等待 10 min，让陀螺电机转速上升达到额定转速。

⑥将转换开关置于"自动校平"位置。等待 30 s，直到罗经刻度盘停住或有微小摆动为止。

⑦将转换开关置于"手动校平"位置，拨动旋转开关，使高度角指示表指示（0）附近。

⑧将转换开关置于"运转"位置。

⑨依次将各分罗经的航向与主罗经航向匹配一致后，再将控制与发送器内的各分罗经开关置于"接通"位置。

⑩将 N/S 纬度开关置于相应的半球位置（北纬 N 或者南纬 S），并将纬度旋钮调整到船舶所在的纬度值上。

⑪船舶航行时，将速度旋钮调整到船舶航速值上。

（2）关闭罗经

关闭主罗经必须按下列步骤的顺序进行：

①将转换开关置于"切断"位置。

②将各分罗经开关均置于"切断"位置。

③将电源开关置于"切断"位置。

（3）日常的检查

①检查控制与发送箱上的纬度旋钮，并将该旋钮调整到船舶所在地的纬度值上。

②检查 N/S 纬度开关，并将开关置于船舶所在半球位置。

③检查速度旋钮，并将该旋钮调整到船舶的航速值上。

④定期检查核对主罗经和分罗经的航向示度。

（4）快速启动

斯伯利 MK37E 型罗经能够在 1 h 内稳定在 0.5°secφ（与船舶所在的纬度 φ 有关）以内，这种快速稳定的启动方式应按下述操作步骤进行：

①将控制与发送箱的按钮按下列要求放置（表 1 - 2）：

表 1 - 2　控制与发送箱按钮放置要求

按钮	位置
分罗经开关（A2S1 ~ A2S12）	切断（OFF）
电源开关	接通（ON）
转换开关	旋转（SLEW）
速度旋钮	0
纬度开关	N（北纬）或 S（南纬）
纬度旋钮	船舶所在地的纬度

②同正常启动步骤④。

③同正常启动步骤⑤。

④将转换开关置于"自动校平"位置，观察高度角指示表直到指针在任一方向上的指示数值小于 10。

⑤将转换开关置于"手动校平"位置，此时罗经刻度盘将围绕真航向作阻尼减幅摆动。为了增强阻尼减幅的效果，缩短罗经的稳定时间，可采取如下操作步骤：

a. 罗经刻度盘指示航向大于船舶真航向，则拨动旋转开关，使高度角指示表指示在 -5° ~ -8°刻度内。

b. 若罗经刻度盘指示航向小于船舶真航向，则拨动旋转开关，使高度指示表指示在 +5° ~ +8°刻度内。

c. 观察高度角指示表，连续左右地拨动旋钮开关，使刻度盘航向逐渐逼近船舶真航向。

d. 当刻度盘指示航向在船舶真航向的 1°以内时，拨动旋转开关，应使高度角指示表指示在正常工作时的刻度值上，该刻度值可以从罗经工作记录本中查阅得到。

e. 将转换开关置于"运转"位置。

f. 当船舶航行时，应将速度旋钮置于船速值上。

【项目考核】

项目考核单

学生姓名		教师姓名	项目一	
技能训练考核内容（60分）			技能考核标准	得分
1. 罗经系统图、接线图识读（15分）	罗经系统图1－34，图1－35		能正确识读系统图、接线图，识读错误一处扣1分	
	罗经系统接线图1－36，图1－37，图1－38			
2. 罗经系统安装接线（15分）	磁罗经安装位置的选择		能正确进行设备接线，接错一处扣2分	
	罗经的正确安装			
3. 罗经操作（15分）	磁罗经的自差校正与电罗经的精准性调校		能正确进行设备操作，操作错误一次扣3分	
	磁罗经的方位观察			
	电罗经的操作			
4. 项目报告（10分）			格式标准，内容完整，详细记录项目实施过程、并进行归纳总结，一处不合格扣2分	
5. 职业素养（5分）			工作积极主动、遵守工作纪律、遵守安全操作规程，爱惜设备与器材	
知识巩固测试（40分）			1. 磁罗经的组成及各部分作用	
			2. 安许茨标准22型罗经主要特点及系统组成	
			3. 斯伯利MK37型陀螺罗经系统组成及各部分作用	
			4. 阿玛－勃朗10型陀螺罗经系统组成及各部分作用	
			5. NAVIGAT 2100光纤陀螺罗经的组成	
			6. 罗经自差种类及新出厂的罗经消除自差的顺序	
完成日期		年　　月　　日	总分	

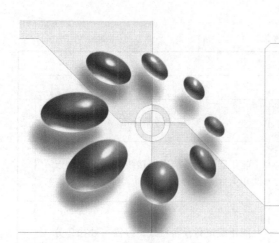

项目二 船用回声测深仪的安装与操作

【项目描述】

为了确保船舶的安全，有时需要测量船舶所在的水域是否有足够的安全水深或通过水深来确定船舶的位置。回声测深仪（echo sounder）就是现在船舶普遍使用的利用超声波在水中恒速传播、直线传播和反射传播的特性测量水深的仪器。

【项目目标】

1. 能正确识读船用回声测深仪系统的系统图和接线图。
2. 能正确安装船用回声测深仪系统。
3. 会对船用回声测深仪系统进行操作。

【知识链接】

知识链接1　回声测深仪的基本工作原理

一、水声学有关知识

在任何弹性介质中放一个振动的物体，其周围的介质将受影响而产生压力的变化，这种压力的变化使介质的质点发生振动，质点振动将由邻近的质点开始逐个地传递至远处的质点。这种质点振动的传播就是声波（acoustic wave）。振动的物体叫做声源（acoustic source）。每秒钟内质点振动的次数叫做声波的频率f，处在同一振动状态的两个相邻质点间的距离叫做声波的波长λ，每秒钟声波传播的距离叫做声波的传播速度C。显然，它们三者之间的关系应为$C = \lambda f$。

声波分三个频率段：20 Hz 以下的声波称为次声波（infrasonic wave）；20 Hz ~20 kHz 称为可闻声波（voiced wave）；20 kHz 以上的称为超声波（ultrasonic）。其中，超声波因为频率高、抗干扰性好，被水声仪器广泛利用；同时，声波还有在同一种均匀理想介质中恒速传播、直线传播，在两种不同的介质面反射、折射或散射传播等特点。超声波在水中的传播速度：

我国采用的计算公式：$C = 1\ 450 + 4.06t - 0.0366t^2 + 1.137(\sigma - 35) + \cdots\cdots$

国际威尔逊计算公式：$C = 1\ 449.2 + 4.623t - 0.0546t^2 + 1.391(\sigma - 35) + \cdots\cdots$

式中，t 为水的温度；σ 为水的含盐度；在公式的省略项中还含有水的静压力因素。

在设计制造回声测深仪时，超声波在水中的传播速度取值为 1 500 m/s。影响超声波在水中传播速度的因素为：

水温每增加 1℃，声速约增加 3.3 m/s；

含盐度每增加 1%，声速约增加 1.2 m/s；

水深每增加 100 m，声速约增加 3.3 m/s。

其中，水深的变化引起的静压力和温度的变化，所造成的声速变化值几乎相互抵消。三个因素中，水温的变化对声速的影响最大，需要进行"补偿"。超声波在水中传播时的能量损耗：吸收损耗和扩散损耗。超声波在传播过程中受到的干扰：海洋生物、海水运动、船舶本身等产生的海洋噪声干扰；海水对超声波多次反射形成的混响干扰。

二、回声测深原理

在船底安装发射超声波的换能器（transducer）A 和接收反射回波的换能器 B，如图 2 - 1 所示。

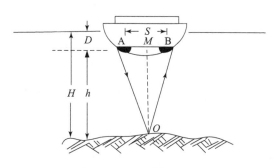

图 2 - 1　回声测深原理图

回声测深仪的测深原理公式：

$$水深：H = D + h$$

式中　h——船底到海底的垂直距离；D——船舶吃水。

$$h = MO = \sqrt{(AO)^2 - (AM)^2} = \sqrt{\left(\frac{1}{2}Ct\right)^2 - \left(\frac{1}{2}S\right)^2} \qquad (2-1)$$

若使 $S \to 0$，则 $\dfrac{S}{2} = 0$，那么： $\qquad h = \sqrt{\left(\dfrac{1}{2}Ct\right)^2} = \dfrac{1}{2}Ct = 750t \qquad (2-2)$

测深原理：将超声波在水中的传播速度 C 作为已知恒速，换能器基线 S 看作零（目前，换能器都是收发共用），通过测量超声波往返海底的时间 t，计算求得的水深 h。

原理缺陷：水深精度将受到超声波在水中传播速度 C 变化的影响。

 知识链接2　回声测深仪系统介绍

一、回声测深仪结构组成及作用

回声测深仪包括显示系统（display system）、发射系统（transmitting system）和接收系统（receiving system）几部分，实物图以及接线图（以 FE-700 为例）如图 2-2 所示，各部分作用如下。

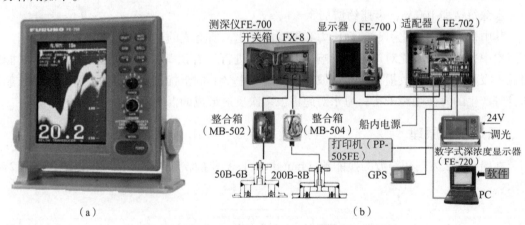

图 2-2　回声测深仪实物图、接线图

(a) 实物图；(b) 接线图

显示系统：脉冲产生器以一定的时间间隔产生触发脉冲，控制计时器开始计时和控制发射系统。

发射系统：产生具有一定功率和宽度的电脉冲，推动发射换能器工作。

触发脉冲器：机械触发器、电磁触发器、光电触发器和数字触发器。其中光电触发器使用较多，数字触发器比较先进。

接收系统：将来自接收换能器的海底回波信号，经放大处理后，控制测量显示系统计算出所发射的超声波脉冲往返船底与海底之间的时间 t，并按测深原理公式计算出船底到海底的水深（垂直距离），以一定的方式显示。

1. 显示器（display unit）

任务：控制和协调整机的工作；测定超声波自发射之时至经海底反射回来被接收之时所经历的时间间隔，并将其换算为深度加以显示。

显示方式：闪光式（转盘式）、记录式、数字式、指示式。

闪光式显示比较直观、易读取，不能保留水深数据，且存在零点误差和时间电机转速变化引起的测量误差。

记录式显示方式可记录水深数据，较不直观易读，存在记录零点误差和时间电机转速变化引起的测量误差。

数字式显示方式，直观易读且可打印出来，不存在显示零点误差，也不采用时间电机计时。

指示式显示方式特点是利用仪表指针指示水深。

2. 换能器

换能器是一种电、声能量相互转换装置。它按作用不同可分为：发射换能器和接收换能器；按工作原理不同分为磁致伸缩换能器和电致伸缩换能器；按制造材料不同分为压电陶瓷材料（如钛酸钡、锆钛酸铅等）换能器和铁磁材料（如镍、镍铁合金等）换能器。

3. 电源系统

电源系统的作用是将船电转换为测深仪的工作电源。

4. 回声测深仪的工作过程

回声测深仪的工作过程如框图 2-3 所示：

①显示器中的脉冲触发器以一定脉冲频率重复产生触发脉冲，控制计时器计时和发射系统工作。

②发射系统产生具有一定功率和宽度的电脉冲，并将其送到发射换能器。

③发射换能器将电脉冲转换为超声波脉冲向海底发射，经海底反射回来的超声波回波被接收换能器所接收，并转换为电信号送到接收系统。

④接收系统将来自接收换能器的回波信号放大处理后送到显示器。

⑤显示器的计时装置计算超声波脉冲的传播时间 t 并转换为水深 h，以一定的方式显示。

⑥电源系统供给各部分所需要的工作电源。

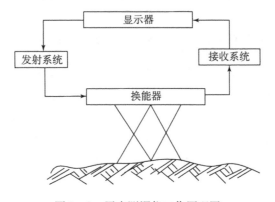

图 2-3　回声测深仪工作原理图

二、识读船舶测深仪系统图和接线图

下面以某船厂 45 000 吨回声测深仪系统为例详细介绍。

封面页和第 1 页已经省略。第 2 页同上一章的第 2 页一样，第 1 列为后续图纸中对此设备或单元的代号，第 2 列详细说明了系统中的设备或单元名称，第 3 列是设备或单元的数量，第 4 列为设备或单元的规格型号，第 5 列的附注为设备的提供厂家。

图 2-4 是系统图的第 3 页，给出了测深仪接线箱 $\boxed{\frac{\text{IB}}{\text{ECH}}}$ 与其他系统之间的关系。通过安装于水手长储藏室的测深仪匹配盒 $\boxed{\frac{\text{MB}}{\text{ECH}}}$，来自于测深仪换能器 $\boxed{\frac{\text{TD}}{\text{ECH}}}$（位于甲板下）的信号被送到测深仪接线箱 $\boxed{\frac{\text{IB}}{\text{ECH}}}$；测深仪接线箱 $\boxed{\frac{\text{IB}}{\text{ECH}}}$ 由来自驾控台 LNP 的 DC 24 V 和来自驾控台 NP 的 AC 220 V 电源供电；来自 GPS 信号分配盒的信号也被送入到测深仪接线箱 $\boxed{\frac{\text{IB}}{\text{ECH}}}$；通过测深仪接线箱 $\boxed{\frac{\text{IB}}{\text{ECH}}}$ 信号被送到测深仪显示单元 $\boxed{\frac{\text{DU}}{\text{ECH}}}$、测深仪信号分配盒 $\boxed{\frac{\text{OTB}}{\text{ECH}}}$ 以及测深仪打印机 $\boxed{\frac{\text{PR}}{\text{ECH}}}$；通过测深仪信号分配盒 $\boxed{\frac{\text{OTB}}{\text{ECH}}}$ 信号又被送至电子海图、航行数据记录仪。

图 2-5 是接线图：第 2 页大部分同前一章，这里不再赘述，所不同的是第 1 列的设备号为 $\boxed{\frac{\text{IB}}{\text{ECH}}}$ 与第 7 列的设备号为 $\boxed{\frac{\text{DU}}{\text{ECH}}}$ 的连接线为厂家提供的 * ECH-01，其中与 $\boxed{\frac{\text{DU}}{\text{ECH}}}$ 连接时是将所有的芯线连接在 $\boxed{\frac{\text{DU}}{\text{ECH}}}$ 的 CONTROL 接线板的 J1 端子上，另外一端则分为两路分别接在 J7 的最后一个接线柱上和 J8 的最上面一个接线柱上；而 * ECH-02 则所有的线都接在两侧设备的同一个接线柱上；* ECH-08 右端的第③，②，⑤号端子分别接在设备号为测深仪接线箱 $\boxed{\frac{\text{IB}}{\text{ECH}}}$ 的 J13 接线板的 232C-OUT，232C-IN，232C-GND 即第 3，4，5 号接线柱上，左端同时接在测深仪打印机 $\boxed{\frac{\text{PR}}{\text{ECH}}}$ 的 SERIAL 接线板的任意一个相同接线柱上。

图 2-6 是接线图第 3 页，需要说明的是第一个接线，从上往下数的第一个接线，电缆号为 ECH-04 CHJPFP86/SC 2×2×1.5，这是 2 根 2 芯横截面积为 1.5 mm² 的电缆线，它的右端的第一根线的黑白两根芯线即 W1，B1 接在测深仪接线箱 J12 接线板的 PRIMARY TD 即 1 号接线柱上，第二根线的黑白两根芯线即 W2，B2 接在测深仪接线箱 J12 接线板的 PRIMARY TD 即 3 号接线柱上，同时，这两根线又连出一根屏蔽线短路接在 J12 接线板的 SHIELD 即 2 号接线柱上。

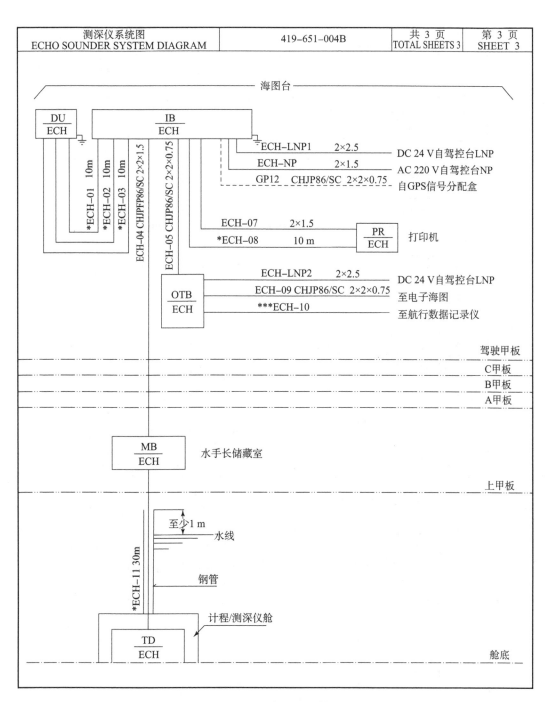

图 2 – 4　测深仪系统图第 3 页

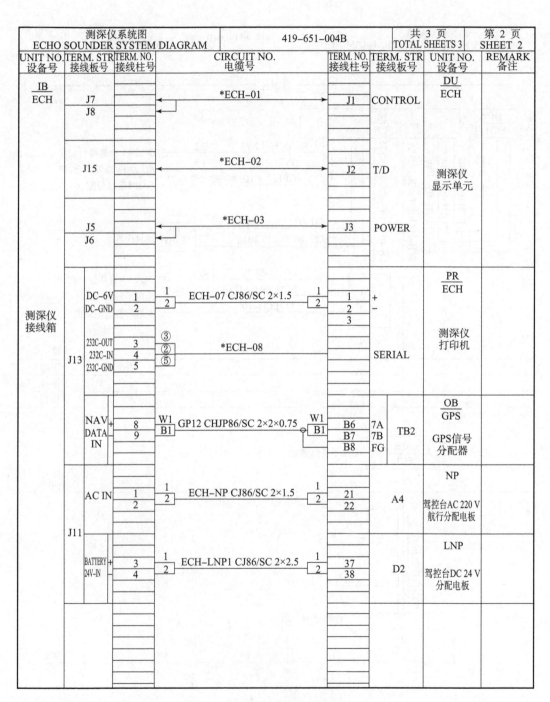

测深仪系统图 ECHO SOUNDER SYSTEM DIAGRAM			419-651-004B			共 3 页 TOTAL SHEETS 3	第 2 页 SHEET 2
UNIT NO. 设备号	TERM. STR 接线板号	TERM. NO. 接线柱号	CIRCUIT NO. 电缆号	TERM. NO. 接线柱号	TERM. STR 接线板号	UNIT NO. 设备号	REMARK 备注
<u>IB</u> ECH	J7 J8		*ECH-01	J1	CONTROL	<u>DU</u> ECH	
	J15		*ECH-02	J2	T/D	测深仪 显示单元	
	J5 J6		*ECH-03	J3	POWER		
测深仪 接线箱	DC-6V DC-GND	1 2	1 2 ECH-07 CJ86/SC 2×1.5	1 2	1 2 3 + −	<u>PR</u> ECH 测深仪 打印机	
	J13	232C-OUT ③ 3 232C-IN ② 4 232C-GND ⑤ 5	*ECH-08		SERIAL		
	NAV + DATA IN	8 9	W1 B1 GP12 CHJP86/SC 2×2×0.75	W1 B1 B6 B7 B8	7A 7B FG TB2	<u>OB</u> GPS GPS信号 分配器	
	J11	AC IN 1 2	1 2 ECH-NP CJ86/SC 2×1.5	1 2 21 22	A4	NP 驾控台AC 220 V 航行分配电板	
		BATTERY + 3 24V-IN 4	1 2 ECH-LNP1 CJ86/SC 2×2.5	1 2 37 38	D2	LNP 驾控台DC 24 V 分配电板	

图 2-5　测深仪系统接线图第 2 页

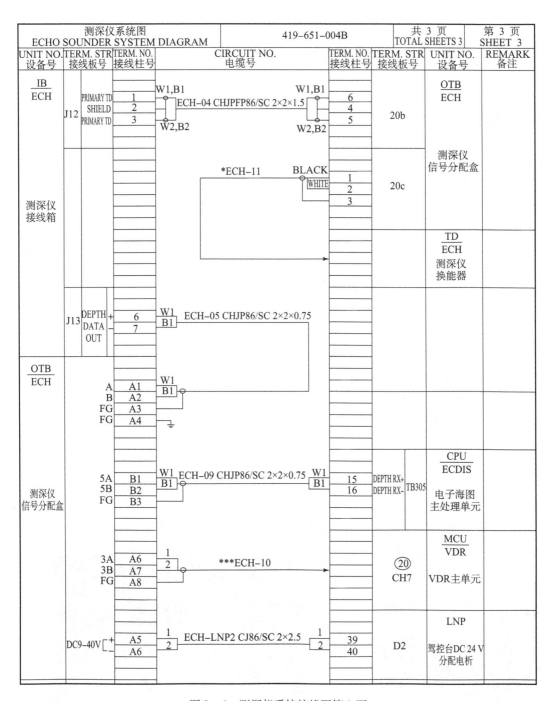

图 2－6　测深仪系统接线图第 3 页

【项目实施】

任务1　测深仪的安装

一、换能器的安装

换能器安装注意事项：安装在船底龙骨左边或右边，距船首$\frac{1}{3} \sim \frac{1}{2}$船长处。表面必须水平，误差不得超过1°。换能器表面应保持清洁，不得涂油漆，清洁时不得有任何损伤。必须保持良好的水密性，否则将不能工作。换能器的安装步骤如下。

1. 测深仪船底固定式罐的安装

在安装换能器之前必须先安装换能器罐，下面就对船底固定式换能器罐的安装步骤做出说明。

①船首船尾，左右舷在水平状态下安装换能器罐。

②罐面和船底板下面要呈平面状态。

③事先剥掉罐上的涂饰，然后进行焊接。

④在焊接罐时会产生高温，应事先将橡胶垫、密封垫和换能器等移走。

⑤必须安上换能器安装法兰盘去焊接罐，以免由于焊接产生的热变形。

⑥换能器面上不能进行涂饰。

⑦确认拧紧电缆塞栓，"B"的尺寸为7.0 ~ 7.5 mm。但注意不要紧固过度，以导致换能器电缆的损伤。

2. 测深仪换能器的安装

船底固定式罐安装好后，接下来就是换能器本身的安装，安装如图2-7和图2-8所示，具体安装要点和注意事项已经在相应图上的相应位置标明。

注意：计程仪和测深仪的探头电缆在穿管以前要注意防水，不能让电缆浸在水中。

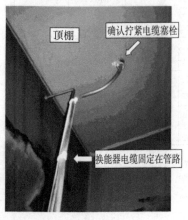

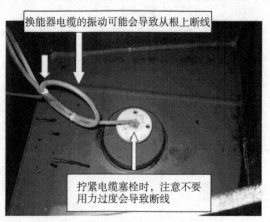

图2-7　换能器的安装图　　　　　　　　图2-8　换能器安装注意事项图

3. 换能器面施工涂装的保护

换能器安装好以后要在其面上涂上保护层，具体的填涂和注意事项如图 2 - 9 所示。

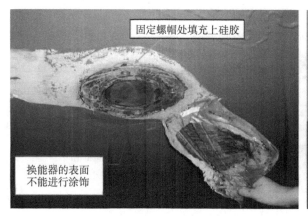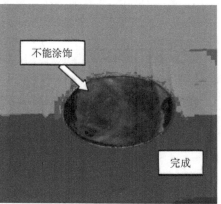

图 2 - 9　换能器面施工涂装的保护

二、匹配盒的安装

接线注意不要出现错误。来自换能器的电缆要在适当的长度切断。具体安装要点如图 2 - 10 中描述。

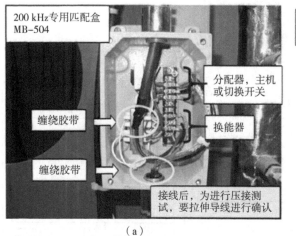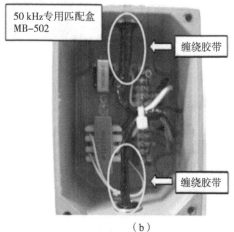

（a）　　　　　　　　　　　　　　　　　　（b）

图 2 - 10　匹线盒的安装图

（a）FE - 700 匹配盒的安装 - 1；（b）FE - 700 匹配盒的安装 - 2

 任务 2　测深仪的操作

以回声测深仪 FE - 700 为例进行操作指导说明。

一、熟悉回声测深仪 FE – 700 的操作面板

回声测深仪 FE – 700 的操作面板如图 2 – 11 所示：

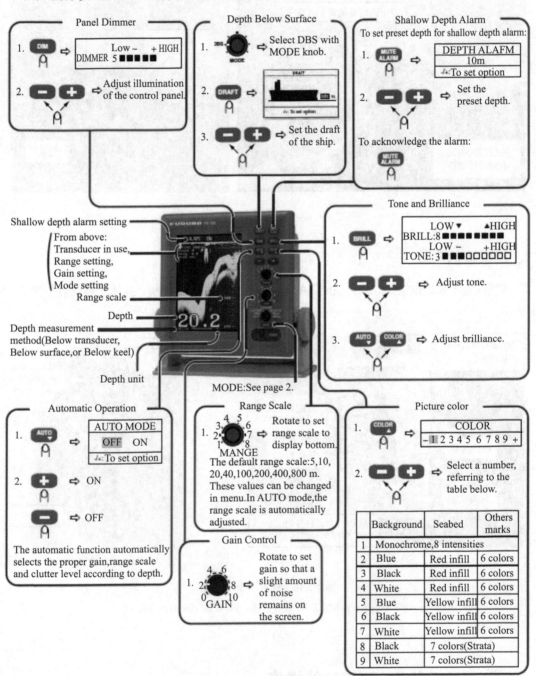

图 2 – 11　回声测深仪 FE – 700 的操作面板图

各个键的功能如下：

【DRAFT】键——调节吃水深度；

【MUTE ALARM】键——设置报警声响的开关；

【DIM】键——调节面板的亮度；

【BRILL】键——调节屏幕的亮度；

【AUTO】键——自动模式的关闭或是开启；

【COLOR】键——选择屏幕颜色；

【∧】【∨】键——用来选择菜单；

【－】【＋】键——用以设置值、菜单状态和分页选择；

【RANGE】旋钮——选择显示范围；

【GAIN】旋钮——调节增益；

【MODE】旋钮——选择显示模式；

【POWER】键——打开/关闭电源。

二、操作面板功能键

1. 开/关机

①按下【POWER】键，设备自动进行自测试。出现如下显示：

············ROM： OK········

············DARM： OK········

············SARM： OK········

············BATTERY： OK········

PROGRAM NO. 0252297002

②使用【MODE】键选择一个理想的模式（具体模式如后所述）。

③按下【POWER】键关机，如要再开，至少等待 5 s。

注：当无位置信号接近时，屏幕上将提示："EPFS" ERROR（Electronic Position-Fixing System），GPS 信号错误。

2. 屏幕亮度调整

按下【BRILL】键，使用【＋】或【－】键调节屏幕的对比度，使用【∧】【∨】键调节屏幕的亮度，此过程必须在按下【BRILL】键后 10 s 内完成，

3. 面板亮度调整

按下【DIM】键，使用【＋】或【－】调节到满意的亮度。

4. 模式选择

在模式菜单中有五种模式和两种显示可供选择，分别是 NAV，DBS，HISTORY，LOG-BOOK，OS DATA（模式），HELP 和 MENU（显示）。

（1）NAV 模式

选择此模式，将在屏幕的下面显示出船底到水底的深度。

（2）DBS 度模式

选择此模式，还应该使用【DRAFT】键输入本船的吃水深度，在屏幕上所显示出的深度是水面与水底间的深度。

注：在浅水中勿使用此模式，避免搁浅。

（3）HISTORY 模式

这种模式提供了轮廓和分页显示。轮廓显示可显示出前 24 h 走过的深度轮廓，可使用【＋】或【－】进行浏览，在它的右边同时可分页地显示最近 5 min 内的深度记录。两边显示的深度刻度是一样的，若不一样，就会提示超出范围。

（4）LOGBOOK 模式

此模式可以以表格的形式显示出时间、深度、本船位置信息。航行记录时间间隔是可选（5 s，1 min，2 min）。最多可以记录 60 页，其中每页可以有 12 条记录，共 720 条记录。按【＋】或【－】键进行翻页操作。

（5）OS DATA（可选数据）模式

这种模式可以分为两种数据显示格式。第一种可以左边以数字的形式显示出本船的位置、航向、速度（来自 GPS）、时间和深度，右边以图像的形式显示出当前深度记录。第二种只以数字的形式显示时间和深度。一般默认的格式为第一种。此外，此模式还可以根据需要选择大字体或小字体，选着方法是选用【∨】或【∨】键选择要放大的项目，再使用【＋】进行放大，使用【－】进行缩小。

（6）HELP 显示

选择 HELP 时，如果按下右边相应的键，即在屏幕的下边可显示出此键的功能。

（7）MENU 显示

此功能用于系统设置的改变，一般安装后禁止使用此功能。

5. 量程调节

如果不是选择自动操作模式。当深度没能恰好地显示在屏幕上时，应该正确地调节好量程（RANGE），直到深度显示在屏幕中心位置附近。

6. 增益调节

如果不是选择自动操作模式。当屏幕上有的干扰斑点时，可以通过调节增益，来去除干扰。

7. 自动操作模式选择

按下【AUTO】键，使用【＋】或【－】键便可进行选择开始自动操作（ON）和关闭自动操作（OFF）了。在自动操作模式里，量程和增益将自动选择。

注：无论什么时候改变量程或是增益，自动模式都将被关闭。

8. 图像颜色选择

按下【COLOR】键，可使用【＋】或【－】键来选择数字，每个数字代表不同的颜色，当选择哪种颜色时，所显示出的深度图和背景的颜色也将变成所选的颜色。各个数字所代表的颜色如表 2 - 1 所示（其中 1 为默认的设置）。

表 2 - 1　数字与颜色对应表

数字	背景色	深度图颜色	其他标注色
1	单色，分八种灰度		
2	蓝色	红色	六种颜色
3	黑色	红色	六种颜色
4	白色	红色	六种颜色

续表

数字	背景色	深度图颜色	其他标注色
5	蓝色	黄色	六种颜色
6	黑色	黄色	六种颜色
7	白色	黄色	六种颜色
8	黑色	七种颜色	
9	白色	七种颜色	

9. 搁浅报警

当水深低于预设值时，就会发警报声响。默认的深度是 2 m。需要调整时按下面步骤：

①按下【MUTE ALARM】键，即可显示出报警深度的数值。

②使用【+】或【-】调整所需的数值。

③当调好后即可以在屏幕的上方看到，并且出现一条深度警报线。

④当出现警报声时，可以按下 MUTE ALARM 键以消除。

注：如设置为负值，此功能即不起作用。

10. 吃水设置

当选择 DBS 模式时，一定要设置本船的吃水深度。设置步骤如下：

①按下【MODE】键，选择 DBS 模式。

②再按下【DRAFT】键即可显示出要设置的数值。

③使用【+】或【-】键即可把本船吃水的数值输入。

注：要在 10 s 内设置完，否则窗口自动消失。

【项目考核】

项目考核单

学生姓名	教师姓名		项目二	
技能训练考核内容（60 分）			技能考核标准	得分
1. 测深仪系统图、接线图识读（15 分）	测深仪系统图 2-4		能正确识读系统图、接线图，识读错误一处扣 1 分	
	测深仪接线图 2-5，图 2-6			
2. 测深仪系统安装接线（15 分）	换能器的安装		能正确进行设备接线，接错一处扣 2 分	
	匹配盒的安装			
3. 测深仪操作 15 分）	熟悉回声测深仪 FE-700 的操作面板		能正确进行设备操作，操作错误一次扣 3 分	
	操作面板功能键			

技能训练考核内容（60分）	技能考核标准	得分
4. 项目报告（10分）	格式标准，内容完整，详细记录项目实施过程、并进行归纳总结，一处不合格扣2分	
5. 职业素养（5分）	工作积极主动、遵守工作纪律、遵守安全操作规程，爱惜设备与器材	
知识巩固测试（40分）	1. 测深仪的整机组成及工作过程	
	2. 测深仪发射系统的作用	
	3. 测深仪接收系统的作用	
	4. 回声测深原理	
完成日期　　　年　　月　　日	总分	

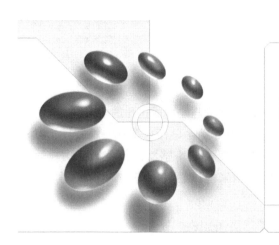

【项目描述】

　　船用计程仪（Ship Log）是用来测量船舶运动速度和累计船舶航程的仪器，是现代船舶上重要的航海仪器之一。它不但为推算船位提供精确的航速数据，还将航速信息输入到AR-PA、电子海图等航海仪器。计程仪不但能够测量船舶前进后退的速度，还能够测量船舶横向运动速度，非常有利于大型船舶的操纵。

【项目目标】

1. 能正确识读船用计程仪系统的系统图和接线图。
2. 能正确安装船用计程仪系统。
3. 会对船用计程仪进行操作。

【知识链接】

知识链接1　计程仪的工作原理

一、电磁计程仪的基本工作原理

　　电磁计程仪（electromagnetic log）是应用电磁感应原理测量船舶瞬时速度和累计航程的

一种相对计程仪（relative log），一般由传感器（electromagnetic rodmeter）、放大器（amplifier）和指示器（indicator）等组成，如图 3 - 1 所示。

图 3 - 1　电磁计程仪组成框图

1. 传感器

传感器是根据电磁感应原理，将非电量的船舶速度变换为与船速成正比的电信号。常用传感器分为平面式和导杆式两种。平面式装在船底并与船底齐平。导杆式是在一根圆柱形导杆的底部安装传感器，并借助一套升降机构，使用时升出船底。传感器内部是倒"山"字形铁芯及其绕组，以产生磁场，底部表面装有一对电极用来检测感应电势的大小，如图 3 - 2 所示。

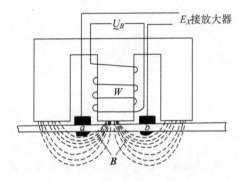

图 3 - 2　传感器内部结构图

当船舶在水中航行时，水流即以船速相反方向流过船底，两电极间的海水流动就相当于无数根导线切割传感器磁场的磁力线，于是两个电极间便产生感应电动势 E_g，即为

$$E_g = \boldsymbol{B}_\sim LV \cdot 10^{-8} \text{（V）} \tag{3-1}$$

式中　$\boldsymbol{B}_\sim$——交流磁感应强度；

　　　L——两电极间的距离；

　　　V——水流速度，即船相对于水的速度。

实际测速时，传感器常受到外界杂散磁场的干扰作用，使其测量精度下降。干扰信号分为两种，一种为 90°干扰信号，它与激磁电流的相位相差 90°，当 90°干扰信号达到一定程度后，会引起计程仪放大器饱和，以至不能正常工作。为此在计程仪放大器中专门设置 90°干扰信号抑制电路，用来消除 90°干扰信号的影响。第二种是 0°干扰信号，它与激磁电流的相位相同，当船在静水中且船速为零时，传感器仍有微弱的电压信号输出，产生零点误差。为此需进行零点调整以消除 0°干扰信号。

2. 放大器

放大器的任务是将来自传感器微弱的航速信号进行放大，并经相敏整流、干扰信号抑制后，输出一个与航速成正比的直流信号，送至航速表指示相应的航速。其特点是为使放大器线性和稳定性良好，加入较深的总体负反馈，国产计程仪的负反馈电路由霍尔乘法器和航速调节器构成。另外在放大器中还设置了自校电路，产生自校信号，用以检测计程仪的工作性能。

3. 指示器

指示器是指示船速和航程的显示装置。航程显示常有数码显示和机械数字计数两种方式。另外，指示器具有 200 P/n mile 航速脉冲标准输出接口，可把航速信息输至其他航海仪器。

二、多普勒计程仪的基本工作原理

多普勒计程仪（doppler log）是应用多普勒效应（多普勒效应指出，波在波源移向观察者时接收频率变高，而在波源远离观察者时接收频率变低，是为纪念奥地利物理学家及数学家克里斯琴·约翰·多普勒（Christian Johann Doppler）而命名的）进行测速和累计航程的一种水声导航仪器，其优点是测速精度高，测速门限达 0.01 kn。浅水时，可测量船相对海底的速度，称为绝对计程仪；深水时，测量船相对水层的速度，称为相对计程仪。除了可测前进、后退的速度以外，还可测量船舶横移的速度。因此多普勒计程仪在大型船舶的安全航行、安全靠离码头和锚泊中得到了广泛的应用。

多普勒计程仪一般由换能器，电子箱（transmitting and receiving unit）和主显示器等组成，如图 3 - 3 所示。

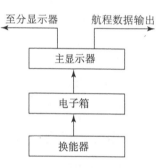

图 3 - 3　多普勒计程仪组成框图

1. 换能器

换能器的功能是发射和接收超声波脉冲，其材料常为锆钛酸铅压电陶瓷晶体。为了消除船舶上下颠簸和纵向摇摆引起的垂直方向运动速度所产生的测速误差，目前多普勒计程仪已普遍采用双波束系统，即发射两个前后对称的超声波波束，一个朝船首方向，另一个朝船尾方向，并以相同的发射俯角同时向海底发射和接收。双波束多普勒频移公式为：

$$\Delta f = \frac{4f_0 V \cos \theta}{C} \tag{3 - 2}$$

式中　f_0——换能器发射频率；

　　　V——船速；

　　　θ——波束发射俯角，即声波束发射方向和船舶速度方向间的夹角，一般取 60°；

　　　C——声波在海水中的传播速度，一般取 1 500 m/s，由于海水的温度、含盐量等的不同，所以声波在海水中的传播速度并不是常量，这是影响多普勒测速精度的一个主要因素。

上述的双波束系统又称一元多普勒计程仪（monogenesis doppler log），它能测量船舶纵向速度并累计航程。第二种类型是四波束系统，即换能器能向前后左右的四个方向发射波束，称为二元多普勒计程仪（dual doppler log），它除了测量纵向速度外，还能测量横向速度，如图 3 - 4 所示。第三种类型是六波束系统，即除在船首部装置四波束的换能器外，还在船尾部安装一对向左右方向发射波束的换能器，称它为三元多普勒计程仪（ternary doppler log），既能测量船舶纵向速度，又能测量船首和船尾的横向速度。

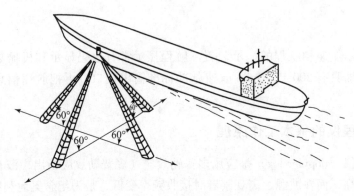

图 3 - 4　二元多普勒计程仪

2. 电子箱

电子箱内装有发射系统，接收系统和计算电路。其功能是控制发射系统，使其产生足够功率的电信号，激励换能器向海底发射超声波。接收系统接收回波信号，并确保其不受干扰。计算电路是将多普勒频移信号变换为航速信号输至主显示器。现在电子箱内电路的上述功能主要由微处理机 CPU 及其外围电路来完成。

3. 主显示器

主显示器是用来显示船舶速度和航程以及操纵控制整机工作。一般主显示器由电源板、接线板、显示微处理机和液晶显示组件板等组成。同时，备有航速输出接口，将航速信息输至其他航海仪器。也可由主显示器将航速等信息输至分显示器显示。

三、声相关计程仪的基本工作原理

声相关计程仪（acoustic correlation）是应用相关技术处理水声信息来测量船舶航速并累计航程的另一种水声导航仪器。它的特点是采用垂直向发射和接收超声波信号，对回波信号的幅度包络进行相关信息处理求得航速；其测量精度不受声波在海水中传播速度变化的影响，即不受海水温度和盐度等因素变化的影响；在浅水中，可测量船相对于海底的速度，为绝对计程仪；由于是垂直发射，可兼作测深仪等。

声相关计程仪一般由换能器、电子柜（electronic unit）和显示器组成，如图 3 - 5 所示。三个换能器在船底沿纵向等间距安装，中间一个为发射换能器，前后两个为接收换能器。垂直向海底发射的超声波，经海底（浅水）或者水层（深水）反射后的回波（如图 3 - 6）经相关处理后，求得延时 τ，则航速可由下式得出：

$$V = \frac{1}{2} \cdot \frac{s}{\tau} \qquad (3-3)$$

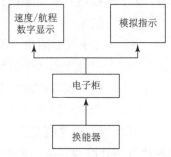

图 3 - 5　声相关计程仪组成框图

式中　s——两接收换能器的间距；

　　　V——航速；

　　　τ——延时。

由于 s 为定值，应用相关技术测出接收信号的延时，便可求得航速。将航速对时间求积

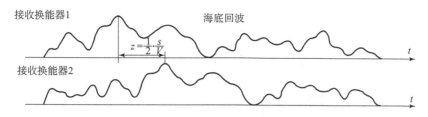

图 3 - 6　接收换能器接收到的海底回波图

分，可得到航程。电子柜担负发射、接收和信号处理及输出的任务，由微处理机进行控制。显示器可分为两种，数字显示和模拟显示，前者可显示航速和航程，而后者则以指针指示航速值。

 **知识链接 2　计程仪系统介绍**

以 DS - 80 型多普勒计程仪为例。

一、DS - 80 型多普勒计程仪系统组成

DS - 80 计程仪是日本 FURUNO 研制生产的多普勒式计程仪。设备主要由显示单元（DS - 800）、终端盒（DS - 802）、分配盒（DS - 801）、接线盒（DS - 630）、收发单元（DS - 810）、传感器（DS - 820）等部分组成，显示单元外形如图 3 - 7，DS - 80 计程仪的系统组成接线图如图 3 - 8 所示。

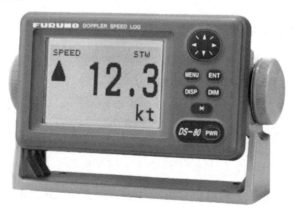

图 3 - 7　DS - 80 型多普勒计程仪显示单元外形图

其中主要组成单元的作用如下：

显示单元的功能：操纵控制整机工作并显示测量结果，包括船舶前进/后退速度、船首左/右横移速度、累计的航程、船舶龙骨下水深度等数据。

收发单元的作用：产生电振荡脉冲，激励换能器向海底发射超声波，同时接收换能器的回波信号，将该信号进行放大和变换，产生的电信号送至处理器。

主要技术指标有：

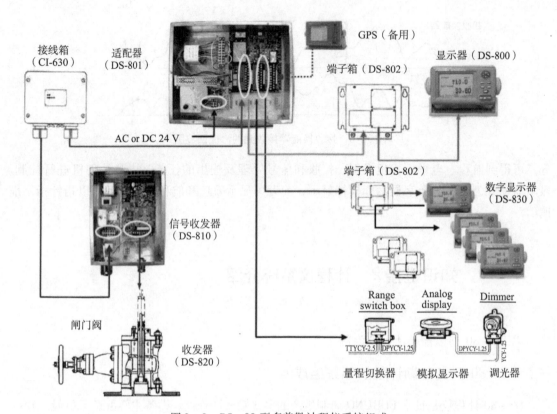

图 3 – 8　DS – 80 型多普勒计程仪系统组成

输入电压：115/230 V AC；速度范围：– 10.0 ~ 40.0 kn；距离范围：0 ~ 999，999.99 n mile；模式：Water tracking；测速精度：– 0.1 ~ + 0.1 kn；航程精度：– 0.5% ~ + 0.5%。

二、识读船舶计程仪系统图

下面以某船厂 45 000 吨船舶计程仪系统为例详细介绍。

封面页与第 1 页已经省略，第 2 页表述内容同第一章。

图 3 – 9 是图纸的第 3 页，给出了计程仪信号分配器 DIS 与其他系统之间的关系。通过计程仪信号处理单元 LTU 安装在舱顶上的换能器 LTD 的信号被送到位于驾驶室海图区计程仪信号分配器 DIS，通过 DIS，信号被送到位于甲板下机舱集控室中机舱集控台上的计程仪数字分显 DI、航行数字记录仪 VDR、雷达、自动识别系统 AIS、电子海图、位于船长室的计程仪数字分显 DI、自动舵、电罗经、计程仪主显示单元 LDU、前壁计程仪数字分显 DI；DIS 的供电电源 AC 220 V 来自于驾控台 NP、DC 24 V 来自于驾控台 LNP；另外，通过前壁 DI 信号可控制安装于驾控台的计程仪调光开关 DIM。

图 3 – 10 是接线图：第 2 页大部分接线同前，值得注意的是从上往下数第一根线，即电缆号为 SLG01 CHJP86/SC 4 × 2 × 0.75 的线左端与相应接线柱接好后，5、6 号接线柱又短路接到 DATA 接线柱上，7、8 号接线柱又短路接到 CLOCK 接线柱上，1、2 号接线柱又短路接

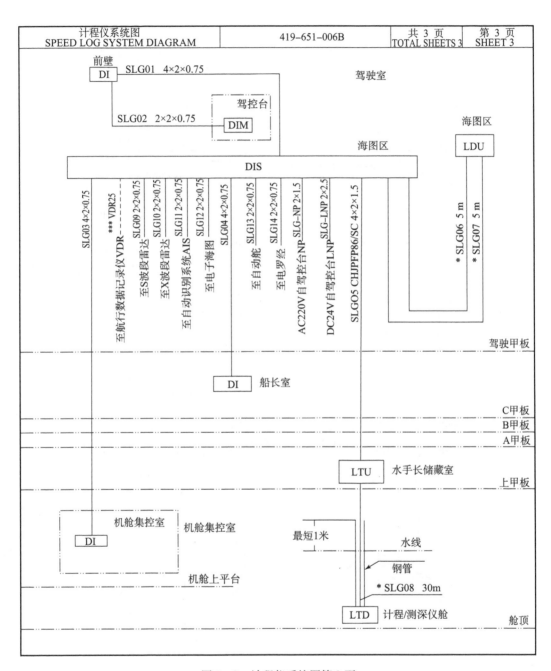

图3-9 计程仪系统图第3页

到 DC 12V IN 接线柱上，3、4号接线柱又短路接到 DIMMER 接线柱上；最下面一根线，即电缆号为 SLG04 CHJP86/SC 4×2×0.75 的两端各芯线的标号表示芯线的颜色，具体如下：WHT（白色）、GRY（灰色）、BLU（蓝色）、BRN（棕色）、YEL（黄色）、GRN（绿色）、RED（红色）。

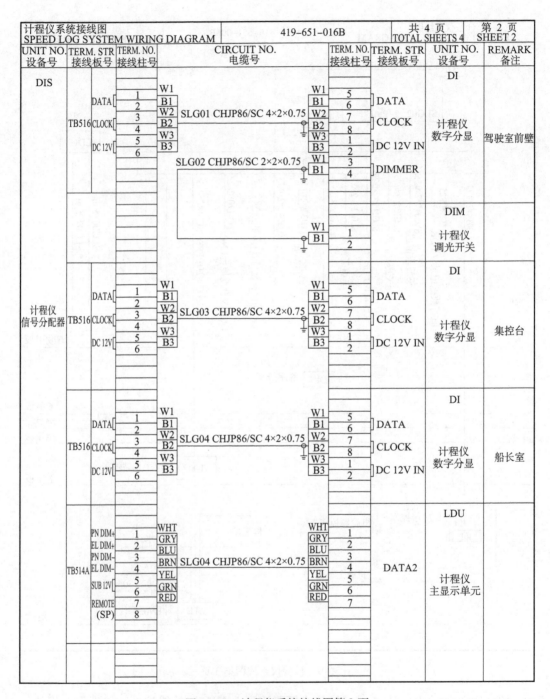

图 3 – 10　计程仪系统接线图第 2 页

图 3 – 11 是接线图第 3 页，需要说明的是从上往下数的第 2 根线，即电缆号为 SLG05 CHJPFP86/SC 4×2×1.5 的两端的椭圆形 ○表示屏蔽线的意思，其余同前。

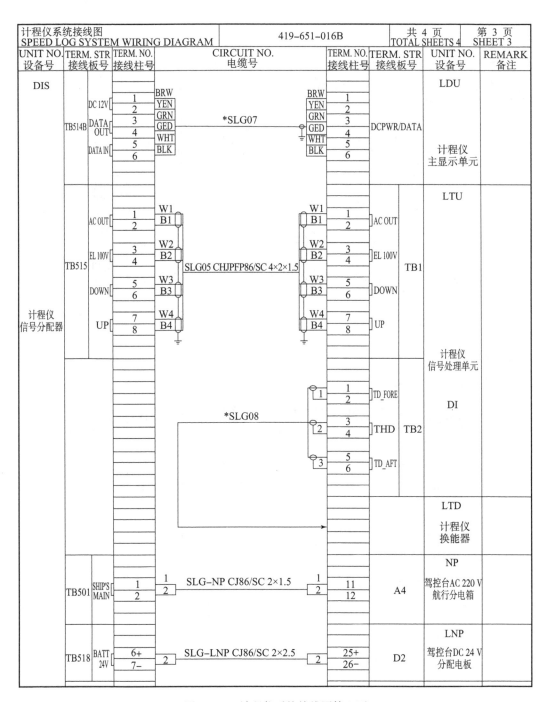

图 3 – 11　计程仪系统接线图第 3 页

　　图 3 – 12 是接线图第 4 页，需要说明的是第二根线下面的电缆号为 SLG11 CHJP86/SC 2 × 2 × 0.75 下面写着备用，这是一根备用线。

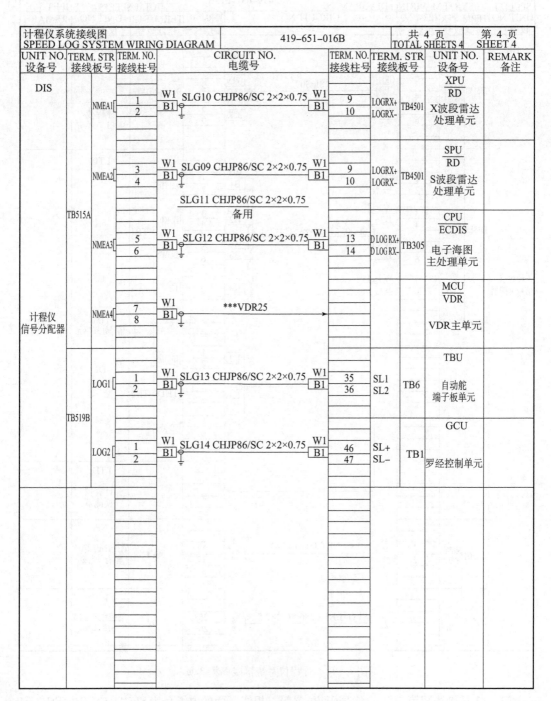

计程仪系统接线图 SPEED LOG SYSTEM WIRING DIAGRAM			419-651-016B		共 4 页 TOTAL SHEETS 4	第 4 页 SHEET 4
UNIT NO. 设备号	TERM. STR 接线板号	TERM. NO. 接线柱号	CIRCUIT NO. 电缆号	TERM. NO. 接线柱号	TERM. STR 接线板号	UNIT NO. 设备号	REMARK 备注
DIS						$\overline{\text{XPU}}$ $\overline{\text{RD}}$	
		NMEA1	1 2	W1 SLG10 CHJP86/SC 2×2×0.75 W1	9 10	LOGRX+ LOGRX-	TB4501	X波段雷达 处理单元
		NMEA2	3 4	W1 SLG09 CHJP86/SC 2×2×0.75 W1	9 10	LOGRX+ LOGRX-	TB4501	$\overline{\text{SPU}}$ $\overline{\text{RD}}$ S波段雷达 处理单元
	TB515A			SLG11 CHJP86/SC 2×2×0.75 备用				$\overline{\text{CPU}}$ $\overline{\text{ECDIS}}$
		NMEA3	5 6	W1 SLG12 CHJP86/SC 2×2×0.75 W1	13 14	D LOG RX+ D LOG RX-	TB305	电子海图 主处理单元
计程仪 信号分配器		NMEA4	7 8	W1 ***VDR25				$\overline{\text{MCU}}$ $\overline{\text{VDR}}$ VDR主单元
	TB519B	LOG1	1 2	W1 SLG13 CHJP86/SC 2×2×0.75 W1	35 36	SL1 SL2	TB6	TBU 自动舵 端子板单元
		LOG2	1 2	W1 SLG14 CHJP86/SC 2×2×0.75 W1	46 47	SL+ SL-	TB1	GCU 罗经控制单元

图 3-12 计程仪系统接线图第 4 页

【项目实施】

任务1　船用计程仪的安装

在安装 DS-80 计程仪之前，必须先进行换能器罐的安装，之后才能进行换能器本身的安装。换能器罐共分为船底固定式罐和闸阀式船底罐两种，针对不同的罐有不同的安装方法和步骤。

一、DS-80 换能器的安装

1. 换能器的组装

换能器的组装如图 3-13 所示，组装要点如图。

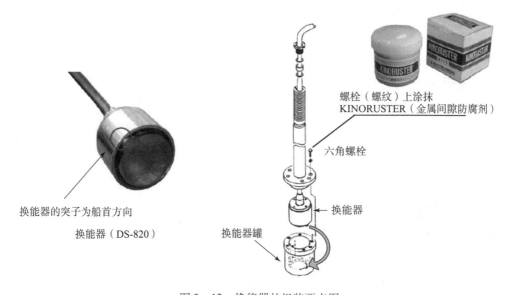

螺栓（螺纹）上涂抹
KINORUSTER（金属间隙防腐剂）

六角螺栓

换能器

换能器罐

换能器的突子为船首方向

换能器（DS-820）

图 3-13　换能器的组装要点图

注：将换能器的突子和换能器盒的槽相吻合，用六角螺栓将换能器安装于换能器盒上。

2. 换能器和船底固定式罐的安装

船底固定式罐的安装如图 3-14 所示，基本安装要点已经在图上有所标明。

换能器和船底固定式罐的安装如图 3-15 所示，安装要点已经在图上标明。

3. 换能器和闸阀式船底罐的安装

DS-80 的闸阀式罐的安装如图 3-16 所示，安装要点如图。

型式：DS-783

不要拆卸任何平头螺丝

拆卸掉固定管夹

图 3-14　船底固定式罐的安装要点图

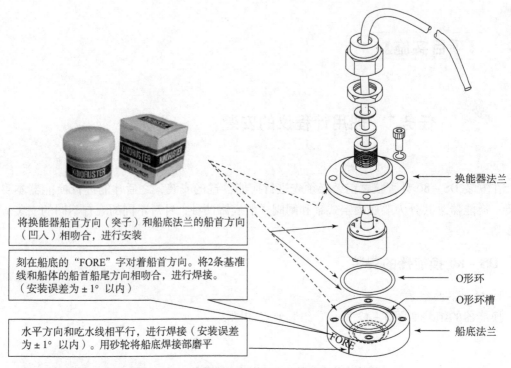

图 3－15　换能器和船底固定式罐的安装要点图

注：1. 在焊接船底法兰前，O形环、换能器和换能器法兰等一并先拆卸下来

　　 2. 在船底法兰面、O形环槽、O形环、换能器法兰面和六角螺母上涂防腐剂 KINORUSTER

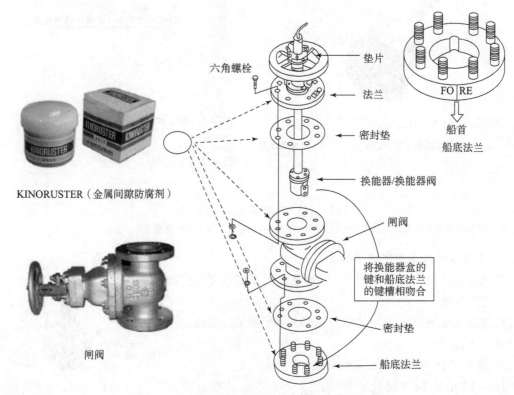

图 3－16　换能器和闸阀式船底罐的安装要点图

将船底法兰侧面的船首方向记号（FORE）及基准线和船体船首尾线吻合，将船底法兰焊接到船底。

- 基准线和船首船尾方向的安装误差在 ±1° 以内。
- 对于吃水面的水平安装误差在 ±1° 以内。
- 用砂轮将船底的焊接痕迹磨平。

将 KINORUSTER（金属间隙防腐剂）涂于船底法兰的封着面、密封垫的两面和闸阀的法兰面。

二、DS－80 收发机的安装

接线注意不要出现错误。电缆的屏蔽层应缠绕在线卡上，确保接触良好，起到接地的作用，具体注意事项如图 3－17 所示。

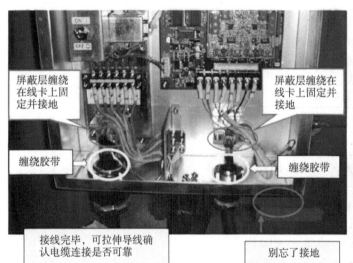

图 3－17　DS－80 收发机安装要点图

任务 2　船用计程仪的操作

以 DS－80 多普勒计程仪为例。

一、熟悉 DS－80 的显示面板

【PWR】——电源开关：打开或关闭电源；

【MENU】——主菜单键，按下此键进入主菜单；

【ENT】——选择（输入）确认；

【DISP】——显示模式选择：第一种模式显示有对水速度和累计时间内向前行进的距离，第二种模式只有对水速度；

【DIM】——面板亮度调节：先按【DIM】，再按左、右光标键即可调节面板亮度，按【ENT】即可完成面板亮度调节；

【＊】——对比度调节：先按【＊】，再按左、右光标键即可调节对比度，按【ENT】即完成对比度的调节；

【△▽】——光标键，左、右、上、下移动光标。

二、主菜单的操作

按下【MENU】进入主菜单，有四项选择，如下图所示，其选项可由上下光标键选择，然后按【ENT】确认进入。

```
MENU
_____

DISTANCE RUN DISPLAY
DEMO
SYSTEM MENU
```

"DISTANCE RUN DISPLAY"表示距离选择方式。进入以后有三种选择方式，如下：

```
DISTANCE RUN DISPLAY
_____

DATA DSPLAY
CONTACT CLOSURE
RESET              OFF
SET                000
```

①DATA DSPLAY 为数据显示；"CONTACT COLSURE"表示输出的距离信号为触点式，200/n mile 个脉冲。

② "RESET" 表示可复位距离至 "0"，重新累计旅程。

③ "SET" 表示任意输入一个起始距离数值，以此数值为基础累计航程。

菜单功能中其他选项 "DEMO"，"SYSTEM MENU" 及 "SYSTEM MENU2" 主要为维修人员自测用，一般不要随意改动，防止数据误差。

【知识拓展】

测深仪和计程仪的安装对比

一、探头电缆的保护

计程仪和测深仪探头电缆如图 3 - 18 所示保护，请注意不要将电缆浸入水中。

原因：探头的绝缘是一个探头好坏的重要指标，所以电缆进水后就没有办法确定其好坏，只能在船进水前更换以避免麻烦。

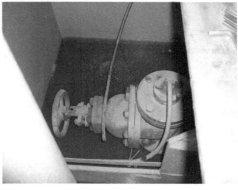

图 3 – 18　探头电缆

二、探头表面的保护

计程仪和测深仪的探头在船坞中时应采取措施保护好，防止打磨、喷沙时表面损伤。在船下水前将探头表面的保护去掉，将周边的油漆补好，如图 3 – 19 所示。

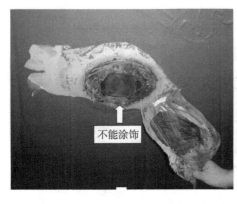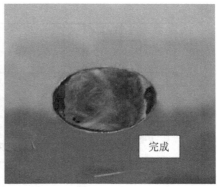

图 3 – 19　探头表面保护图

三、计程仪和测深仪的换能器安装位置（DS – 80 和 FE – 700）

1. 最佳安装位置

当安装计程仪以及测深仪的换能器的时候，要注意以下情况。

①安装在气泡最少的地方；

②离开螺旋桨和侧推器，要在噪声较小的地方。

在此，避免气泡的影响是最为重要的目的。

气泡在船底的流入状态因船的形状和船速而有异，但一般在船的首部所产生的气泡沿着船底的形状流入船底，伴随着船的前进，扩展到船底的全面，被后方的螺旋桨所吸入。在此，避免气泡影响的最恰当的位置如图 3 – 20 中 A 点所示。

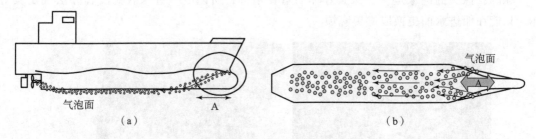

图 3 - 20　流达船底的气泡

（a）侧面；（b）底面

（1）计程仪换能器的安装位置

为避免受气泡的影响，必定在上述 A 位置安装。

（2）测深仪换能器的安装位置

基本以上述的 A 位置最为适合，但由于测深海域或安装位置的限制，有时也安装在 A 以外，如图 3 - 21 所示。但要注意由于气泡的作用，水深表示的准确性受影响，性能不能保证。

注：气泡对于换能器的影响，因为频率越低所受的影响较大（50 kHz 比 200 kHz 易受气泡影响），在预计有气泡影响的地方，使用 200 kHz 的换能器。

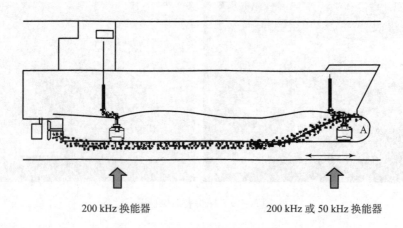

200 kHz 换能器　　　　　　　　200 kHz 或 50 kHz 换能器

图 3 - 21　测深仪换能器的安装位置

（3）有侧推器存在时

如图 3 - 22，有侧推器存在时，要在距侧推器的间隔约 1 m 的前方安装，即换能器安装位置要选在上述范围以内，而且在船的中心线（龙骨）上或者尽可能靠近中心线的位置。这通常是球鼻舱的附近。

（4）安装位置选在球鼻舱的根部时

安装位置选在球鼻舱的根部，在换能器安装位置形状或平板不充分的情况下，如图 3 - 23 所示，追加换能器安装罐。

2. 测深仪和计程仪换能器的位置关系

（1）要先选定计程仪换能器的位置并进行安装

在安装计程仪和测深仪的换能器时，要先决定计程仪换能器的位置。将计程仪换能器放在测深仪前方约 2 m 间隔的地方，确定相互位置，进行安装，如图 3 - 24 所示。

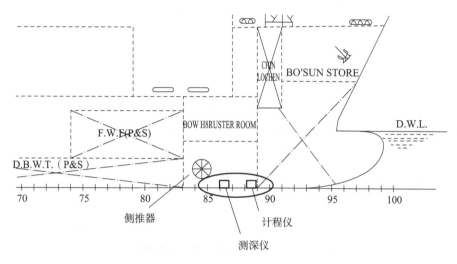

图 3 - 22 有侧推器存在时安装位置

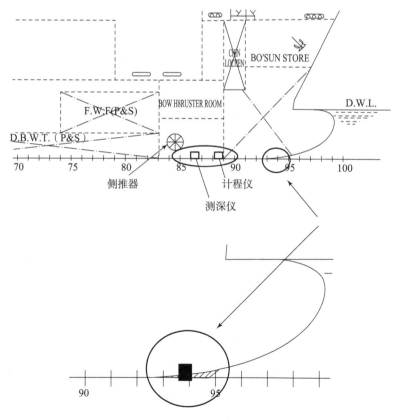

图 3 - 23 安装位置选在球鼻舷的根部

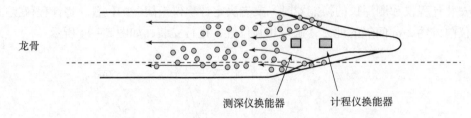

图 3 – 24　测深仪和计程仪换能器的安装位置关系图

（2）计程仪 DS – 80 和测深仪 FE – 700 的位置关系

计程仪 DS – 80 和测深仪 FE – 700 的安装位置关系如图 3 – 25 所示。

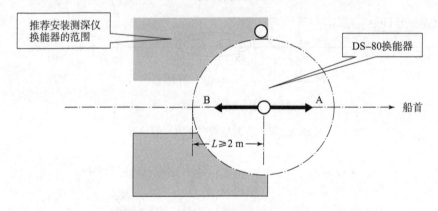

图 3 – 25　计程仪 DS – 80 和测深仪 FE – 700 的安装位置关系图

3. 龙骨突出式船的换能器安装（适合小型船舶）

对于龙骨突出式船，在安装换能器时，和上述情况一样要注意避免气泡造成的影响。

①安装在龙骨上时，如图 3 – 26。

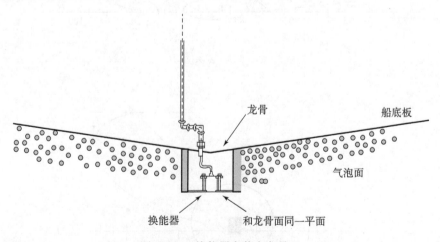

图 3 – 26　换能器安装在龙骨上

②依附于龙骨时（使用船底突出式罐），如图 3 – 27。

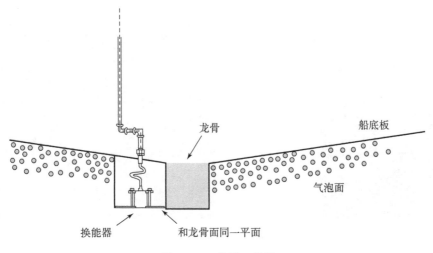

图 3 – 27 依附于龙骨

③离开龙骨的安装时（使用船底突出式罐），如图 3 – 28。

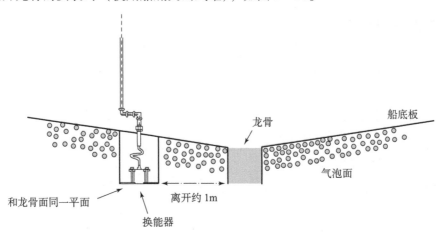

图 3 – 28 离开龙骨的安装

4. 测深仪和计程仪换能器电缆的配管安装

测深仪和计程仪换能器电缆的配管安装的要点如图 3 – 29、图 3 – 30 所示。

①安装配管，使来自换能器的电缆从其中通过，或是个别设置电缆通道。固定电缆，以免振动。配管范围要求从换能器舱到达收发机（或者匹配盒箱）。

②要求配管专为换能器电缆而设。其他电源线或高电压电缆的配管要分开处理。探头电缆的保护配管建议到计程仪和测深仪的探头舱为止，不需要到探头安装法兰。

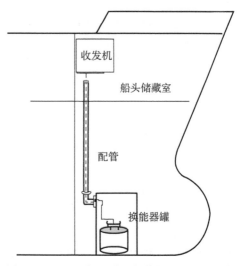

图 3 – 29 测深仪和计程仪换能器电缆的配管

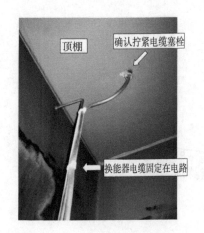
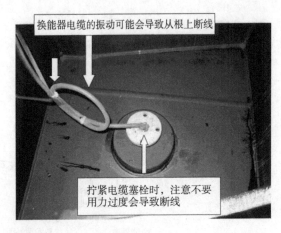

图 3 – 30　测深仪和计程仪换能器电缆的配管

注意：计程仪和测深仪的探头电缆在穿管以前要注意防水，不能让电缆浸在水中。

【项目考核】

项目考核单

学生姓名		教师姓名	项目三	
技能训练考核内容（60分）			技能考核标准	得分
1. 计程仪系统图、接线图识读（15分）	计程仪系统图 3 – 9		能正确识读系统图、接线图，识读错误一处扣 1 分	
	计程仪接线图 3 – 10、图 3 – 11、图 3 – 12			
2. 计程仪系统安装接线（15分）	DS – 80 换能器的安装		能正确进行设备接线，接错一处扣 2 分	
	DS – 80 收发机的安装			
3. 计程仪操作（15分）	熟悉 DS – 80 的显示面板		能正确进行设备操作，操作错误一次扣 3 分	
	主菜单的操作			
4. 项目报告（10分）			格式标准，内容完整，详细记录项目实施过程、并进行归纳总结，一处不合格扣 2 分	
5. 职业素养（5分）			工作积极主动、遵守工作纪律、遵守安全操作规程，爱惜设备与器材	
知识巩固测试（40分）			1. 电磁计程仪工作原理	
			2. 多普勒计程仪工作原理	
			3. 声相关计程仪工作原理	
完成日期		年　　月　　日	总分	

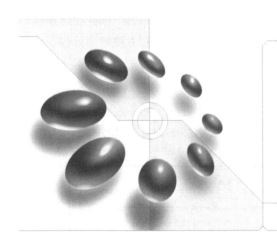

项目四　船用雷达的安装与操作

【项目描述】

雷达（Radio Detection and Ranging, RADAR），装载于船舶上的雷达称为船舶导航雷达（Shipborne Navigation Radar），也称作民用航海雷达（Civil Marine Radar, CMR），简称航海雷达或船用雷达。雷达能够及时发现远距离的弱小目标，显示船只、障碍物、导航目标以及海岸线等相对本船的位置，精确测量本船相对目标的距离和方位，确定船舶位置，避免船舶碰撞，引导船舶安全航行。

【项目目标】

1. 能正确识读雷达系统的系统图和接线图。
2. 能正确安装雷达系统。
3. 会对雷达进行基本操作。

【知识链接】

知识链接1　雷达测距测方位的基本原理

雷达通过发射微波脉冲探测目标和测量目标参数，习惯上称雷达发射的电磁波为雷达波。微波具有似光性，在地球表面近似以光速直线传播，遇到物体后，雷达波被反射。在雷达工作环境中，能够反射雷达波的物体，如岸线、岛屿、船舶、浮标、海浪、雨雪、云雾等等，统称为目标。这些目标的雷达反射波被雷达天线接收，称为目标回波。回波经过接收系统处理，调制屏幕亮度，最终在显示器上显示为加强亮点，回波距离和方位的测量都是在显示器上完成的。

一、雷达测距原理

微波在自由空间以匀速直线传播，遇到目标时会发生反射。如图 4 - 1 所示。

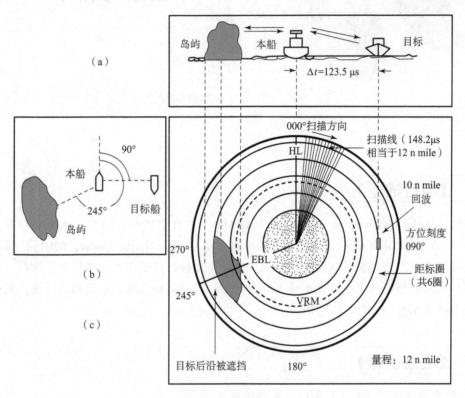

图 4 - 1　雷达测距测方位的基本原理

（a）海面态势；（b）海图示意；（c）雷达屏幕

船用雷达采用脉冲发射体制，记录下雷达发射脉冲往返于雷达天线与目标之间的时间 Δt，如果 $C = 3 \times 10^8$ m/s 为电磁波在自由空间的传播速度，则目标离开本船的距离 R 为

$$R = \frac{1}{2} C \Delta t \qquad (4 - 1)$$

在雷达设备中，发射机、接收机和显示器的工作是在触发脉冲的控制下同步进行的。图 4 - 1 是量程为 12 n mile 的雷达屏幕，屏幕的中心点即扫描起始点，代表了本船的位置。反射物体显示在荧光屏上（回波），根据显示器距离标志就可以测量出反射物体到船舶的距

离。在触发脉冲的控制协调下，发射机发射探测脉冲，接收机同时开始接收，稍加延时之后，电子从扫描起始点起向屏幕边缘运动，在荧光屏上形成一条径向扫描线。扫描线形成的时间 148.2 μs 对应为电磁波在空间往返 12 n mile 的时间跨度，于是距离本船 10 n mile 的目标船也对应地显示在屏幕 10 n mile 的位置点上。

二、雷达测方位原理

雷达通过天线的不停旋转，瞬间定向发射与接收电磁波脉冲，电磁波脉冲回波的方向就是反射物体的方向。在雷达显示器上有表示方向的方位圈（固定方位圈或罗经方位圈），荧光屏上反射物体回波所对应的方位圈刻度就是该物标的方位。

雷达天线为定向扫描天线，在水平面的波束宽度只有 1°左右，天线在空间作水平 360°连续扫描。在某一个特定时刻，天线的指向是确定的，仅向这个方向发射和接收电磁波。也就是说，天线收到的每一个回波，都确定地对应着天线周围空间的某一个方位。

在雷达设备中，天线转动的瞬时指向通过方位扫描系统准确地传递给显示器，雷达接收机也同时将回波信息送到显示器，所以雷达显示器在记录某个回波位置信息的同时，也记录了该回波的方位信息。

三、雷达图像简介

图 4-1 的雷达显示器为早期的平面位置显示器（PPI），现代雷达用平面光栅显示器，但雷达回波图像区域与 PPI 的形式相同。下面对雷达图像加以说明。

雷达显示系统将雷达传感器探测到的本船周围目标以平面位置图像（极坐标系）显示在屏幕上。图 4-1（a）为海面态势示意图，本船周围有一岛屿，另有一目标船与本船相向行驶。图 4-1（b）为海平面俯视图，可以看出本船航向 000°，目标船正航行在本船右舷，本船左舷后约 245°处有一岛屿。图 4-1（c）为雷达屏幕，扫描中心（起始点）为本船参考位置，又称为统一公共基准点（Consistent Common Reference Point，CCRP）。作为 IBS（Integrated Bridge System）综合驾驶台系统中的重要组成部分，雷达测量目标所得到的数据如距离、方位、相对航向和航速、本船与目标船的最近会遇距离（Distance to the Closest Point of Approach，CPA）和航行到最近会遇距离所需时间（Time to the Closest Point of Approach，TCPA）等，都必须参考 CCRP。这个位置点在传统的雷达上通常对应为雷达天线辐射器的位置。

最新性能标准要求 CCRP 可由驾驶员根据需要设置，建议通常设置在船舶驾驶位置。图 4-1 中雷达量程为 12 n mile，即在雷达屏幕上显示了以本船为中心，以 12 n mile 为半径本船周围海域的雷达回波。在雷达屏幕上，HL（Heading Line）称为船首线，其方向由本船发送艏向装置（THD）或陀螺罗经驱动，指示船首方向。发自于扫描起始点的径向线称为扫描线。扫描线沿屏幕顺时针匀速转动，转动周期与雷达天线在空间的转动周期一致。屏幕上等间距的同心圆称为固定距标圈（Range Ring，RR），每圈间隔 2 n mile，用来估算目标的距离。与固定距标圈同心的虚线圆是活动距标圈（Variable Range Marker，VRM），它可以由操作者随意调整半径，借助数据读出窗口的指示测量目标的准确距离。EBL（Electronic Bearing Line）称为电子方位线，可以通过面板操作，控制其在屏幕的指向，借助数据读出窗口的指示或屏幕边缘显示的方位刻度，测量目标的方位。很多雷达将 VRM/EBL 联动，称为电子距离方位线（Electronic Range/Bearing Line，ERBL），可以通过一次性操作同时测量目标的距离和方位。

采用平面光栅显示器的现代雷达屏幕如图 4-2 所示，FURUNO（日本古野）FAR-2XX7 系列屏幕方框和标记图如图 4-3 所示。雷达回波图像区域仍然采用图 4-1（c）的形式，用来显示回波图像和导航避碰关键图形信息。在雷达图像周围的功能区域，还有很多操作菜单、传感器信息以及与雷达目标和操作有关的各种数据、警示信息和帮助信息等，用来设置和操作雷达，帮助操作者精确读取雷达目标数据。屏幕上除了显示岛屿、岸线、导航标志、船舶等对船舶导航避碰、安全航行有用的各种回波之外，还无法避免地显示出各种驾驶员不希望看到的回波，如海浪干扰、雨雪干扰、同频干扰、云雾回波、噪声、假回波等。一个专业的雷达观测者，应能够在杂波干扰和各种复杂屏幕背景中分辨出有用回波。

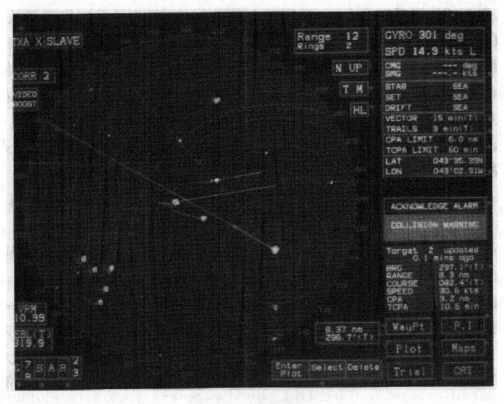

图 4-2 现代雷达屏幕

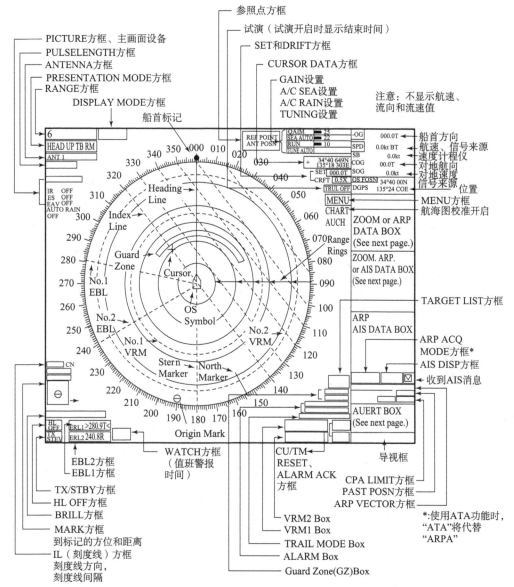

图 4 - 3　FURUNO（日本古野）FAR - 2XX7 系列屏幕方框和标记

知识链接 2　雷达系统介绍

　　按照 SOLAS 公约的要求，所有 300 总吨①及以上的船舶和不论尺度大小的客船必须安装一台 X 波段雷达；所有 3 000 总吨及以上的船舶，除满足以上要求外，还应配置一台 S 波段雷达，或（如果主管机关认为合适）第二台 X 波段雷达，并具备目标自动跟踪功能；所有

―――――――――――

　　①　总吨位是总计船舶大小、区别船的等级、计算船的费用（登记费、过运河费等）及处理海事的依据。另外还有净吨位、载重吨位。

10 000 总吨及以上的船舶，应配备两台（至少一台为 X 波段）雷达，其中至少一台应具备目标自动标绘和试操船功能，或 ARPA（Automatic Radar Plotting Aid）功能，可自动标绘至少 20 个目标，用于船舶避碰行动。

一、雷达系统组成及各部分作用

现代雷达系统主要包括天线单元（Antenna Unit）、收发单元（Transceiver Unit）、显示单元（Monitor Unit）、处理单元（Processor Unit）、电源单元（Power Supply Unit）和操纵单元（Control Unit）等。基本雷达系统原理框图如图 4-4 所示。

收发机和天线两者合在一起俗称为"雷达头"。信息处理与显示系统也称"雷达终端"。根据分装形式不同，雷达设备可分为桅下型（俗称三单元）雷达和桅上型（俗称两单元）雷达。桅下型雷达主体被分装为天线、收发机和显示器三个箱体，一般天线安装在主桅或雷达桅上，显示器安装在驾驶台，收发机则安装在海图室或驾驶台附近的设备舱室里。如果收发机与天线底座合为一体，装在桅上，这样的分装形式就称为桅上型雷达。桅下型雷达便于维护保养，多安装在大型船舶上，一般发射功率较大，而中小型船舶通常采用发射功率较低的桅上配置，设备成本较低，但不便于维护保养。

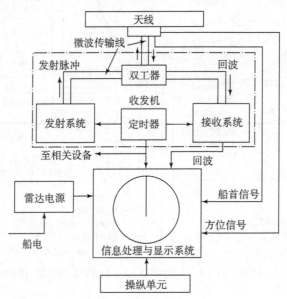

图 4-4 基本雷达系统原理框图

1. 收发单元

图 4-4 中的定时器、发射系统、双工器和接收系统构成了雷达收发机。

（1）定时器

定时器或定时电路又称为触发脉冲产生器或触发电路，是协调雷达系统的基准定时电路单元。该电路产生周期性定时（触发）脉冲，分别输出到发射系统、接收系统、信息处理与显示系统以及雷达系统的其他相关设备，用来同步和协调各单元和系统的工作。现代雷达采用高稳定的晶体振荡器作为振荡源，经分频后输出频率范围在 500 Hz ~ 4 kHz 之间的 TTL 电平脉冲，脉冲的前沿是雷达工作的基准参考时间信号。触发脉冲的重复频率决定了雷达发射脉冲的重复频率。

（2）发射系统

在触发脉冲的控制下，发射系统产生具有一定宽度和幅度的大功率射频矩形脉冲，通过微波传输线送到天线，向空间辐射。雷达发射系统框图如图4-5所示。

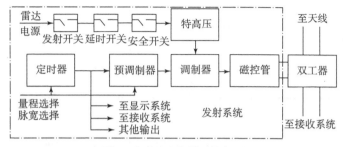

图4-5 雷达发射系统框图

①预调制器在触发脉冲的作用下，产生具有一定宽度的预调制脉冲，控制调制器工作。预调制脉冲的幅值与调制器的类型有关，通常为几百伏至一千伏。

②调制器产生具有一定宽度的高幅值矩形调制脉冲，控制磁控管的发射。调制脉冲的宽度受雷达面板上量程/脉冲宽度选择控钮控制，以满足操作者对目标探测距离、回波强度、距离分辨率等观测指标的要求。调制脉冲幅值越高，要求特高压越高。发射功率也越大，一般幅值在10～18 kV。

③磁控管是一种用来产生大功率微波的电真空器件，如图4-6所示。它实质上是一个置于恒定磁场中的二极管。管内电子在相互垂直的恒定磁场和恒定电场的控制下，与高频电磁场发生相互作用，把从恒定电场中获得的能量转变成微波能量，从而达到产生微波能量的目的。用于船舶导航雷达的磁控管为多腔脉冲波磁控管。不同型号的磁控管外观差别很大，S波段MG5223磁控管外观如图4-6（a）所示，其内部结构示意图如图4-6（b）所示。磁控管由管芯和场强高达数千高斯的永久磁铁组成，管芯与磁铁牢固合为一体。管芯内部保持高度真空状态，结构包括阴极、阳极和能量输出器等三部分。

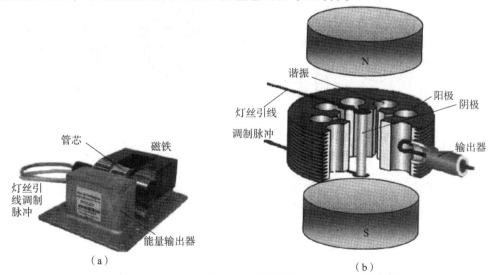

图4-6 磁控管

（a）磁控管外观；（b）磁控管结构

雷达的工作波段由磁控管振荡器产生的微波振荡的频率决定。雷达工作波段有 S 波段和 X 波段两个，它们的基本参数如表 4-1 所示。在晴天条件下，X 波段和 S 波段雷达在性能上不会产生显著差别。不过，在暴雨天气下，S 波段雷达的探测能力优于 X 波段雷达。

表 4-1 雷达工作波段

波段名称	波长范围/cm	频率范围/GHz
S（或 10cm）	10.34~9.70	2.9~3.1
X（或 3cm）	3.23~3.16	9.3~9.5

（3）双工器

双工器又称收发开关，目前主要采用铁氧体环流器。雷达采用收发共用天线，发射的大功率脉冲如果漏进接收系统，就会烧坏接收系统前端电路。发射系统工作时，双工器使天线只与发射系统连接；发射结束后，双工器自动断开天线与发射系统的连接，恢复天线与接收系统的连接，实现天线的收发共用。显然，双工器阻止发射脉冲进入接收系统，保护了接收电路。

铁氧体是由铁氧化物和金属氧化物混合烧结后制成的黑褐色陶瓷状磁介质材料（又称黑磁）。铁氧体接近绝缘体，微波在其内传输，介质损耗非常小。铁氧体具有定向传输微波的特性，利用这种特性可以制成传输特性不可逆的微波器件，即铁氧体环流器。

铁氧体环流器又称固态双工器，雷达常使用 T 形三端口环流器，在其内部内置有圆柱或棱柱形铁氧体，并在铁氧体柱上沿轴向施加恒定磁场，其原理图如图 4-7（a）所示，实物图如图 4-7（b）所示。被磁化的铁氧体对通过的雷达波产生场移效应，使雷达波由端口 1（发射系统）馈入时，只向端口 2（天线）传输，由端口 2 馈入的电磁波也只向端口 3（接收系统）方向偏移而不会馈入端口 1，形成定向传输电磁波的特性，实现双工器功能。

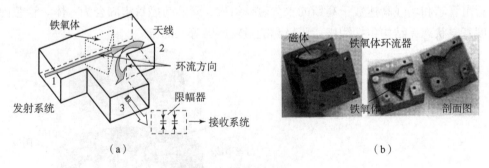

图 4-7 铁氧体环流器
(a) 原理图；(b) 实物图

在实际使用时，会有一定比例的发射能量经环流器反向传输漏进接收系统，也会有强回波脉冲进入接收系统。为防止烧坏接收系统前端电路，通常在环流器和接收系统之间安装有微波限幅器，将漏脉冲能量限制在接收系统混频晶体功率允许范围之内。

（4）接收系统

雷达接收系统采用超外差接收技术，主要由微波集成放大与变频器（MIC）、中频放大器、检波器、视频放大器和改善接收效果的辅助控制电路，如增益控制、海浪抑制、通频带转换电路等组成，如图4-8所示。

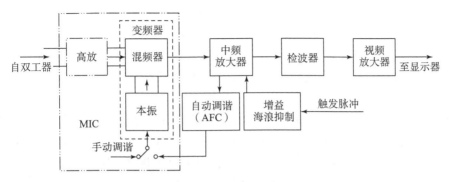

图4-8 雷达接收系统框图

　　天线接收到的微弱射频回波信号，经过双工器送到接收机。低噪声微波集成放大器（MIC）由微波高频放大器和变频器组成。高放对射频回波直接放大，能够改善射频回波信噪比，增强雷达对弱小目标的探测能力。变频器将射频回波信号转变为中频回波信号后，中频放大器对回波进行放大。中频放大器是接收机的核心，它具有宽通带、高增益、宽动态范围和低噪声等优良特性。为了改善接收效果，中频放大器的频带宽度必须与发射信号匹配良好，能够根据需要调整放大器的增益，并具有自动调整近距离增益来抑制海浪反射杂波的功能。去除海浪杂波，被放大后的中频回波信号，经过检波器，转变为视频回波信号，送到信息处理与显示系统。

　　2. 天线与微波传输单元

　　雷达微波传输及天线系统由微波天线及传输系统、双工器、方位编码器以及驱动马达与动力传动装置等组成，如图4-9（a）所示。图4-9（b）中的发射性能监视器和回波箱是选配件，称为雷达性能监视器，用于监测雷达设备的健康状况。

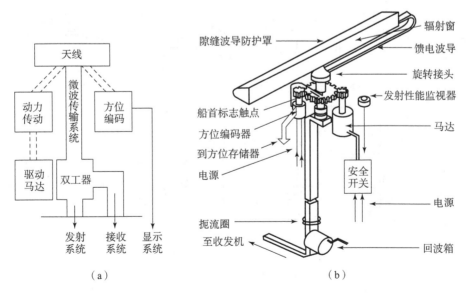

（a）　　　　　　　　　　　　（b）

图4-9 微波传输及天线系统
（a）系统组成方框图；（b）系统结构示意图

（1）微波传输系统

在雷达收发机与天线之间传递微波信号的电路系统称为微波传输系统。不同波段雷达的微波传输系统也不同。3 cm 波段雷达一般采用波导及其各种元件传输微波，而 10 cm 波段雷达多采用同轴电缆及相关元件作为微波传输系统，也有少数 10 cm 波段雷达，天线与收发机位置较近，使用波导传输雷达波。枪上型雷达安装时不需要微波传输线连接。

①波导管及波导元件。

波导管简称为波导，是由黄铜或紫铜拉制的，内壁光洁度很高的矩形空心管。微波的波长决定了波导截面的尺寸，波长越长，波导尺寸越大。3 cm 雷达波导尺寸为 23×10（mm），10 m 雷达波导尺寸为 72×34（mm）。波导管及波导元件如图 4-10 所示。为了方便雷达安装，波导需要加工成各种长度，并配有各种弯头、旋转、扭曲等。

图 4-10（a~e）为各种形状的波导。其中宽边弯头、窄边弯头和扭波导可以改变波导走向，任意弯曲的软波导可以调整收发机与硬波导之间的位置差，防止安装后设备连接扭力过大。

图 4-10（f）为扼流接头。为了安装的需要，波导的两端都设有连接法兰，法兰盘上开设了四个固定螺栓孔，每段波导两端的法兰结构也是不同的，一边为平面，称为平面法兰或平面接头；另一边结构特殊，设有两个凹槽，称为扼流法兰或扼流接头。较浅的外槽用于安装水密橡胶圈，以保持波导连接后的水密性和气密性。内槽的深度和槽到波导宽边中点的距离是一样的，大约为 $\lambda/4$（λ 为波长）。在波导连接时，这个结构可以防止微波泄漏引起打火，称为扼流槽。安装时，应将平面接头朝向天线，扼流接头朝向收发机连接，使得连接端头虽然没有物理面接触，却能够保持微波电气的连续性。

图 4-10（g）为旋转接头，目的是使天线转动的部分与固定的部分保持电气连续性。旋转接头在雷达出厂前需安装调整就位，不得随意拆卸。

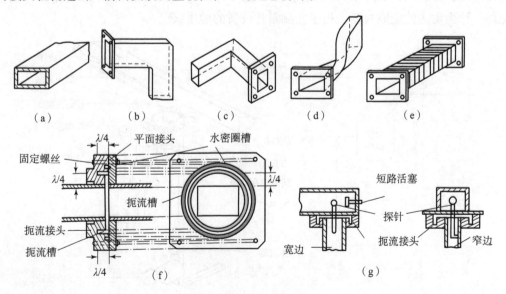

图 4-10　波导及波导元件

（a）波导截面；（b）宽边弯；（c）窄边弯；（d）扭波导；（e）软波导；（f）扼流接头；（g）旋转接头

②同轴电缆。

同轴电缆结构如图4-11所示，由同轴的内外两导体组成。内导体是一根细铜管，外导体是一根蛇形管，内外导体之间有低微波损耗的绝缘材料做支撑，最外层包有防护绝缘橡皮材料。同轴电缆内外导体的直径或电缆的尺寸都有严格要求。与波导相比，传输相同波长的微波时，同轴电缆体积较小，安装方便。但同轴电缆的传输损耗稍大，功率容限较低。同轴电缆只用于10 cm波段雷达。

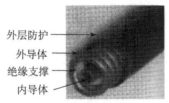

图4-11　同轴电缆结构

（2）雷达天线

雷达采用定向扫描天线，天线转速通常为20~25 r/min，适用于普通商业航行的船舶。转速高于40 r/min的称为高转速天线，适用于速度超过20 kn①或上层建筑高大的快速船舶。图4-12所示为雷达普遍采用的隙缝波导天线，它由隙缝波导辐射器、扇形滤波喇叭、吸收负载和天线面罩等组成。隙缝波导辐射器是将窄边按照一定尺寸和精度连续开设倾斜槽口的一段矩形波导，隙缝间隔约为λ/2。雷达发射波从天线一端馈入隙缝辐射器，通过隙缝向空间辐射，辐射的波束与天线和喇叭口尺寸有关，波导越长，隙缝越多，喇叭口越宽大，天线的辐射波束就越窄，方向性也就越好。在辐射器的另外一端有吸收负载匹配吸收剩余的微波能量，避免反射造成二次辐射。喇叭口还设有垂直极化滤波器，保证辐射出去的微波是水平极化方式。整个天线的结构被密封在天线面罩内，保持水密和气密性，起到防护作用。雷达天线单元的实物图如图4-12（c）所示。

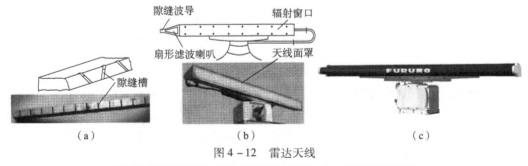

图4-12　雷达天线

（a）隙缝波导辐射器；（b）天线结构与封装；（c）雷达天线实物图

（3）方位编码器

方位扫描系统由天线基座中的方位编码器和显示器中的方位信号存储器及其相关电路组成。雷达采用编码器将天线的方位基准信号（船首方位信号）和瞬时天线角位置信号量化为分辨率高于0.1°的数字信息，传送到信息处理与显示系统并记录在相应的方位存储单元中。方位扫描系统按照显示的要求，从存储器中读出记录的数据，驱动扫描线按照天线探测

---

① knot = kn 节（船、飞行器和风的速度计量单位），1 节 = 1 海里/小时。

到目标的原始方位准确显示回波位置，在雷达屏幕上再现天线周围空间目标的方位关系。通过测量目标相对于船首线的夹角，得到目标的方位数据。

（4）驱动马达与动力传动装置

驱动马达一般由船电供电，雷达天线通常与雷达发射开关联动运转。性能标准要求马达的驱动能力应能够使雷达天线在相对风速 100 kn 时正常工作。雷达天线基座上一般设有安全开关，有人员在天线附近维护作业时，可以切断电源，防止意外启动雷达。

为保证天线转动平稳，驱动马达的转速一般在 1 000 ~ 3 000 r/min，通过由皮带轮和/或齿轮机构组成的动力传动装置降速，带动天线以额定转速匀速转动。应每年定期检查皮带的附着力和更换防冻润滑油，做好维护保养，保证传动装置工作正常。

3. 显示与处理单元

接收系统输出的视频回波信号在信息处理与显示系统中被进一步处理，去除各种干扰，并合并各种刻度测量信号和人工视频信息，最终显示在显示器上。雷达操作者利用刻度信号能够精确测量回波方位和距离，获得需要的避碰和导航信息。雷达显示器和处理器的实物图如图 4 – 13 所示。

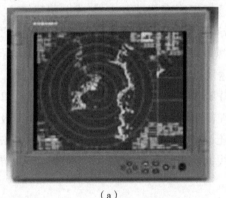 

（a） （b）

图 4 – 13 雷达显示器和处理器的实物图

（a）雷达显示器；（b）雷达处理器

4. 电源单元

为了避免由于船电的波动影响雷达稳定而可靠地工作，雷达都设计有独立的电源系统，将船电转变为雷达需要的电源向雷达供电。雷达电源的输出电压通常在 100 ~ 300 V 之间，频率一般在 400 Hz ~ 2 kHz 之间，称为中频电源。采用中频电源，能够有效隔离船电电网干扰，向雷达输出稳定可靠电源，缩小雷达内部电源相关元件尺寸，从而减小雷达设备体积和重量。目前雷达电源均采用电源变换的方式，直接将船电变换为中频电源，供雷达工作。通常称这种形式的电源为逆变器，它工作稳定可靠，输出精度高，体积轻巧，故障率较低，维护方便。雷达电源实物图如图 4 – 14 所示。

图 4 – 14 雷达电源实物图

5. 操纵单元

常见的雷达操纵面板有两种形式，一种是全键盘式（Full - keyboard type），另一种是轨迹球式（Trackball type），如图 4 - 15 所示。全键盘式通过按键和轨迹球的组合控制能够实现合理有序的控制。组织良好的菜单能确保所有的操作可以通过轨迹球进行；轨迹球式可作为全键盘式的替代装置或作为附加的一个远程操纵装置。

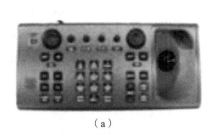

（a）　　　　　　　　　　　（b）

图 4 - 15　雷达操纵单元
（a）全键盘式；（b）轨迹球式

二、识读雷达系统图

雷达生产厂家在设备安装说明书中给出了设备清单和系统图。下面就是日本古野关于雷达的设备清单，表 4 - 2 和表 4 - 3 是标准配置清单，图 4 - 16 是 X 波段雷达系统图，图 4 - 17 是 S 波段雷达系统图。图 4 - 18 是黑箱型的系统配置图。

从图表中可以看出除天线和收发单元外 X 波段雷达系统与 S 波段雷达系统完全相同。

造船企业根据船东的要求，船级社的要求以及各种标准和规范，参照雷达生产厂家的设备说明书，经过再设计形成船厂技术人员和施工人员便于识读的雷达系统图，以 X 波段为例，如图 4 - 19 所示。

图 4 - 20 和图 4 - 21 分别是 X 波段雷达 FAR - 2817/2827 两单元实物连接图和 X 波段雷达 FAR - 2827W 三单元实物连接图。S 波段的因与其非常相似，未画出。

图表中前面未提到的主要英文释义如下：

Installation Materials：安装材料	Coaxial Cable：同轴电缆
Accessories：附件，配件	Spare Parts：备件，备用零件
Performance Monitor：性能监视器	Waveguide：波导
Transformer Unit：变压器单元	Standard：标准的，常规的
Option（指 Optional Equipment）附加设备，可选配置	
Dockyard supply：造船厂提供	Switching HUB：交换集线器
Track Control Unit：轨迹控制单元；监测跟踪单元	

表 4 - 2　古野 X 波段雷达系统标准设备清单

Standard Supply（For FAR - 2827W）

Name	Type	Code No.	Qty	Remarks
Antenna Unit	XN20AF - RSB103	—	1	24 rpm，2000 mm w/CP03 - 19101
	XN24AF - RSB103	—		24 rpm，2400 mm w/CP03 - 19101
Transceiver Unit	RTR - 081	—	1	25 kW，X - band
Monitor Unit	MU - 231CR			
Processor Unit	RPU - 013	—	1	
Power Supply Unit	PSU - 011		1	Russian flag vessel only
Control Unit	RCU - 014	—	1	Standard type
	RCU - 015			Trackball type
Installation Materials	CP03 - 25700	000 - 080 - 435	1	For 15 m signal cable，RW - 9600
	CP03 - 25710	000 - 080 - 436		For 30 m signal cable，RW - 9600
	CP03 - 25730	000 - 082 - 191		For 40 m signal cable，RW - 9600
	CP03 - 25720	000 - 080 - 437		For 50 m signal cable，RW - 9600
	CP03 - 27502	008 - 540 - 140	1	For antenna unit
	CP03 - 25800	000 - 080 - 434	1	For monitor unit
	CP03 - 27501	008 - 540 - 200	1	For transceiver unit
	CP03 - 25602	008 - 535 - 940	1	For processor unit（AC set）
Rectangular waveguide installation materials	CP03 - 16400	000 - 086 - 743	1	
Rectangular guide installation materials	CP03 - 16410	000 - 086 - 744	1	20 m，w/CP03 - 16411
	CP03 - 16420	000 - 086 - 745		30 m，w/CP03 - 16411
	CP03 - 16430	000 - 086 - 746		50 m，w/CP03 - 16411
Accessories	FP03 - 09810	008 - 536 - 010	1	For monitor unit
	FP03 - 09850	008 - 535 - 610	1	For RCU - 014
	FP03 - 09860	008 - 535 - 690		For RCU - 015
Spare Parts	SP03 - 12501	008 - 485 - 360	1	For antenna unit
	SP03 - 14401	008 - 536 - 990		For monitor unit（AC spec）
	SP03 - 14404	008 - 535 - 910		For processor unit 100 VAC set
	SP03 - 14405	008 - 535 - 920		For processor unit 220 VAC set

表 4 – 3 古野 S 波段雷达系统标准设备清单

Standard Supply（FAR – 2837SW）

Name	Type	Code No.	Qty	Remarks
Antenna Unit	SN30AF – RSB104	—	1	21 rpm，3000 mm
	SN30AF – RSB105	—		26 rpm，3000 mm
	SN36AF – RSB104	—		21 rpm，3600 mm
	SN36AF – RSB105	—		26 rpm，3600 mm
Transceiver Unit	RTR – 082	—	1	30 kW，S – band
Monitor Unit	MU – 231CR		1	AC spec only
Processor Unit	RPU – 013	—	1	
Power Supply Unit	PSU – 011		1	Russian flag vessel only
Control Unit	RCU – 014	—	1	Standard type
	RCU – 015			Trackball type
Installation Materials	CP03 – 25800	000 – 080 – 434	1	For monitor unit
	CP03 – 25602	008 – 535 – 940	1	For processor unit，AC set
	CP03 – 27601	008 – 540 – 570	1	For transceiver unit
	CP03 – 25700	000 – 080 – 435	1	For 15 m signal cable，RW – 9600
	CP03 – 25710	000 – 080 – 436		For 30 m signal cable，RW – 9600
	CP03 – 25730	000 – 082 – 191		For 40 m signal cable，RW – 9600
	CP03 – 25720	000 – 080 – 437		For 50 m signal cable，RW – 9600
	CP03 – 27602	008 – 540 – 520	1	For antenna unit
Coaxial Cable Installation materials	CP03 – 14900	000 – 086 – 325	1	Coax. Cable LHPX – 20DASSY（L = 20）（20m），Converter PA – 5600，CP03 – 13948
	CP03 – 14910	000 – 086 – 326		Coax. Cable LHPX – 20DASSY（L = 30）（30 m），Converter PA – 5600，CP03 – 13948
Accessories	FP03 – 09810	008 – 536 – 010	1	For monitor unit
	FP03 – 09850	008 – 535 – 610	1	For RCU – 014
	FP03 – 09860	008 – 535 – 690		For RCU – 015
	FP03 – 10101	008 – 538 – 730	1	For antenna unit
Spare Parts	SP03 – 14404	008 – 535 – 910	1	For processor unit 100 VAC set
	SP03 – 14405	008 – 535 – 920		For processor unit 200 VAC set
	SP03 – 14401	008 – 536 – 990	1	For monitor unit（AC spec）

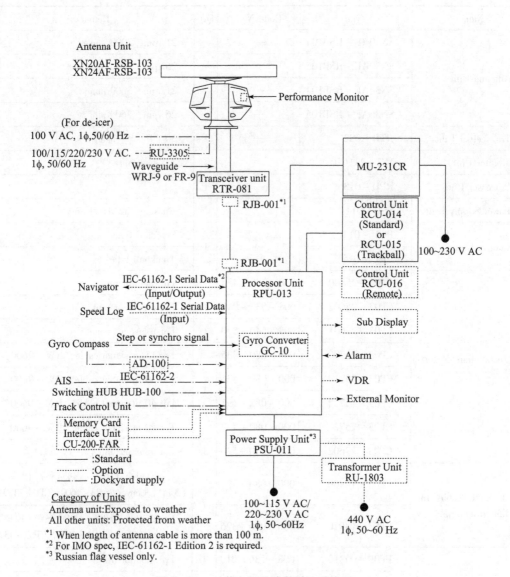

Antenna Unit
XN20AF-RSB-103
XN24AF-RSB-103

Performance Monitor

(For de-icer)
100 V AC, 1φ,50/60 Hz

100/115/220/230 V AC.
1φ, 50/60 Hz

RU-3305

Waveguide
WRJ-9 or FR-9

Transceiver unit
RTR-081

RJB-001*1

MU-231CR

Control Unit
RCU-014
(Standard)
or
RCU-015
(Trackball)

100~230 V AC

RJB-001*1

Control Unit
RCU-016
(Remote)

Navigator
IEC-61162-1 Serial Data*2
(Input/Output)

Speed Log
IEC-61162-1 Serial Data
(Input)

Processor Unit
RPU-013

Sub Display

Gyro Compass
Step or synchro signal

Gyro Converter
GC-10

Alarm

AD-100

AIS
IEC-61162-2

VDR

Switching HUB HUB-100

External Monitor

Track Control Unit

Memory Card
Interface Unit
CU-200-FAR

Power Supply Unit*3
PSU-011

——— :Standard
·········· :Option
—·— :Dockyard supply

Transformer Unit
RU-1803

Category of Units
Antenna unit:Exposed to weather
All other units: Protected from weather

100~115 V AC/
220~230 V AC
1φ, 50~60Hz

440 V AC
1φ, 50~60 Hz

*1 When length of antenna cable is more than 100 m.
*2 For IMO spec, IEC-61162-1 Edition 2 is required.
*3 Russian flag vessel only.

图 4 – 16   （英文）X 波段雷达系统图

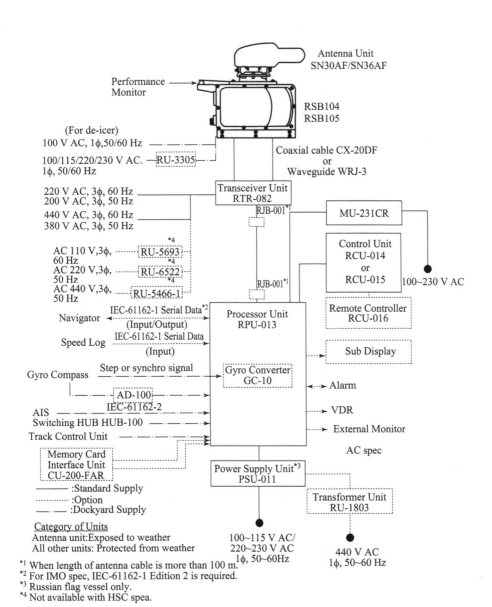

Antenna Unit
SN30AF/SN36AF

Performance
Monitor

RSB104
RSB105

(For de-icer)
100 V AC, 1φ,50/60 Hz

Coaxial cable CX-20DF
or
Waveguide WRJ-3

100/115/220/230 V AC. ──RU-3305
1φ, 50/60 Hz

220 V AC, 3φ, 60 Hz
200 V AC, 3φ, 50 Hz

Transceiver Unit
RTR-082

RJB-001*¹

MU-231CR

440 V AC, 3φ, 60 Hz
380 V AC, 3φ, 50 Hz

AC 110 V,3φ,　*⁴
60 Hz ── RU-5693
AC 220 V,3φ,　*⁴
50 Hz ── RU-6522
AC 440 V,3φ,　*⁴
50 Hz ── RU-5466-1

Control Unit
RCU-014
or
RCU-015

100~230 V AC

RJB-001*¹

IEC-61162-1 Serial Data*²

Navigator
(Input/Output)
IEC-61162-1 Serial Data

Speed Log
(Input)

Processor Unit
RPU-013

Remote Controller
RCU-016

Sub Display

Gyro Compass

Step or synchro signal

Gyro Converter
GC-10

Alarm

── AD-100 ──

IEC-61162-2

VDR

AIS
Switching HUB HUB-100

External Monitor

Track Control Unit

AC spec

Memory Card
Interface Unit
CU-200-FAR

Power Supply Unit*³
PSU-011

──── :Standard Supply
──── :Option
──── :Dockyard Supply

Transformer Unit
RU-1803

Category of Units
Antenna unit:Exposed to weather
All other units: Protected from weather

100~115 V AC/
220~230 V AC
1φ, 50~60Hz

440 V AC
1φ, 50~60 Hz

*¹ When length of antenna cable is more than 100 m.
*² For IMO spec, IEC-61162-1 Edition 2 is required.
*³ Russian flag vessel only.
*⁴ Not available with HSC spea.

图 4 – 17　（英文）S 波段雷达系统图

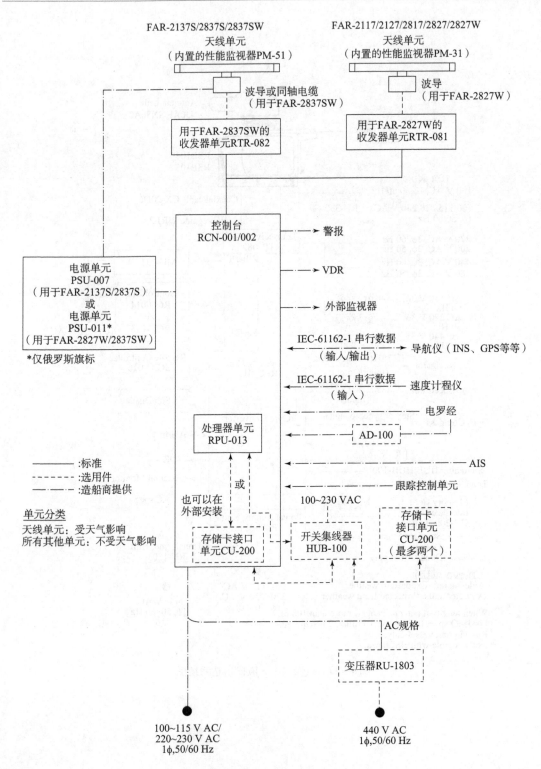

图 4 – 18 黑箱型系统配置

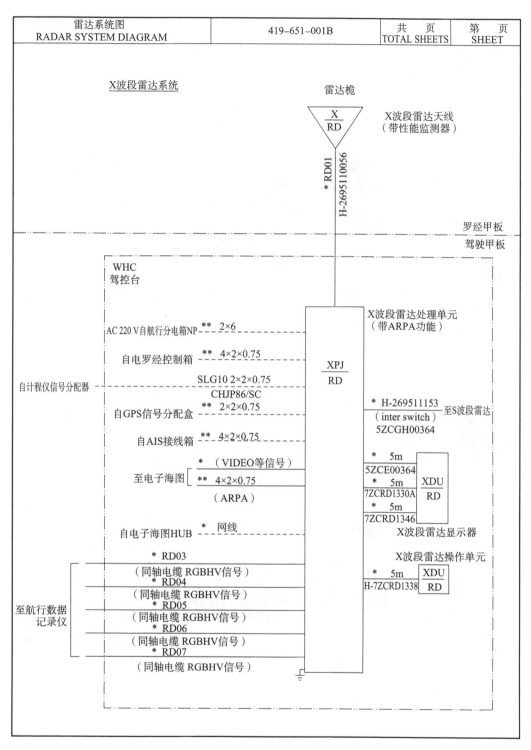

图 4 – 19　某船厂 X 波段雷达系统图

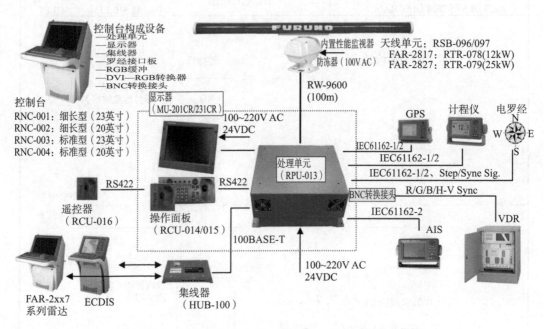

图 4－20　X 波段雷达 FAR－2817/2827 两单元实物连接图

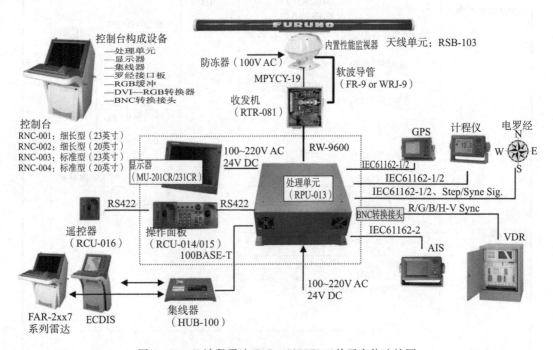

图 4－21　X 波段雷达 FAR－2827W 三单元实物连接图

【项目实施】

任务1 雷达的安装

一、天线单元的安装

1. 天线的安装位置选择

正确的天线位置对保证雷达系统性能至关重要。天线位置要远离烟囱，避免高热和有腐蚀作用的不良环境，尽量安装在与船舶龙骨正上方的驾驶室顶桅或独立的雷达桅之上。雷达天线的选位应考虑周围建筑物的反射干扰和其他发射机的电磁干扰，考虑建筑物遮挡、阴影扇形与探测距离、设备吊装的方便等因素。

（1）电磁干扰

考虑到雷达天线与其他设备天线不互相构成电磁干扰，天线的位置应满足：

①雷达天线与无线电发射和接收天线保持安全距离。

②雷达天线辐射窗的最低沿应高于安装平台安全护栏 0.5 m 以上。

③两部雷达天线之间的仰角应大于 20°，垂直距离应不小于 1 m，如图 4-22 所示。

④为避免影响磁罗经精度，应确保天线安装满足磁安全距离。

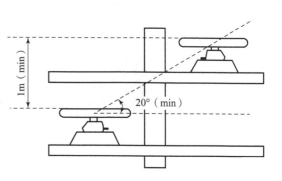

图 4-22 双雷达天线的位置示意图

双雷达天线安装的实物图如图 4-23 所示。

（2）与船舶建筑物的相对位置

①天线位置应远离可能引起反射的建筑物。

②天线的转动应不受周围物件的影响。

（3）观测视野

天线应避免被烟囱和桅杆等遮挡，不使船首方向和右舷出现阴影扇形区域，尽量减小建筑物遮挡角，尽量避免产生假回波。天线高度应高于前方桅杆，且与前桅顶连线的夹角不小于 4°，兼顾观察远距离目标和减小最小作用距离。

①天线高度。雷达天线的高度应能够使雷达有最好的目标视野。无论船舶载货情况和吃水差大小，从雷达天线位置到船首的视线触及海面处，其水平距离不应该超过 500 m 或两倍船长的较小者，如图 4-24 所示。

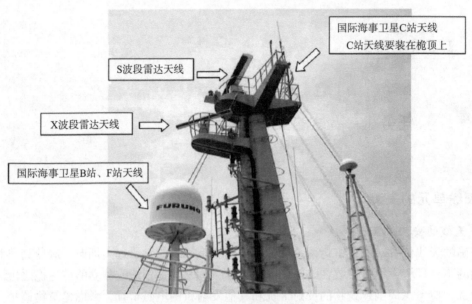

图 4-23　双雷达天线安装实物图

1. 第一雷达和第二雷达的天线要设定出高低差，使波束不至于直接相交。

2. 雷达天线和国际海事卫星 B/F/C 站的天线也要设定出高低差，使雷达波束不至于直接照射到 B/F/C 站的天线。

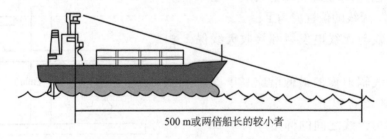

图 4-24　雷达天线高度的确定

②雷达视野。天线的位置应保证阴影扇形区最小，而且不应出现在从正前方到左右舷正横后 22.5°的范围内，如图 4-25 所示。在余下的扇区内，不应出现独立大于 5°的或整体之和大于 20°的阴影扇形。需要注意的是，两个间隔小于 3°的阴影扇形应视为一个阴影扇形。

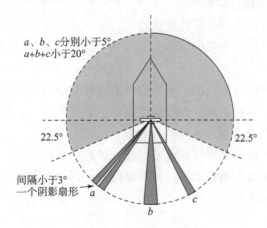

图 4-25　阴影扇形的分布

2. 性能监视器的安装

性能监视器（PM）内置在天线的外盖内。安装天线时，性能监视器不要朝向船首方向。如图 4 - 26 所示。

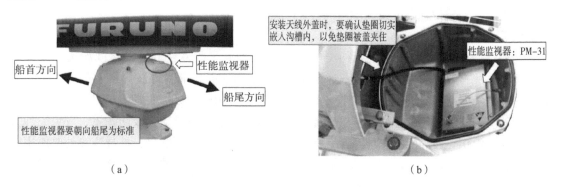

（a）　　　　　　　　　　　　　　　　　　　（b）

图 4 - 26　性能监视器的安装

（a）性能监视器的朝向；（b）垫圈的嵌入

3. 天线基座等其他设施的安装

天线基座安装时应保证天线旋转平面与主甲板平行，如有前方标志，则标志线应在船首线 ±5°以内。天线基座的安装钢板和天线基座的接触面要加有保护措施，以防止不同金属之间电化学腐蚀，并使用抗腐蚀的螺栓、螺母、垫片等。使用的螺栓应与安装孔相符，螺栓由下向上装配，螺帽在上，拧紧后加装备帽，以免松动。

天线周围除应有足够的供天线旋转的空间外，还应有供安装和维修工作必需的平台和不低于 0.9 m 的保护栏杆。

天线安装时的几个细节如图 4 - 27 所示。

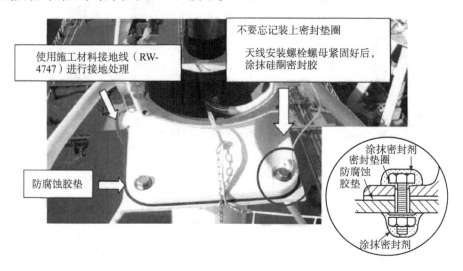

图 4 - 27　天线安装时的几个细节

天线单元必须安装在防腐蚀胶垫上。

二、收发机的安装

收发机通常安装在驾驶台附近通风良好的设备间、海图室或驾驶台内，尽可能安装在天线的正下方，安装位置高度及周围空间要便于维修。

（1）桅下型雷达

为保证波导与收发机出口端妥善连接，必须精确测量收发机和天线之间所用的波导长度。波导宜成直线走向并尽可能短，有效长度最大不超过 25 m，弯波导不宜超过 5 个。波导走向应始终保持扼流圈法兰朝向收发机，尽量避免使用软波导。收发机出口和天线入口端的波导面应分别加专用的隔水薄膜。舱室外的波导，应加装波导支架及防护罩，以免受外力而造成机械损伤。波导的连接应采用厂家提供的专用波导螺栓、螺母，波导连接处要使用密封胶圈，并经气密试验和泄能试验合格后涂漆保护处理。电缆和波导穿过舱壁或甲板时，应加护套和规定的防火填料，防止损伤并确保甲板水密。

对于 S 波段雷达的微波同轴电缆的弯曲程度（最小半径），必须符合产品标准的规定。

图 4-28 是 X 波段雷达收发机的安装实例，图 4-29 是 S 波段雷达收发机的安装实例，图 4-30 是组装 S 波段雷达同轴连接与和波导管转接器示意图。

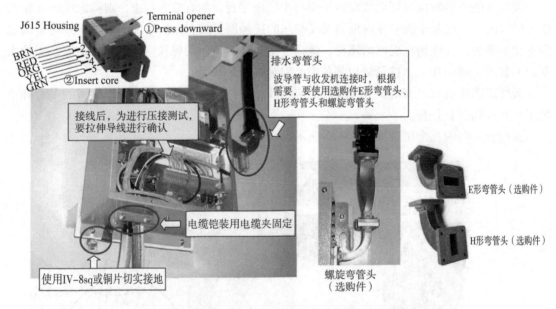

图 4-28 X 波段雷达收发机的安装实例（波导管）

（2）桅上型雷达

桅上型雷达收发机与天线的连接应采用制造商提供电缆，标配电缆长度通常为 25 m 左右，也可以订购使用 30 m 或 50 m 的加长线缆，但不可随意加长或剪短改变其长度。

三、显示单元的安装

显示单元的安装有两种方法：嵌入式安装在控制台面板上和使用选配件进行台式安装。

显示器装在驾驶室内无强电磁辐射、远离热源和干燥的地方，周围尽可能留有足够的空间，以便维修。台式安装的显示器应配置硬木底基座，用合适的螺栓固定，基座高度应考虑电缆引入的方便和弯曲度。显示器的朝向应使观察雷达图像者面向船首，有能够容纳两位观察者同时观察的站立空间，便于观察操作和不影响瞭望。主雷达显示器应安装在驾驶台右舷一侧。

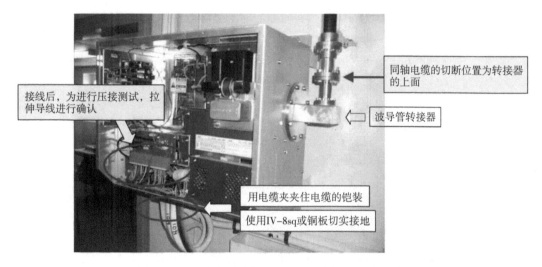

图 4 – 29　S 波段雷达收发机的安装实例（同轴电缆）

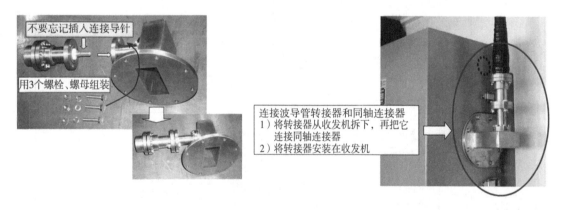

图 4 – 30　组装 S 波段雷达同轴连接器和波导管转接器

　　关于显示单元、控制单元和处理器单元的安装与 ECDIS 有许多相似之处，具体安装方法请读者参阅厂家安装说明书。

四、识读设备厂家雷达系统接线图（FAR – 2827W）

　　图 4 – 31 是 FURUNO FAR – 2827W 雷达系统接线图，与之配套的是 FAR – 2837SW 雷达系统接线图。两者绝大部分相同。请读者参阅厂家安装说明书。

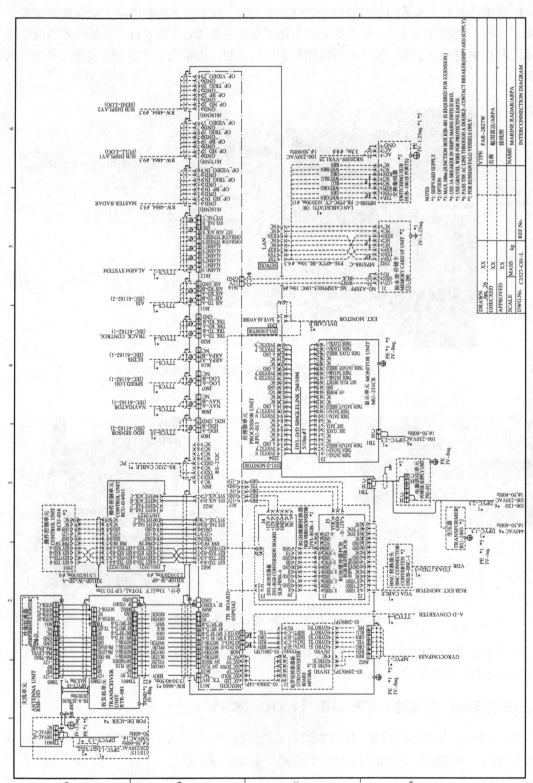

图4-31 雷达系统接线图

任务2　雷达的操作

一、打开电源（Turning on the Power）

①［POWER］开关（⏻）位于控制单元的左角。打开 POWER 开关护盖，按开关开启雷达系统。

a. 打开电源后大约 30 秒内，屏幕上会显示方位刻度和数字计时器。计时器将倒计时三分钟的预热时间。磁控管（即发射管）将在这段时间内预热，以备发射。当计时器数到"0:00"时，屏幕中间会显示"ST‑BY"（待机），表示雷达随时可以发射脉冲。

b. 在待机状态下，不显示标记、距离圈、地图、图表等。而且，取消 ARP 并清除 AIS 显示。

c. 在预热和待机条件下，以小时和十分之一小时计算的"ON TIME"和"TX TIME"出现在屏幕中央。

②再次按开关可关闭雷达。

③要避免关闭电源后立即打开电源。重新开启电源前，应等待几秒钟，以确保启动正确。

二、开启发射器（Transmitter ON）

开启电源，磁控管预热之后，ST‑BY 出现在屏幕中央，表示雷达准备发射雷达脉冲。可以在完全键盘上按［STBY/TX］键发射，或者转动跟踪球在显示屏左下角处选择 TX ST‑BY 方框，然后按左按钮（跟踪球上）。屏幕右下角导视框左边的标签由 TX 变成 STBY。如图 4‑32 所示。

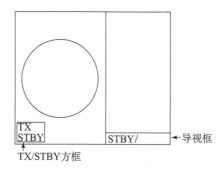

图 4‑32　开启发射器

最初，雷达会沿用先前使用的量程和脉冲长度。而其他设置（例如亮度水平、VRM，BBL 和菜单选项的选择）也会使用先前的设置。

［STBY/TX］键（或 TX STBY 方框）在雷达的 STBY（待机）和 TRANSMIT（发射）状态之间来回切换。在待机状态中，天线停转；在发射状态中，天线转动。磁控管会随时间推

移逐渐老化，导致输出功率降低。建议在雷达闲置时将其设置为待机，以延长使用寿命。

如果雷达刚刚使用过且发射管（磁控管）依然温热，可以直接将雷达切换到 TRANSMIT（发射）状态而无需进行三分钟的预热。如果由于操作失误或类似原因导致［POWER］开关关闭，应该在断电后的 10 秒之内打开［POWER］开关以快速地重新启动雷达。

三、熟悉控制单元

控制单元 RCU – 014（完全键盘）和控制单元 RCU – 105（掌上控制，即轨迹球控制）如图 4 – 33 和图 4 – 34 所示。控制说明如表 4 – 4 所示。

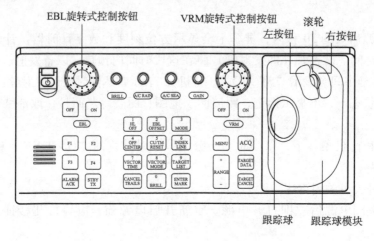

图 4 – 33　控制单元 RCU – 014（完全键盘）

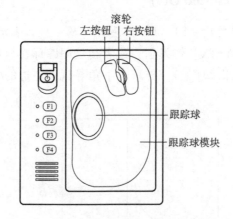

图 4 – 34　控制单元 RCU – 015（掌上控制）

表 4 – 4　控制说明

控制按钮	说明
控制单元 RCU – 014（完全键盘）	
POWER	开启和关闭系统
EBL 和 VRM 旋转式控制按钮	分别调整 EBL 和 VRM
EBL ON，EBL OFF	分别开启和关闭 EBL

续表

控制按钮	说明
F1～F4	执行快捷分配的菜单
ALARMACK	消除声音警报
STBY/TX	在待机和发射之间切换
BRILL	调整显示亮度
A/C RAIN	抑制雨滴杂波
A/C SEA	抑制海浪杂波
GAIN	调整雷达接收器的灵敏度
HL OFF	按下时暂时清除艏线
EBL OFFSET	启用、禁用 EBL 偏移。在菜单操作中，在南北及东西之间切换极性
MODE	选择显示模式
OFF CENTER	移动本船位置
CU/TM RESET	• 将本船位置移动到船尾方向半径的75%处 • 在航向向上和真运动模式中，将艏线重置为0°
INDEX LINE	开启和关闭刻度线
VECTOR TIME	选择向量时间（长度）
VECTOR MODE	选择向量模式，相对或真
TARGET LIST	显示 ARP 目标列表
CANCEL TRAILS	取消全部目标轨迹。在菜单操作中该控制按钮清除数据行
ENTER MARK	输入标记，终止键盘输入
VRM ON，VRM OFF	分别开启和关闭 VRM
MENU	打开和关闭 MAIN（主）菜单：关闭其他菜单
ACQ	• 操纵跟踪球选择目标后，探测 ARP 目标 • 操纵跟踪球选择目标后，将休眠中的 AIS 目标更改成激活的目标
RANGE	选择雷达距离
TARGET DATA	显示使用跟踪球选择的 ARP 或 AIS 目标的目标数据
TARGET CANCEL	取消跟踪使用跟踪球选择的 ARP、AIS 或参照目标
控制单元 RCU-015（掌上控制）	
POWER	开启和关闭系统
F1～F4	执行快捷分配的菜单

四、使用主菜单（Main Menu）

从完全键盘或者操纵跟踪球，可以进入 MAIN（主）菜单。（注：后面的操作讲解中只给出使用跟踪球的菜单操作步骤。）

1. 操纵键盘的主菜单操作（Main menu operation by keyboard）

①按［MENU］键。MAIN 菜单显示在屏幕右边的文本区域，如图4-35所示。

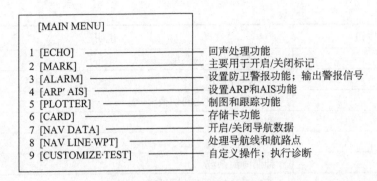

图 4 - 35 主菜单

②按与您想要打开的菜单对应的数字键。例如，按［2］键打开 MARK（标记）菜单。如图 4 - 36 所示。

```
［MARK］

1  BACK
2  OWN SHIP MARK
   OFF/ON
3  STERN MARK
   OFF/ON
4  INDEX LINE BEARING*¹
   REL/TRUE
5  INDEX LINE*²
   1/2/3/6
6  INDEX LINE MODE*³
   VERTICAL/HORIZONTAL
7  ［BARGE MARK］
8  EBL OFFSET BASE
   STAB GND/STAB HDG/
   STAB NORTH
9  ［EBL, VRM, CURSOR SET］*⁴
0  RING
   OFF/ON
```

图 4 - 36 标记菜单

其中：
*1 类型 W 显示 INDEX LINE1（刻度线 1）。与 INDEX LINE 选择相同。
*2 类型 W 显示 INDEX LINE2（刻度线 2）。与 INDEX LINE 选择相同。
*3 当 INDEX LINE 设置不为 "1" 时出现。
    在 IMO 或类型 A 时不显示。
*4 在 IMO 和类型 A 时显示 9 EBL CURSOR BEARING（REL/TRUE）。

③按与您想要设置的项目对应的数字键。

④连续按步骤③中的同一数字键，选择合适的选项，然后按［ENTER MARK］，输入标记键确认您的选择。

⑤按［MENU］键关闭菜单。

2. 操纵跟踪球的主菜单操作（Main menu operation by trackball）

①转动跟踪球，在屏幕右边选择 MENU（菜单）方框。右下角的导视框（参阅图 4 - 37

关于位置的例图）现在显示"DISP MAIN MENU"（显示主菜单）。

②按左按钮显示 MAIN 菜单。与图 4 - 35 相同。

③转动滚轮选择您想要打开的菜单，然后按滚轮或左按钮。例如，选择 2［MARK］菜单，然后按滚轮或左按钮。与图 4 - 36 相同

④转动滚轮，选择所需项目，然后按滚轮或左按钮。

⑤转动滚轮，选择所需项目，然后按滚轮或左按钮确认您的选择。

⑥按右按钮关闭菜单。（根据所使用的菜单，可能需要多次按下按钮。）

五、使用屏幕方框进行的操作（Operation Using the On - Screen Boxes）

用跟踪球选择合适的屏幕方框，并操纵跟踪球模块，选择项目和选项，这样只操纵跟踪球便可完成全部雷达功能（屏幕方框的全部位置请参阅前面图 4 - 3）。

屏幕方框分两种：功能选择和带弹出菜单的功能选择。后者的屏幕方框右侧有"►"，类似于下面的 MARK 方框。

要使用屏幕方框操纵雷达，步骤如下：

①转动跟踪球，将跟踪球标记放置在所需方框内。

注意：跟踪球标记根据位置改变其配置。在有效显示区域外时为箭头标记，在有效显示区域内时为光标（+），如图 4 - 37 所示。

跟踪球标记位置和导视框指示

根据处在显示区域内或外，跟踪球标记分别显示为光标（+）或箭头（↖）。而且，导视框的指示随跟踪球标记的位置而变化。

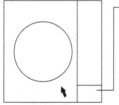

跟踪球标记在有效显示区域（包括文本区域）之外，并且没有选择方框：
跟踪球标记是一个箭头

导视框内容为：

"JUMP CURSOR/DISP MENU"（跳动光标/显示菜单）。

按下左按钮选择最靠近箭头的屏幕方框，或按下右按钮显示MAIN（主）菜单。

要连续选择方框，在导视框显示内容如上时按下滚轮。

然后选择最靠近的方框并用双向箭头（⇕）标记，导视框显示内容为：

"JUMP FORWARD/JUMP BACKWARD"（向前跳动/向后跳动）。

点击左按钮进入当前选择方框上面或邻近的方框，或点击右按钮进入当前选择方框下面或邻近的方框。

继续按下按钮，连续选择方框。这便于在船只颠簸摇晃之时操作。要取消此功能，在导视框显示内容如上时按下滚轮

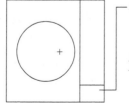

跟踪球标记位于有效显示区域内：
跟踪球标记是一个光标

导视框内容为：

"TARGET DAT & ACQ/CURSOR MENU"（目标数据和ACQ/光标菜单）。

在这种情况下，您可以使用光标操作功能，点击左按钮直接选择功能或点击右按钮从光标菜单中选择所需功能。

图 4 - 37　跟踪球标记位置和导视框指示

例如，选择左下角的 MARK 方框，如图 4 – 38 所示。

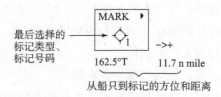

图 4 – 38　MARK 方框

正确选择方框时，方框颜色从绿色变成黄色（默认颜色），右下角的导视框显示操作导视。操作导视显示左右按钮的功能，并用一斜线将信息隔开。例如，对于 MARK 方框，操作导视为"MARK SELECT/MARK MENU"（标记选择/标记菜单）。此时，可以按左按钮选择一个标记或者按右按钮打开 MARK 菜单，如图 4 – 39 所示。

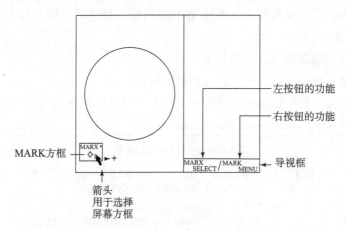

图 4 – 39　导视框范例（MARK 方框导视）

②按左按钮（或根据方框转动滚轮），直到所需选项显示在方框内。

注意：当转动滚轮选择一个屏幕方框的选项时，方框和其内容变成红色。这只是表示所选的设置和当前活动的设置不相同。要更改设置，按滚轮或左按钮即可。如果操纵滚轮后大约 30 秒内既没有按滚轮也没有按左按钮，将自动恢复先前的设置。

③MARK 方框的弹出菜单是 MARK 菜单。要打开菜单，按右按钮。菜单出现在屏幕右边的文本区域，如前面图 4 – 36 所示。

④转动滚轮，选择所需项目，然后按滚轮或左按钮。所选项目最初以反白显示，按滚轮或左按钮时，更改为正常颜色并被圈住。

⑤转动滚轮，选择所需选项，然后按下滚轮或左按钮。所选选项最初以反白显示，按滚轮或左按钮时，更改为正常颜色并被圈住。

⑥按右按钮关闭菜单。（对于有些菜单，必须按几次右按钮才能关闭菜单。）

注意：任何菜单都可以从完全键盘或使用跟踪球进行操作，在控制单元 RCU – 014 中还可以将键盘和跟踪球结合使用。

六、使用光标菜单（Cursor Menu）

对于要求使用光标的功能，例如 EBL 偏移和缩放，可以应用一种在有效显示区域内使用光标的方法，直接从导视框或者从 CURSOR 菜单激活功能。下面介绍从 CURSOR 菜单中选择和光标相关的功能的步骤（以后只给出从导视框选择功能的步骤）。

①转动跟踪球将光标置于有效显示区域之内。

②转动滚轮在导视框内显示"TARGET DATA &ACQ/CURSOR MENU"（目标数据和 ACQ/光标菜单）。

③按右按钮显示 CURSOR 菜单，如图 4 - 40 所示，光标菜单项目说明如表 4 - 5 所示。

④转动滚轮，选择"2"，然后按滚轮或左按钮。

⑤转动滚轮，选择所需功能，然后按滚轮或左按钮。

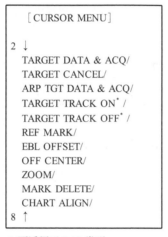

[CURSOR MENU]

2 ↓
TARGET DATA & ACQ/
TARGET CANCEL/
ARP TGT DATA & ACQ/
TARGET TRACK ON* /
TARGET TRACK OFF* /
REF MARK/
EBL OFFSET/
OFF CENTER/
ZOOM/
MARK DELETE/
CHART ALIGN/
8 ↑

* 不适用于 IMO 类型。

图 4 - 40　光标菜单

注意：对于从键盘进行的操作，可以按［2］键按照从上到下的顺序选择一个功能或者按［8］键以相反的顺序选择。

⑥导视框显示"XX/EXIT"（XX/退出）。（XX = 所选功能）转动跟踪球，将光标放在所需位置。

⑦按左按钮，执行在步骤⑤中选择的功能。

⑧要退出所选功能，在导视框显示"XX/EXIT"时按右按钮。（XX = 步骤⑤所选的功能）。

表 4 - 5　光标菜单项目说明

Cursor Menu （光标菜单）项目	说明
TARGET DATA & ACQ	ARP：探测 ARP 目标，显示所选 ARP 目标的数据 AIS：激活休眠中的 AIS 目标，显示所选 AIS 目标的数据
TARGET CANCEL	ARP：取消跟踪所选的 ARP 目标 AIS：休眠所选的 AIS 目标
ARP TGT DATA & ACQ	探测所选回波作为 ARP 目标

Cursor Menu （光标菜单）项目	说明
TARGET TRACK ON	打开 ARP 目标跟踪（类型 A、B、C 和 W）
TARGET TRACK OFF	关闭 ARP 目标跟踪（类型 A、B、C 和 W）
REF MARK	为目标相关的速度输入记下参照标记
EBL OFFSET	偏移 EBL 测量两个目标之间的距离和方位
OFF CENTER	从屏幕中央切换到所选位置
ZOOM	缩放所选的位置
MARK DELETE	删除所选标记（测绘仪标记、原点标记或航路点标记）
CHART ALIGN	将航海图和雷达画面对齐

七、调整监视器亮度（Monitor Brilliance）

整个屏幕的亮度应根据照明条件进行调整。应该首先调整监视器亮度，然后在 BRILL（亮度）菜单上调整相对亮度级别。

1. 操纵键盘（By keyboard）

在控制单元上操纵［BRILL］控制按钮调节亮度。顺时针转动增加亮度；逆时针转动降低亮度。查看 BRILL 方框了解当前亮度级别，如图 4 - 41 所示。

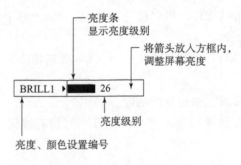

图 4 - 41　亮度级别指示符

2. 操纵跟踪球（By trackball）

①转动跟踪球，将箭头放置在屏幕左下角的亮度级别指示框中的亮度级别指示符上。

②向下转动滚轮可增加亮度，向上转动可降低亮度。亮度条的长度随滚轮的操作增加或减少。

注意：如果使用控制单元 RCU - 015（掌上控制），接通电源时屏幕上无显示内容，或雷达处于待机状态时，按住除电源开关以外的任意键 4 秒自动设置为中等显示亮度。

八、用电罗经校准船首方向（Aligning Heading with Gyrocompass）

与电罗经连接时，船首方向显示在屏幕的右边。打开雷达后，按以下步骤调整屏幕上的

GYRO 读数，使之与电罗经读数相符。正确设置初始船首方向后，通常无需重新设置。如果 GYRO 读数看上去错误或者电罗经警报响起，请按以下步骤处理。请注意，FURUNO SC - 60/120 并不要求校准雷达。

①转动跟踪球，将箭头置于显示屏右上角的 HDG 框内。

②按右按钮打开 HDG 菜单，如图 4 - 42 所示。

```
[HDG MENU]

1  HDG SOURCE
   AD - 10/SERIAL
2  GC - 10 SETTING
   000. 0°
```

图 4 - 42　HDG 菜单

③向下转动滚轮，选择 GC - 10 SETTING（GC - 10 设置），然后按下滚轮或左按钮。

注意：如果选择的船首方向源不合适，在 1 HDG SOURCE（HDG 源）处更改，以与您的船首方向源相匹配。

④转动滚轮设置船首方向。（对于键盘输入，使用数字键。）

⑤按下滚轮，完成操作。

⑥按右按钮关闭菜单。

九、选择显示模式（Presentation Modes）

1. 雷达显示模式说明（Description of presentation modes）

本雷达具有以下显示模式：

（1）相对运动（Relative Motion，RM）

船首向上（Head-up）：不稳定。

船首向上真方位（Head-up TB）：船首向上，并以罗经稳定方位刻度（真方位），方位刻度随罗经读数旋转。

航向向上（Course-up）：在选择航向向上时相对船只方向的罗经稳定。

真北向上（North-up）：罗经稳定，并参照真北方向。

船尾向上（Stern-up）：雷达图像旋转 180°。图解和相对方位和真方位也旋转 180°。

（2）真运动（True Motion，TM）

真北向上（North-up）：以罗经和速度输入值稳定地面或海面。

船尾向上（Stern-up）：同相对运动。

下面对以上的显示模式进行详细说明：

（1）船首向上模式（Head-up mode）

船首向上模式显示屏中连接本船与显示屏顶部的线条表示本船船首方向。目标尖头信号显示为彩色，在所测距离上其方向相对于本船船首方向。方位刻度上的短线是真北标记，表示船首方向传感器真北方向，如图 4 - 43 所示。船首方向传感器输入出错时，真北标记将消失，读数显示为 ***. *°，屏幕右下角显示红色消息：HDG SIG MISSING（HDG 信号丢失）。

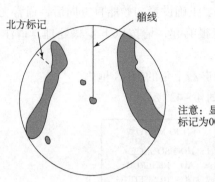

图 4 - 43　船首向上模式

（2）航向向上模式（Course-up mode）

航向向上模式为方位角稳定显示。屏幕上连接屏幕中心与屏幕顶部的线条表示本船预定航向（即选择该模式之前的本船船首方向）。目标尖头信号显示为彩色，在所测量的距离上其方向相对于预定航向。该信号始终位于"0"度位置。船艏线随船只偏航及航向变化而移动。该模式有助于避免航向改变时画面出现曳尾重影，如图 4 - 44 所示。

（3）船首向上 TB（真方位）模式（Head-up TB（True Bearing）mode）

雷达回波的显示方式与船首向上模式中相同。与正常船首向上显示的不同之处在于方位刻度的方向。方位刻度处于船首方向传感器稳定状态。也就是说，它会随船首方向传感器信号转动，帮助您快速查看本船的船首方向。当雷达与电罗经船首方向传感器连接时，可以使用这个模式。如果电罗经船首方向传感器出现故障，方位刻度将返回到船首向上模式状态。

（4）真北向上模式（North-up mode）

在真北向上模式中，目标尖头信号显示为彩色，在所测量的距离上其真（船首方向感应器）方向相对于本船，真北方位始终位于屏幕顶部。艏线方向随船只船首方向而改变，如图 4 - 45 所示。要求船首方向信号，罗经出现故障时，显示模式变为船首向上，真北标记消失。同时，HDG 读数显示为 ***. *°，并且在屏幕的右下角显示红色消息 HDG SIG MISSING。

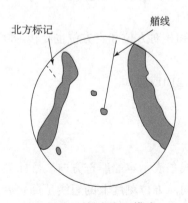

图 4 - 44　航向向上模式

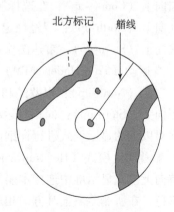

图 4 - 45　真北向上模式

（5）船尾向上模式（Stern-up mode）

将船首向上模式画面、相对方位和真方位以及显示图解转动 180°，便是船尾向上模式，如图 4－46 所示。备份时，该模式对双雷达的拖船很有帮助；一个雷达显示船首向上，另一个雷达显示船尾向上。要启用船尾向上模式，在 7 OPERATION（操作）菜单上打开 STERN-UP。船尾向上无法用于 IMO 或 A 型雷达。

（6）真运动模式

本船及其他移动物体按其真实航向和航速移动。在地面稳定真运动模式中，全部固定目标（例如陆地）显示为静止回波。在无流向和流速输入的海面稳定真运动模式中，陆地可以在屏幕上移动，如图 4－47 所示。

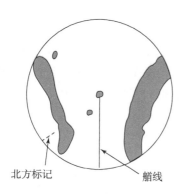

图 4－46　船尾向上模式

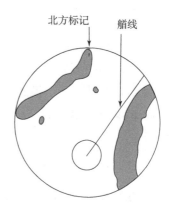

图 4－47　真运动模式

注意：真运动不适用于 72 海里（仅非 IMO 型）或 96 海里量程。如果 COG 和 SOG（两者均对地）不能使用 TM 模式，参照潮汐表输入流向（潮汐方向）和流速（潮汐速度）。当本船到达屏幕半径 50% 处时，本船位置会沿着与船艏线延伸方向相反的方向自动复位到另一侧半径的 75% 处。可以按下［CU/TM RESET］键，手动恢复本船符号，或转动跟踪球在显示器右下角选择 CU/TM RESET 方框并按下左按钮。船首方向传感器出现故障时，显示模式变为船首向上，真北标记消失。另外，HDG 读数显示为 ∗∗∗.∗°，屏幕右下角显示红色的消息 HDG SIG MISSING，如图 4－48 所示。

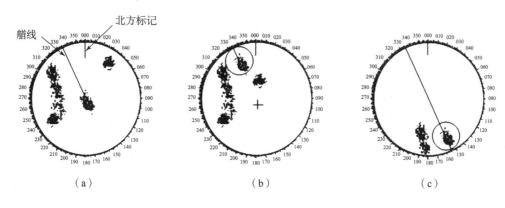

图 4－48　在真运动模式下自动复位本船标记

（a）选定真运动；（b）本船已经到达显示屏半径 75% 的位置；（c）本船自动复位到半径 75% 的位置

2. 选择显示模式（Choosing presentation mode）

（1）操纵键盘

连续按［MODE］键选择所需的显示模式。DISPLAY MODE（显示模式）方框显示当前显示模式，如图 4 - 49 所示。

```
HEAD UP RM*
```
* =其他模式：
STERN-UP, HEAD UP TB RM, COURSE UP RM,
NORTH UP RM, NORTH UP TM

图 4 - 49　DISPLAY MODE 方框

（2）操纵跟踪球

①转动跟踪球，将箭头置于屏幕左上角的 DISPLAY MODE 方框内，如上图 4 - 49 所示。

②按左按钮选择所需模式。

注意：电罗经信号丢失。当罗经信号丢失时，"HEADING SET"（设置船首方向）呈红色出现在电罗经读数处，显示模式自动变成船首向上，全部 ARP 和 AIS 目标以及地图或航海图被清除。恢复罗经信号后，用［MODE］键或 PRESENTATION MODE（显示模式）方框选择显示模式。

十、启用性能监视器（Performance Monitor）

性能监视器是安装 300 Gt gross tonnage 总吨位/总吨船只雷达必需的设备，国际航海要求安装性能更好的性能监视器。可以使用两种装置：

X 波段雷达：PM - 31（9410 ±45 MHz）；

S 波段雷达：PM - 51（3050 ±30 MHz）。

性能监视器包含在天线装置中，FAR - 2157 或 FAR - 2167DS 均未配备性能监视器。

1. 开启、关闭性能监视器（Activating, deactivating the performance monitor）

①转动跟踪球，选择 MENU 方框，然后按下左按钮。

②转动滚轮，选择 1 ECHO（回波），如图 4 - 50 所示，然后按下滚轮或左按钮。

```
      [ECHO]
1  BACK
2  2ND ECHO REJ
   OFF/ON
3  TUNE INITIALIZE
4  PM*1
   OFF/ON
5  SART
   OFF/ON
6  WIPER
   OFF/1/2
7  ECHO AREA*2
   CIRCL E/WIDE/ALL
```
* 1　不适用于 FAR - 2157/2167DS
* 2　不适用于 IMO 或类型 A

图 4 - 50　ECHO 菜单

注：容积吨/登记吨：capacity tonnage；净吨位：net tonnage/NT

③转动滚轮，选择 4 PM，然后按下滚轮或左按钮。

④根据需要，转动滚轮选择 OFF 或 ON，然后按下滚轮或左按钮。

⑤按两次右按钮关闭菜单。

当性能监视器处于活动状态时，"PM"出现在显示屏上。

2. 检查雷达性能（Checking radar performance）

（1）雷达自动设置如下

距离（Range）：24 海里（24 n mile）；

波长（Pulse Length）：长（Long）；

阴影区（Shadow Sector）：关闭（Off）；

STC：关闭；

RAIN：关闭；

回波伸展（Echo Stretch）：关闭；

回波平均（Echo Average）：关闭；

视频对比度（Video Contrast）：2 - B；

调谐（Tune）：自动（Auto）；

增益（Gain）：初始设置（在安装时用 PM GAIN ADJ 设置）（Initial setting（as set with PM GAIN ADJ at installation））。

（2）打开性能监视器

量程自动设置为 24 海里。雷达屏幕显示一条或两条弧。如果雷达发射器和接收器的工作状态与监视器启动时的初始状态一样良好，将有 13.5 至 18.5 海里的内心弧出现。性能监视器可以在发射器和接收器中观察到共计 10 dB 的损耗，如表 4 - 6 所示。

表 4 - 6　性能监视器开启下的雷达状态

显示	雷达状态
13.5 n mile	发射器：正常 接收器：正常
18.5 n mile	发射器和接收器： 10 dB 损耗 回波不可见

注意：弧的长度可以根据安装环境的不同而出现差异。判断出现在本船后 90°范围内回波的强度以确认雷达是否正常工作。

（3）查看结果后，关闭性能监视器

十一、在雷达显示屏上显示 SART 标记（Showing SART marks on the radar display）

任何距离大约为 8 海里的 X 波段（3 cm）雷达脉冲均可触发搜救雷达应答器（SART）。每个接收到的雷达脉冲都会使其发射一个应答脉冲，此脉冲会在完整的雷达频段反复扫描。询问时，它会首先快速扫描（0.4 μs）整个波段，然后开始以较慢速度（7.5 μs）回扫该波段，并返回至起始频率。该过程反复执行 12 次。在每次扫描过程中的某些点，SART 频率会与位于雷达接收器通频带内的应答脉冲频率相匹配。如果 SART 在该距离内，则 12 次慢速扫描过程中的每个匹配频率都将在雷达显示屏上产生一个应答点，并显示一条由 12 个等距（大约 0.64 海里）点组成的线，如图 4-51 所示。

当雷达与 SART 的距离减小为大约 1 海里时，雷达显示屏也会显示快速扫描过程中所生成的 12 个应答点。这些额外应答点（也是等距的，为 0.64 海里）散布在原始的 12 个点所组成的线周围。它们比原始点稍微微弱并小一些。

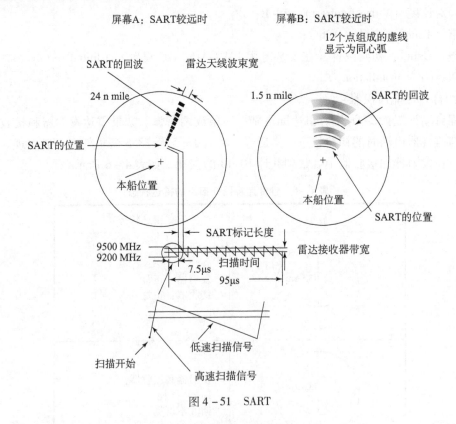

图 4-51 SART

该雷达配备为 SART 探测对雷达实行最优化设置的功能。这项功能可以自动调谐雷达接收器，使其偏离最佳调谐状态。这会消除或削弱所有正常雷达回波，但由于 SART 应答信号是扫描整个 9 GHz 频段，因此 SART 标记不会消除。当雷达接近 SART，SART 标记会扩大为大弧，使大部分的屏幕变得模糊。

要进行 SART 探测设置，执行下列步骤：

①转动跟踪球，选择 MENU 方框，然后按下滚轮或左按钮。

②转动滚轮，选择 1 ECHO，然后按下滚轮或左按钮。如前面性能监视器部分的图 4 - 50 所示。

③转动滚轮，选择 5 SART，然后按下滚轮或左按钮。

④转动滚轮，选择 ON，然后按下滚轮或左按钮。

SART 打开后，按照以下说明设置雷达功能：

距离：12 海里；

脉冲长度：长；

回波伸展：关闭；

噪讯抑制器：关闭；

回波平均：关闭；

干扰抑制器：关闭；

性能监视器：关闭；

A/C RAIN：关闭。

⑤按两次右按钮关闭菜单。

此功能开启时，"SART"出现在显示屏底部。当不再进行 SART 探测时，请确认关闭 SART 功能。

十二、ARPA 操作（ARP OPERATION）

自动雷达标绘仪（Automatic Radar Plotting Aids，ARPA）能人工或自动捕捉（录取）目标，自动跟踪和随时显示被录取的目标的方位、距离、真航向、真航速、CPA 和 TCPA。当操作者设定最小最近会遇距离（MINCPA）和到最小最近会遇距离的时间（MINTCPA）（报警界限）后，如果计算机判断目标的 CPA ≤ MINCPA 和 TCPA ≤ MINTCPA 同时成立，ARPA 就会自动以视觉和听觉效果发出报警，提醒驾驶员采取避让措施，并且还可以根据试操船（试改向和/或试改速）的结果采取避让措施。

1. ARP 控制按钮

（1）键盘

ARP 使用的按键如图 4 - 52 所示。

（2）跟踪球

当光标位于有效显示区域内时，可以通过转动滚轮访问 ARP 功能或从 CURSOR 菜单中选择合适的 ARP 功能。

转动滚轮在导视框内显示下列指示符，以访问相应的 ARP 功能：

ARP TARGET DATA & ACQ：手动探测目标，或显示通过光标选择的 ARP 目标数据。

TARGET CANCEL：取消跟踪通过光标选择的 ARP 目标。

2. 激活、关闭 ARP（Activating, Deactivating ARP）

①转动跟踪球，将箭头置于屏幕右边的 ARP ACQ MODE 方框内，注意当使用 ATA 功能时，"ATA"将代替"ARPA"，如图 4 - 53 所示。

②按左按钮显示 OFF、MAN 或 AUTO MAN（根据需要）。

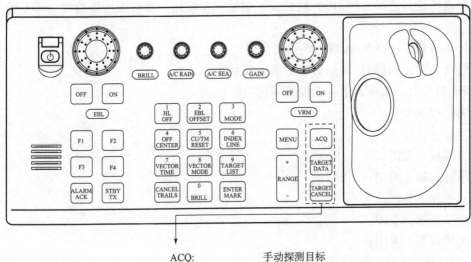

ACQ: 手动探测目标
TARGET DATA: 显示关于使用跟踪球选择的ARP
                          目标的数据
TARGET CANCEL: 终止跟踪使用跟踪球选择的ARP
                          目标

图4－52   ARP 使用的按键在键盘上的位置

图4－53   ARPA ACQ MODE 方框

3. ARP 符号和 ARP 符号属性（ARP Symbols and ARP Symbol Attributes）

该设备使用的符号符合 IEC 60872－1，如表4－7所示。

表4－7   ARP 主要符号

项目	符号	状态	备注
自动探测目标	⌐⌐	初始阶段	在跟踪状态稳定前，回波由虚线方框圈住，表示正在探测的目标
	⌐⁄		探测后在天线扫描 20 和 60 次之间（向量仍然不可靠）
	⊘	稳定跟踪	带向量的实线圆表示跟踪状态稳定（探测后 60 次扫描）
	△ （闪烁）	CPA 警报	测绘符号变为闪烁的等边三角形，表示预计目标将进入 CPA（最接近点）或 TCPA（抵达最接近点时间）
	◁	CPA 警报确认	确认 CPA/TCPA 警报后，闪烁停止
	◇ （闪烁）	丢失的目标	闪烁的菱形符号表示丢失目标。两个等边三角形组成一个菱形。确认丢失目标警报后，闪烁停止

续表

项目	符号	状态	备注
手动探测目标	「 」	初始阶段	为手动探测目标选定的标绘符号显示为粗线条
	「 ／ 」		探测后天线 20 ~ 60 次扫描（对于 HSC 为 3 次扫描）的粗体虚线方框
	◯／	稳定跟踪	用粗体实线圆表示的手动测绘符号（探测后 60 次扫描）
	△／ （闪烁）	CPA 警报（碰撞航向）	如果预计目标将进入预设的 CPA 或 TCPA，测绘符号变为闪烁的等边三角形
	△／		确认 CPA/TCPA 警报后，闪烁停止
	◇ （闪烁）	丢失的目标	闪烁的菱形符号表示丢失目标。两个等边三角形组成一个菱形。确认丢失目标警报后，闪烁停止
警戒区	▽ （闪烁）	目标经过操作员设置的警戒区	如果目标进入警戒区，测绘符号变为顶点向下的等边三角形，与向量一起闪烁
被选择以读取数据的目标	□ ₀₁	在选定的目标上	目标数据（距离、方位、航向、速度、CPA 和 TCPA）
参照目标	⌐ ¬ R 扫描 60 次内变为 ◯ R	在参照目标上	用于计算本船的地面稳定对地速度（参照回波的速度）

　　关于 ARP 的操作还有很多，限于篇幅，其余的 ARP 操作请读者参照厂家设备操作说明书。

十三、AIS 操作（AIS OPERATION）

　　AIS（自动识别系统）是一种助航系统，能识别船只、协助追踪目标、简化信息交流、提供其他辅助信息以避免碰撞发生。有关 AIS 的具体内容请参照项目 7。此处仅介绍在雷达上对 AIS 的最基本操作。

　　1. AIS 控制按钮（Controls for AIS）

　　（1）键盘

　　AIS 使用的按键如图 4 - 54 所示。

　　（2）跟踪球

　　当光标在有效显示区域内时，可以通过转动滚轮访问 AIS 功能或从 CURSOR 菜单中选择合适的 AIS 功能。转动滚轮在导视框内显示下列指示符从而访问相应的 AIS 功能：

　　TARGET DATA & ACQ（目标数据和 ACQ）：启用选择的 AIS 目标；显示使用跟踪球选择的 AIS 目标数据。

　　TARGET CANCEL（目标取消）：休眠选择的 AIS 目标。

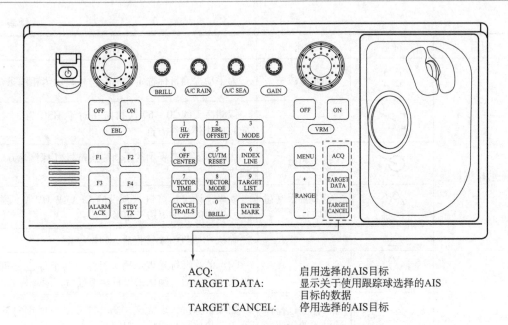

ACQ: 启用选择的AIS目标
TARGET DATA: 显示关于使用跟踪球选择的AIS
目标的数据
TARGET CANCEL: 停用选择的AIS目标

图 4 - 54　AIS 使用的按键在键盘上的位置

2. 启用/禁用 AIS（Enabling/Disabling the AIS）
①转动跟踪球，选择位于屏幕右边的 MENU 方框，然后按左按钮。
②转动滚轮，选择 4 ARP·AIS，然后按下滚轮或左按钮，如图 4 - 55 所示。

图 4 - 55　ARP·AIS 菜单

③转动滚轮，选择 8 AIS FUNCTION（AIS 功能），然后按下滚轮或左按钮。
④转动滚轮，选择 OFF 或 ON，然后按下滚轮或左按钮。
⑤按两次右按钮关闭菜单。
当启用 AIS 功能时，"AIS" 出现在屏幕的右下角。

3. 打开/关闭 AIS 显示（Turning AIS Display On/Off）

①转动跟踪球，在屏幕右边选择 AIS DISP 方框，如图 4-56 所示。

图 4-56 AIS DISP 方框

②按左按钮显示相应的 AIS ON 或 AIS OFF。

ON：从 AIS 雷达应答器接收的全部目标和符号一起显示。

OFF：所有 AIS 符号消失。

当开启 AIS 时，AIS 目标标有合适的 AIS 符号，如图 4-57 所示。

（a）   （b）   （c）   （d）   （e）

图 4-57 AIS 符号

（a）启用的目标；（b）高于预设值的 ROT；（c）危险目标；（d）丢失的目标；（e）被选择用于数据显示的目标

注意：关闭 AIS 功能时，设备继续处理 AIS 目标。AIS 再次打开时，立即显示符号；船首向上模式中当船首方向改变时，AIS 符号在屏幕刷新后被暂时清除；在没有接收 AIS 数据时，"RECEIVE"（接收）消息出现在文本窗口中，检查 AIS 应答器。

4. ARP 和 AIS 目标的融合

在雷达屏幕上通常用两种符号显示配备 AIS 的船只。这是因为尽管雷达按照 PPI 原理（相对于本船雷达天线的距离和方位）探测到相同的船只，AIS 船只的位置通过该船上的 GPS 导航仪（L/L）来测量。要避免对于相同的物理目标出现两种目标符号，必须使用"融合"功能。如果来自 AIS 的目标数据和雷达测绘功能的目标数据可用，并且符合融合的标准，只显示启用的 AIS 目标符号。

①确认 ARP ACQ MODE 方框显示 AUTO 或 AUTO MANU。

②转动跟踪球，选择 MENU 方框，然后按下左按钮。

③转动滚轮，选择 4 ARP·AIS，然后按下左按钮。

④转动滚轮，选择 7［FUSION］（融合），然后按下左按钮，如图 4-58 所示。

```
  ［FUSION］
1  BACK
2  FUSION TARGET
   OFF/ON
3  GAP
   0.000 n mile
4  RANGE
   0.000 n mile
5  BEARING
   00.0°
6  SPEED
   0.0kt
7  COURSE
   0.0°
```

图 4-58 FUSION 菜单

⑤转动滚轮，选择 FUSION TARGET（融合目标），然后按下滚轮。

⑥转动滚轮，选择 ON，然后按滚轮。

⑦输入下面的信息，每次输入数据后按下滚轮（或［MARK ENTER］键）。此信息用来确定要转换的 ARP 目标。

GAP：AIS 目标和 ARP 目标之间的距离。（设置范围：0.000 ~ 0.999 海里）

RANGE（距）：输入从本船到 AIS 目标和 ARP 目标之间的距离差。（设置范围：0.000 ~ 0.999 海里）

BEARING（方位）：输入从本船到 AIS 目标和 ARP 目标之间的方位差。（设置范围：0.0° ~ 9.9°）

SPEED（航速）：输入 AIS 目标和 ARP 目标之间的速度差。（设置范围：0.0 ~ 9.9 节）

COURSE（航向）：输入 AIS 目标和 ARP 目标之间的航向差。（设置范围：0.0° ~ 9.9°）

⑧按三次右按钮关闭菜单。

满足融合标准时，ARP 符号将被清除，只显示 AIS 符号。另外，"ARPA FUSION"在转换时出现在显示屏右下角，ARP 目标号出现在 AIS 符号旁。如果 ARP 目标除了航向之外满足所有的标准，其速度小于 1 节，它便可转换为 AIS 目标。

关于雷达的操作非常多，读者请阅读厂家提供的操作说明书。

【知识拓展】

雷达性能及雷达航标

一、雷达最大探测距离与最大作用距离

雷达探测的最大距离（R_{max}）取决于若干因素，如天线在水线以上的高度，物标的海拔高度、大小、形状和物标材料以及天气条件。在正常天气条件下，最大距离等于雷达地平线或稍短距离如图 4 - 59 示。由于雷达信号具有衍射性，其地平线比光学地平线长 6% 。R_{max} 按下面公式计算。

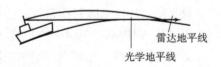

图 4 - 59　雷达探测的最大距离

雷达最大能见地平距离公式为：

$$D_1 = 2.2 \sqrt{h}$$

雷达最大能见物标距离公式为：

$$R_{max} = 2.2(\sqrt{h} + \sqrt{H})$$

式中　R_{max}——雷达的最大探测距离；

　　　h——天线高度（m）（注：高出水面）；

　　　H——物标高度（m）（注：高出水面）。

例如，如果天线高出水线 9 m，且物标高度为 16 m，则雷达最大作用距离为：

$R_{max} = 2.2 \times (\sqrt{9} + \sqrt{16}) = 2.2 \times (3 + 4) = 15.4$ n mile，值得注意的是，探测距离会因降

水（可吸收雷达信号）缩短。

雷达最大探测距离是一个界限值。一台雷达在一定的电波传播条件下，对某一特定的物标，雷达能满足一定发现概率时所能观测的物标最大距离即为该雷达的最大作用距离，用符号 r_{max} 表示。

它除了与雷达天线高度和物标高度有关外，还与下列因素有关。

①雷达发射功率（P_t）：发射功率越大，最大作用距离越大。

②物标有效散射面积（σ_o）：金属比木材反射性能好，圆柱体比其他形状的物标反射性能好，前沿陡峭的物标反射性能好。

③天线增益 G_A 与工作波长（λ）：10 cm 雷达比 3 cm 雷达最大作用距离稍大。

④脉冲重复频率（F）：脉冲重复频率越高，最大作用距离越小。

⑤天线转速 n_A 与脉冲宽度（τ）：脉冲宽度越宽，天线转速越慢，最大作用距离越大。

另外，雷达能见距离还与物标反射能力、大气传播衰减、外界杂波干扰、船舶摇摆等因素有关。

IMO 规定，若 $h = 15$ m，岸线高 60 m，可见距离 20 n mile；5 000 t 的船舶，可见距离 7 n mile；10 m 长的小船，可见距离 3 n mile；10 m^2 的导航浮筒，可见距离 2 n mile。

二、雷达最小作用距离

雷达的最小作用距离是指能在荧光屏上显示的物标最近距离，是表示雷达探测物标最近距离的能力。如图 4 - 60 所示，最小距离也可以理解为最短探测距离，即在此距离，采用 1.5 或 0.75 海里刻度后，回波面积为 10 m^2 的目标仍然显示为独立于表示天线位置的点。

雷达最小作用距离公式为：$r_{min1} = c/2(\tau + \tau')$，其中 τ 为发射脉冲宽度（μs），τ' 为雷达收发开关的恢复时间（$0.1 \sim 0.3$ μs），$c = 3 \times 10^8$ m/s。

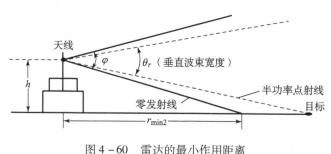

图 4 - 60 雷达的最小作用距离

雷达盲区（blind）是雷达探测不到物标的最小距离范围。在理论上，雷达盲区半径：

$$r_{min2} = h \cot \frac{\varphi}{2}$$

式中，h 为雷达天线高度；φ 为雷达波束垂直面照射角度。

雷达盲区测量：令小艇由船首驶离测定船，当小艇驶离一定距离时其回波刚刚在雷达荧光屏上出现时，小艇回波的距离就是盲区半径；也可令小艇由远处驶向测定船，当小艇在雷达荧光屏上的回波刚刚消失时的距离就是盲区半径。（注：应在船舶空载、半载和满载时分

别测定数次，并分别取平均值，记入雷达日志中）

IMO 规定雷达最小作用距离（r_{min1}），当天线高度 $h = 15$ m 时，5 000 t 的船舶、10 m 长的小船、10 m^2 的浮筒应在 50 m ~ 1 n mile 内清楚地显示。

阴影扇形（shadow sector），雷达天线发射的电磁波，被船舶自身的高大物体遮挡而不能到达反射物体，所以在雷达荧光屏上形成没有物标回波的一片区域。大小与雷达天线高度、天线与遮挡物的距离以及遮挡物的大小、形状、相对高度等有关。

三、假回波（False Echoes）

有时，回波信号出现在屏幕没有目标的位置上，或在有目标时消失。下面介绍一些典型的假回波。

1. 多重回波（Multiple echoes）

发射脉冲从大型船只、桥梁或防波堤等稳固目标返回时就会出现多重回波。如 4 - 61 所示，显示屏上可能会出现第二个、第三个或更多回波，其距离为实际距离的两倍、三倍或更多倍。多重反射回波可以通过降低增益（灵敏度）或正确调整 A/C SEA 控制按钮来减少或消除。

2. 旁波瓣回波（Sidelobe echoes）

每次发射雷达脉冲时，从波束侧边会逸出一些辐射，这种辐射称为"旁波瓣"，如图 4 - 62 所示。如果旁波瓣和主波瓣可同时探测到目标，那么真回波的两侧就会显示相同距离的旁瓣回波。旁波瓣通常只显示短距离和大目标的回波。适当减小增益或正确调整 A/C SEA 控制按钮即可以削弱这些回波。

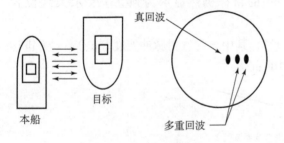

图 4 - 61　多重回波

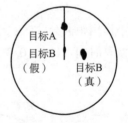

图 4 - 62　旁波瓣回波

3. 虚像（Virtual image）

可能会在屏幕上的两个位置看到靠近本船的同一较大目标。其中之一是目标直接反射的真回波，而另外一个则是假回波，如图 4 - 63 所示，在镜像效应的作用下，船只上或接近船只的大目标会造成假回波。例如，如果船只靠近大的金属桥，在屏幕上可能会临时出现假回波。

4. 阴影区（Shadow sectors）

通风井、烟囱、桅杆或起重架均可阻挡天线信号，从而削弱雷达波束的强度。如果天线的对角大于若干度，就会形成无法探测的盲区。在该区域内无法探测到目标，如图 4 - 64 所示。

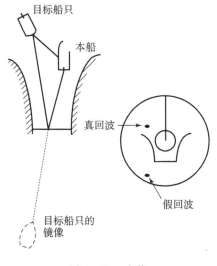

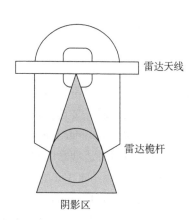

图 4-63　虚像　　　　　　　　　　　　　图 4-64　阴影区

四、雷达航标

为了更有效发挥雷达的作用，在海上固定物标上或海岛或海岸设立专门应用于船舶雷达的无线电收、发设备或提高雷达电磁波反射能力的物体，称为雷达航标。

1. 雷达应答标（radar beacon，RACON）

工作性质：有源被动，平时不工作，当接收到雷达发射的脉冲信号（询问）时，才能启动开始工作。

位置：一般安装在海上重要的孤立物标上（如小岛、平台、浮标等）。

有效距离：最大可达十几海里至几十海里。

信号特征：荧光屏上应答标台架回波点背向扫描中心方向，周期性显示应答标编码符号。

作用：便于识别物标回波，增加雷达有效作用距离，方便精确测量应答标台架回波点的距离和方位。

信号波长：3 cm 和 10 cm 两种，有关资料查阅《无线电信号表》第二卷或《航标表》。

2. 雷达方位信标（radar marker，RAMARK）

工作性质：有源主动，自动发射电磁波，定期连续不断的发射具有一定频率的信号。

位置：海岸、岛屿、港口等处。

有效距离：十几海里至几十海里。

信号特征：雷达荧光屏上显示一条由扫描中心指向雷达方位信标 1°~3°宽的点状线。

作用：增加探测距离；作为识别标志；作为导航标志。

3. 雷达搜救应答标（search and succour radar transponder，SART）

SOLAS 公约规定的所有从事国际航行船舶，必须配备搜救用雷达航标。

工作性质：有源被动专用雷达航标。平时由船舶自行保管，需要时可以人为投放到海面或船舶沉没时随船一起入水漂浮在海面。漂浮在海面上的雷达搜救应答标，当受到周围约 5 n mile 范围内的雷达电磁波脉冲信号询问时，延时约 0.5 μs 后发射应答信号。

工作频率：X 波段，采用水平极化波方式发射。

信号特征：雷达荧光屏上显示从雷达搜救应答标所在位置背向扫描中心方向，由 12 个短划线组成。

作用：帮助搜救人员发现和识别雷达搜救应答标，测量其方位和距离，尽快发现和找到需要救助的船舶、人员等。

4. 雷达反射器（radar reflector）

作用：增强物标反射雷达电磁波的能力，但不发射无线电信号的雷达航标。

分类：①角反射器。②透镜反射器。

5. 雷达救生火箭（radar life saving，rocket 或 radar flare）

作用：用于使用雷达搜救时快速发现小艇、救生艇、救生筏等物标。

使用：人工发射到约 400 m 的高度，3 cm 雷达可在 12 n mile 内发现，回波可显示约 15 min。

6. 回波增幅器（echo enhancers）

作用：增强雷达电磁波的回波能力，安装在小艇上，可在强海浪干扰中被雷达发现。

性质：有源应答标，发射短脉冲。

 【项目考核】

项目考核单

学生姓名		教师姓名	项目四	
技能训练考核内容（60 分）			技能考核标准	得分
1. 雷达系统图、接线图识读（15 分）	图 4 – 16 至图 4 – 21 雷达系统图		能正确识读系统图、接线图，识读错误一处扣 1 分	
	图 4 – 31 的雷达系统接线图			
2. 雷达系统安装接线（15 分）	天线单元的安装		能正确进行设备接线，接错一处扣 2 分	
	收发机的安装			
	显示单元的安装			
3. 雷达基本操作（15 分）	打开电源		能正确进行设备操作，操作错误一次扣 3 分	
	开启发射器			
	熟悉控制单元			
	使用主菜单			
	使用屏幕方框进行的操作			
	使用光标菜单			
	调整监视器亮度			

技能训练考核内容（60分）		技能考核标准	得分
	用电罗经校准船首方向		
	选择显示模式		
	启用性能监视器		
	在雷达显示屏上显示 SART 标记		
	ARPA 操作		
	AIS 操作		
4. 项目报告（10分）		格式标准，内容完整，详细记录项目实施过程、并进行归纳总结，一处不合格扣2分	
5. 职业素养（5分）		工作积极主动、遵守工作纪律、遵守安全操作规程，爱惜设备与器材	
知识巩固测试（40分）		1. 雷达测距基本原理	
		2. 雷达测方位基本原理	
		3. 基本雷达系统组成及各部分作用	
完成日期	年　　月　　日	总分	

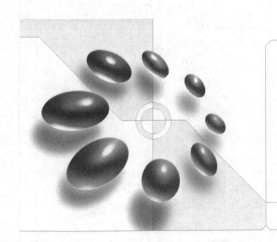

【项目描述】

　　船上装载的最常见的全球定位系统是美国的 GPS（Global Positioning System）。GPS 为船舶提供全天候、高精度、连续、近于实时的三维定位与导航。美国军方和高端用户使用 P 码定位，精度可达 1 m。民船使用 CA 码定位，精度为 20～30 m。目前应用广泛的是差分 GPS，即 DGPS（Differential GPS），它可以将 CA 码接收机的定位精度提高到米级、亚米级甚至是厘米级。

【项目目标】

　　1. 能正确识读全球定位系统的系统图和接线图。
　　2. 能正确安装船舶全球定位系统。
　　3. 会对 GPS 接收机进行操作。

【知识链接】

知识链接1　常见卫星导航定位系统简介

一、美国 GPS

　　GPS 是 NAVSTAR global positioning system 的简称，即导航星全球定位系统。主要作用：

二维定位及二维测速或三维定位及三维测速等。优点：全球、全天候、实时、高精度定位，单机定位精度 10 m，采用差分定位，精度可达厘米级和毫米级。缺陷：不能在水下定位，受人为因素影响大。

GPS 由空间系统（导航卫星）、地面控制系统（地面站）和用户（导航仪）三部分组成的。

1. 导航卫星

①组成：21 颗工作卫星和 3 颗备用卫星。每颗重约 845 kg，圆柱形，直径约 1.5 m，工作寿命约为 5~7 年。

②轨道：6 条圆形轨道，每条轨道上均匀分布 4 颗卫星。如图 5-1 所示，轨道高度 20 183 km，轨道与天赤道（将地球的赤道面无限延伸后和天球相交的大圆圈）交角为 55°。卫星绕地球飞行一周需要约 12 h（约合 720 min）。在地球上任何地点、任何时刻都可以至少看到 5 颗卫星（最多 11 颗），其中至少有 4 颗卫星仰角大于 7.5°。在地球上观测每颗卫星的时间约为 1 h，卫星每天通过地球上同一上空的时间约提前 4 min。

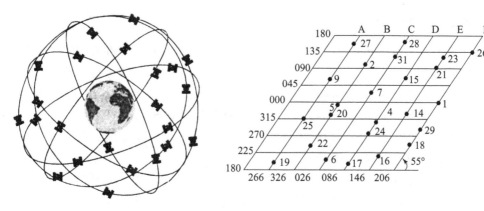

图 5-1　GPS 卫星轨道示意图

③卫星作用：接收来自地面站的信息（此信息包括卫星编号、卫星星历、环境情况、时间飘移量、电离层延迟改正等），向用户发送导航电文（导航信息）。

④导航电文发射：频率 L_1 = 1 575.42 MHz，L_2 = 1 227.60 MHz。以连续编码脉冲信号的形式发射，编码信号为二进制伪随机噪声码，分为 CA 码（CA-clear acquisition）和 P 码（P-precision）两种。CA 码，粗码，速率 1.023 MHz，周期为 1 ms，短周期低速率，比较容易捕捉。P 码，精码，速率 10.23 MHz，周期约为 7 天，长周期快速码，不容易捕捉。

⑤导航电文内容：卫星状态、卫星星历、电离层传播修正参数、卫星时钟偏差修正参数和时间等。

⑥GPS 时间：GPS 卫星时间系统采用的时间基准，以主控站的高精度原子钟作为时间基准。

2. 地面站

一份完整的历书分布在 25 帧里，时间为 12.5 min，因此 GPS 导航仪收集一份完整的卫星历书需要 12.5 min。当 GPS 导航仪初次开机时，至少需要 12.5 min 后才能具有卫星预报功能。

GPS 的地面站分为主控站、监测站（跟踪站）、注入站。

①主控站：1 个，美国科罗拉多州的斯普林斯综合航天中心。作用：控制所有地面站的工作；产生 GPS 的标准时间信号；编制卫星星历、轨道参数、电离层延时改正、更新卫星等。

②监测站：5 个，科罗拉多的斯普林斯、太平洋的夏威夷、马绍尔群岛的夸贾林岛、印度洋的迪戈加西亚岛、南大西洋的阿森松岛。作用：跟踪每一颗卫星，收集卫星数据，送到主控站。

③注入站：4 个，美国的科得角、南大西洋的阿森松岛、太平洋的夸贾林岛和印度洋的迪戈加西亚岛。作用：每隔 8 小时向每颗卫星注入一次新的导航信息。

3. GPS 导航仪

按其功能分为 Z 型导航仪、Y 型导航仪和 X 型导航仪。Z 型，只能接收 CA 码信号，适用于速度较慢的民用船舶；Y 型，接收 CA 码和 P 码信号，适用于航空和军用船舶；X 型，接收 CA 码和 P 码信号，适用于军用飞机和船舶。

二、中国北斗导航系统

北斗卫星导航系统（BeiDou Navigation Satellite System）是中国正在实施的自主发展、独立运行的全球卫星导航系统。北斗卫星导航系统简称北斗系统，英文缩写为 BDS，北斗卫星导航系统致力于向全球用户提供高质量的定位、导航和授时服务，包括开放服务和授权服务两种方式。开放服务是向全球免费提供定位、测速和授时服务，定位精度 10 m，测速精度 0.2 m/s，授时精度 10 纳秒。授权服务是为有高精度、高可靠卫星导航需求的用户，提供定位、测速、授时和通信服务以及系统完好性信息。

北斗卫星导航系统由空间段、地面段和用户段三部分组成。系统建成后，空间段包括 5 颗静止轨道卫星和 30 颗非静止轨道卫星，地面段包括主控站、注入站和监测站等若干个地面站，用户段包括北斗用户终端以及与其他卫星导航系统兼容的终端。

1. 北斗空间星座

空间星座由 5 颗地球静止轨道（GEO）卫星、27 颗中圆地球轨道（MEO）卫星和 3 颗倾斜地球同步轨道（IGSO）卫星组成。GEO 卫星轨道高度 35 786 km，分别定点于东经 58.75°、80°、110.5°、140°和 160°；MEO 卫星轨道高度 21 528 km，轨道倾角 55°；IGSO 卫星轨道高度 35 786 km，轨道倾角 55°。

截止到 2012 年底，在轨工作卫星有 5 颗地球静止轨道卫星、4 颗中圆地球轨道卫星和 5 颗倾斜地球同步轨道卫星。

组成北斗星座的 3 种卫星是有区别的：地球静止轨道卫星具备有源、无源、短报文通信 3 种服务功能，而中圆轨道卫星和倾斜地球同步轨道卫星只具有无源定位、导航和授时功能。星座中由于有了地球静止轨道卫星，才保证了有源定位、导航和授时服务，以及短报文通信和位置报告功能。

2. 北斗坐标系统

北斗系统采用 2000 中国大地坐标系（CGCS2000）。CGCS2000 大地坐标系的定义如下：原点位于地球质心；Z 轴指向国际地球自转服务组织（IERS）定义的参考极（IRP）方向；X 轴为 IERS 定义的参考子午面（IRM）与通过原点且同 Z 轴正交的赤道面的交线；Y 轴与

Z、X 轴构成右手直角坐标系。

3. 北斗时间系统

北斗系统的时间基准为北斗时（BDT）。BDT 采用国际单位制（SI）秒为基本单位连续累计，不闰秒，起始历元为 2006 年 1 月 1 日协调世界时（UTC）00 时 00 分 00 秒，采用周和周内秒计数。BDT 通过 UTC（NTSC）与国际 UTC 建立联系，BDT 与 UTC 的偏差保持在 100 纳秒以内。BDT 与 UTC 之间的闰秒信息在导航电文中播报。

4. 北斗信号规范

B_1 信号由 I、Q 两个支路的"测距码 + 导航电文"正交调制在载波上构成。B_{1I}（公开服务信号）信号的标称载波频率为 1 561.098 MHz。卫星发射信号采用正交相移键控（QPSK）调制。卫星发射信号为右旋圆极化（RHCP）。

当卫星仰角大于 5°，在地球表面附近的接收机右旋圆极化天线为 0 dB 增益时，卫星发射的导航信号到达接收机天线输出端的 I 支路最小保证电平为 -163 dBW。信号复用方式为码分多址（CDMA）。

5. 北斗导航电文

根据速率和结构不同，导航电文分为 D_1 导航电文和 D_2 导航电文。D_1 导航电文速率为 50 bps，并调制有速率为 1 kbps 的二次编码，内容包含基本导航信息（本卫星基本导航信息、全部卫星历书信息、与其他系统时间同步信息）；D_2 导航电文速率为 500 bps，内容包含基本导航信息和增强服务信息（北斗系统的差分及完好性信息和格网点电离层信息）。

MEO/IGSO 卫星的 B_{1I} 信号播发 D_1 导航电文，GEO 卫星的 B_{1I} 信号播发 D_2 导航电文。

6. 北斗导航系统的发展历程

北斗建设分"三步走"：先建立试验系统，再实施区域服务，最后建立全球网络。

①1994 年北斗卫星导航系统工程启动。在此之前，进行了历时 8 年的理论推演和重大专项实验等前期论证工作。

②2003 年完成试验。

2000 年 10 月，试验系统第一颗卫星被送入轨道。2003 年 5 月，第三颗北斗卫星成功发射，这是一颗备份卫星。这三颗卫星组成完整的试验系统。至此中国成为继美国、俄罗斯之后，世界上第三个拥有自主卫星导航系统的国家。

③2012 年完成亚太组网。

2005 年，北斗卫星导航系统工程项目启动，这是一个由 5 颗静止轨道卫星和 30 颗非静止轨道卫星组成的庞大卫星网络。2007 年 4 月，第一颗北斗卫星导航系统卫星成功发射。从此，北斗卫星开始了高密度发射。尤其是 2010 年以来，保持了每年 4 颗左右的发射频率。从 2011 年 12 月 27 日起，北斗向中国及周边地区提供连续的导航定位和授时服务。此时，北斗卫星导航系统的在轨卫星已经有 10 颗。2012 年 10 月 25 日 23 时 33 分，我国在西昌卫星发射中心用"长征三号丙"运载火箭，成功将第十六颗北斗导航卫星发射升空并送入预定转移轨道。这是一颗地球静止轨道卫星，与先期发射的十五颗北斗导航卫星组网运行，形成覆盖亚太地区的区域服务能力。根据计划，北斗卫星导航系统于 2013 年初向亚太大部分地区提供正式服务。覆盖区内定位精度达到 10 m。这张覆盖亚太地区的导航网络将覆盖东亚、东南亚、南亚、澳大利亚、西太平洋以及部分西亚地区。

④2020 年左右完成全球覆盖。

2020 年建成由 5 颗静止轨道和 30 颗非静止轨道卫星组成的网络，开展全球定位、导航、授时服务及区域增强服务。

目前，国内近 10 万艘出海渔船上，安装了北斗导航，它不仅可以为船只导航，还可以通过北斗独有的短报文技术，报告船只位置。短报文是北斗导航系统的一个特色；北斗的短报文每条可发送 120 个汉字，通过 GPS，用户只能知道"自己在哪"，但是通过北斗，用户还能让别人知道"自己在哪"。北斗正式运行后，短报文通信的服务功能将覆盖中国大陆及周边地区。

三、俄罗斯 GLONASS

GLONASS 是 global navigation satellite system 的缩写，是原苏联于 1978 年开始研制的卫星导航系统。该系统由空间卫星网、地面站和用户三部分组成。

1. 卫星网

格洛纳斯星座卫星由中轨道的 24 颗卫星组成，分布于 3 个圆形轨道面上，轨道高度 19 100 km，倾角 64.8°，卫星运行周期 11 h 50 min。格洛纳斯系统使用频分多址（FDMA）的方式，每颗格洛纳斯卫星广播两种信号，L_1 和 L_2 信号。具体地说，频率分别为 $L_1 = 1\ 602 + 0.562\ 5 * k(MHz)$ 和 $L_2 = 1\ 246 + 0.437\ 5 * k(MHz)$，其中 k 为 1～24 为每颗卫星的频率编号，同一颗卫星满足 $L_1/L_2 = 9/7$。GLONASS 使用前苏联地心坐标系（PE-90），在时间标准上 GLONASS 则与莫斯科标准时相关联，已经于 2011 年 1 月 1 日在全球正式运行。根据俄罗斯联邦太空署信息中心提供的数据（2012 年 10 月 10 日），目前有 24 颗卫星正常工作、3 颗维修中、3 颗备用、1 颗测试中。随着地面设施的发展，"格洛纳斯"系统预计将在 2015 年完全建成。届时，其定位和导航误差范围将从目前的 5～6 m 缩小为 1 m 左右。

GLONASS 可用于三维（二维）定位、测速等，平面定位精度为 10～15 m，垂直高度精度约为 36 m，测速精度 0.01 m/s。

2. 地面支持系统

地面支持系统由系统控制中心、中央同步器、遥测遥控站（含激光跟踪站）和外场导航控制设备组成。地面支持系统的功能由苏联境内的许多场地来完成。随着苏联的解体，GLONASS 系统由俄罗斯航天局管理，地面支持段已经减少到只有俄罗斯境内的场地了，系统控制中心和中央同步处理器位于莫斯科，遥测遥控站位于圣彼得堡、捷尔诺波尔、埃尼谢斯克和共青城。

3. 用户设备

GLONASS 用户设备（即接收机）能接收卫星发射的导航信号，并测量其伪距和伪距变化率，同时从卫星信号中提取并处理导航电文。接收机处理器对上述数据进行处理并计算出用户所在的位置、速度和时间信息。GLONASS 系统提供军用和民用两种服务。

四、欧洲 Galileo 卫星导航系统

伽利略卫星导航系统（Galileo satellite navigation system），是由欧盟研制和建立的全球卫星导航定位系统，该计划于 1999 年 2 月由欧洲委员会公布，欧洲委员会和欧空局共同负责。

1. 卫星

系统由 30 颗卫星组成，其中 27 颗工作星，3 颗备份星。卫星分布在 3 个中地球轨道（MEO）上，轨道高度为 23 616 km，轨道倾角 56°。每个轨道上部署 9 颗工作星和 1 颗备份星，某颗工作星失效后，备份星将迅速进入工作位置，替代其工作，而失效星将被转移到高于正常轨道 300 km 的轨道上。

2. 地面系统

"伽利略"系统的地面系统部分主要由 2 个位于欧洲的"伽利略"控制中心（GCC）和 20 个分布全球的"伽利略"敏感器站（GSS）组成，另外还有用于进行控制中心与卫星之间数据交换的分布全球的 5 个 S 波段上行站和 10 个 C 波段上行站。控制中心与敏感器站之间通过冗余通信网络相连。

3. 用户

用户端主要就是用户接收机及其等同产品，伽利略系统考虑将与 GPS、GLONASS 的导航信号一起组成复合型卫星导航系统，因此用户接收机将是多用途、兼容性接收机。

4. 服务

"伽利略"系统按不同用户层次分为免费服务和有偿服务两种级别，免费服务包括：提供 L_1 频率基本公共服务，预计定位精度为 10 m；有偿服务包括：提供附加的 L_2 或 L_3 信号，可为民航等用户提供高可靠性、完好性和高精度的信号服务。

知识链接 2　GPS 导航定位原理

一、GPS 导航定位基本原理

GPS 是一种测距定位系统，GPS 卫导仪接收其视野内卫星的导航信号，从中获得卫星星历、时钟校正参量、大气校正参量等数据，并且测量卫星信号的传播延时和多普勒频移。根据卫星星历计算出卫星发射信号时的位置；根据卫星信号的传播延时计算出卫星与用户的"距离"；根据卫星信号的传播延时、多普勒频移计算出用户的三维运动速度。若用户时钟无偏差，利用 3 颗卫星，用户就可以得到以卫星为球心，以卫星到用户的距离为半径的三个球面，它们的交点就是用户的三维空间位置。但一般用户无精确的时钟，需要用第 4 颗卫星来估算出用户时钟偏差。因此，用户位置方程应包含三维空间位置和用户时钟偏差。

GPS 卫导仪可以同时接收 4 颗以上卫星信号，也可用一个接收通道按时序依次选择不同卫星信号进行定位。由于卫导仪时钟、卫星钟和信号传播（电离层和对流层折射传播）误差，使卫导仪测得的距离不是用户到卫星的真实距离，称为"伪距离"。从卫星的导航信号中可以提取时钟校正参量修正卫星时钟偏差，提取大气修正参量部分地校正对流层折射误差，用卫星发射的 L_1 和 L_2 两种频率信号可以修正电离层折射误差。

卫导仪处理接收到的 GPS 信号，可以使用伪距法（或称码相位测量法或码相关法）、多普勒法、载波相位法和干涉法进行导航定位。目前大多数卫导仪都采用伪距法，直接接收在其视野内 4 颗以上卫星信号，自动地优选 4 颗卫星，将卫导仪产生的伪码与卫星发射码进行比较，求得用户到卫星的伪距离进行定位。

用户测得第 i 颗卫星的伪距离 PR_i 的表达式为：

$$PR_i = R_i + C\Delta t_u + C(\Delta t_{Ai} - \Delta t_{Si}) \tag{5-1}$$

式中，伪距离 PR_i 由测量得到。Δt_{Ai} 为卫星信号传播延时误差；Δt_{Si} 为第 i 颗卫星钟与 GPS 系统时钟误差；Δt_{Ai} 和 Δt_{Si} 可利用双频接收和电文校正参量予以校正。C 为电磁波的传播速度，是常数；Δt_u 为用户钟误差，是未知量；R_i 为用户到第 i 颗卫星的真实距离，其表达式为

$$R_i = \left[(X - x_i)^2 + (Y - y_i)^2 + (Z - z_i)^2 \right]^{\frac{1}{2}} \tag{5-2}$$

式中，(x_i, y_i, z_i) 为从卫星电文中获得的第颗卫星的位置；(X, Y, Z) 即为所求的卫导仪的地理位置。

将式（5-2）代入式（5-1），得

$$PR_i = \left[(X - x_i)^2 + (Y - y_i)^2 + (Z - z_i)^2 \right]^{\frac{1}{2}} + C\Delta t_u + C(\Delta t_{Ai} - \Delta t_{Si}) \tag{5-3}$$

式中共有 4 个未知数，也就是说，只要测得 4 颗卫星的伪距，得到 4 个伪距离方程，便可以求出卫导仪的时钟偏差和所在地理位置。

二、差分 GPS 导航定位基本原理

差分 GPS 就是首先利用已知精确三维坐标的差分 GPS 基准台，求得伪距修正量或位置修正量，再将这个修正量实时或事后发送给用户（GPS 导航仪），对用户的测量数据进行修正，以提高 GPS 定位精度。它由 GPS 卫星网、基准台、数据链（通讯链）及用户组成。

1. DGPS 工作原理

DGPS 基准台用 GPS 接收机接收 GPS 卫星发射的导航信息，测量基准台的位置，与已知位置比较计算出误差（伪距或位置修正值），经数据链播发给 DGPS 用户。数据链即 DGPS 导航电文通讯链，以固定的格式向用户播发 DGPS 修正信息，对用户计算出的位置进行修正，以获得高精度定位。

2. DGPS 分类

DGPS 根据修正数据的处理方法可分为位置 DGPS、伪距 DGPS、相位平滑伪距 DGPS、载波相位 DGPS、广域 DGPS 和广域增强系统。

（1）位置 DGPS

根据已知 DGPS 基准台精确的位置坐标与 DGPS 基准台测量的位置坐标求得的差称为位置修正值。差分 GPS 基准台把位置修正值（ΔX，ΔY，ΔZ），位置修正值变化率（$\Delta \dot{X}$，$\Delta \dot{Y}$，$\Delta \dot{Z}$）及卫星的星历数据龄期 AODE 用上行数据通信播发给作用区域内的所有用户，由用户对其位置进行修正；或者用户用下行数据通信传输它的未校正位置数据和它选用的卫星星组，由基准台计算每个用户的位置修正值，并用上行数据通信将校正后的定位数据传输给用户。这种方法要求 GPS 基准台与用户 GPS 卫星导航仪必须同步观测相同的卫星，若有一颗卫星不同，将会产生几十米的定位误差。

（2）伪距 DGPS

基准台将每颗卫星的伪距修正值、伪距修正值变化率和星历数据龄期 AODE 用上行数据播发给作用区内的所有用户，用户 DGPS 导航仪接收到此信号后，对其观测值进行修正，最后利用改正后的伪距求出用户的位置；或者用户用下行数据传输它的未校正的伪距测量数据

和它选用的卫星星组，由基准台修正每一用户的测量值，并用上行数据通信将校正后的测量值传输给用户。伪距 DGPS 定位精度可达 3～10 m。

（3）相位平滑伪距 DGPS

GPS 导航仪除了提供 CA 码伪距观测值之外，还可以提供多普勒计数或载波相位。由于载波相位观测精度比伪距测量精度高，利用多普勒计数或载波相位辅助伪距测量可以提高测量精度，相位平滑伪距 DGPS 可使定位精度提高到厘米级。

（4）载波相位 DGPS

载波相位 DGPS 又称为 RTK（real time kinematic）技术，是将 DGPS 基准台载波相位观测值和坐标信号一起传送到用户。然后，用户将自己接收到的卫星载波相位观测值与 GPS 基准台传送来的载波相位观测值一起处理，实时定位精度可达到厘米级。

（5）广域 DGPS

广域 DGPS（WADGPS）是在一定区域设立若干个 DGPS 基准台，与一个或多个主控台组网。主控台接收来自各监测台的 DGPS 修正信号，经过处理组合后，形成在扩展区域内的有效 DGPS 修正电文，再通过卫星通信线路或无线电数据链，将修正信号发送给用户。这样就形成了广域 DGPS。

（6）广域增强系统（WAAS）

广域 DGPS 增强系统，是在卫星上加载 L 波段转发器，实施导航重叠和广域增强电文广播，广播类 GPS 信号，向用户提供附加测距信息、广域 DGPS 改正信息、改善航行安全的完善性信息，进行广泛区域的 DGPS 定位与导航。广域增强系统由 GPS 多功能测量网、主控台和数据链组成。

3. DGPS 基准台

DGPS 基准台跟踪所有视界以内的卫星，精确测量伪距和载波相位，产生差分修正数据，并格式化为标准的信号格式，经调制后播发给用户。DGPS 基准台由接收机部分、数据处理部分和发射机部分组成。

4. DGPS 无线电信标

发射包含 DGPS 数据的无线电信标称为差分 GPS 无线电信标。差分 GPS 无线电信标具有准确的地理位置，发射无线电测向信号和差分 GPS 数据信号。差分 GPS 无线电信标由差分 GPS 基准台、完善性监测器、发射机和计算机组成。

5. GPS 伪卫星

GPS 伪卫星是类似于 GPS 卫星的固定基准台，发射频率为 1 575.42 MHz，由 50 bit/s 的数据和 1.023×10^6 码位/s 的 CA 码进行调制，数据格式与 GPS 卫星数据格式兼容，并且提供距离和修正信息，看起来像一颗"GPS 卫星"，称为 GPS 伪卫星。GPS 伪卫星的时间与 GPS 卫星时间同步。在需要高精度定位的地方，于精确知道位置的地点建立伪卫星站，发射 GPS 伪距卫星信号。和差分 GPS 基准台一样，伪卫星用 GPS 卫星导航仪接收 GPS 信号，计算伪距离校正量等信息，并发射类似的 GPS 信号，改善 GPS 卫星的配置，提高局部区域的定位精度。

知识链接3　GPS 系统介绍

一、GPS 系统的组成

GPS 系统主要包括 DGPS 显示单元（如图 5 - 2 所示），天线单元（如图 5 - 3 所示）、信号分配器（如图 5 - 4 所示）、打印机、电源等。

图 5 - 2　DGPS 显示单元（GP - 150 Display Unit）

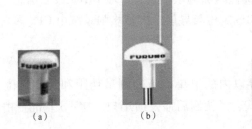

(a)　　　　　　　(b)　　　　　　　(c)

图 5 - 3　DGPS 天线单元（DGPS Antenna）

(a) GPA - 017S；(b) GPA - 018S；(c) GPA - 019S

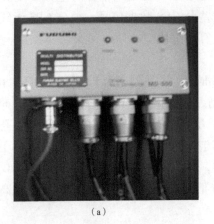 

(a)　　　　　　　　　　　　　　(b)

图 5 - 4　DGPS 信号分配器（DGPS Distribution）

(a) Distribution MD - 500；(b) Multi - Distributor IF - 2300

二、识读船舶全球定位系统图

1. GPS 系统设备清单（EQUIPMENT LISTS）

FURUNO GP-150 标配（Standards）清单如表 5-1 所示。

表 5-1　GPS 系统标配清单

Name 名称	Type 型号	Qty 数量	Remarks 说明
天线单元 Antenna Unit	GPA-017S	1	For DGPS 适用于 DGPS
	GPA-018S		
	GPA-019S		
显示单元 Display Unit	GP-150-E-N	1	无航标 Without Beacon RX
	GP-150-E-A		带航标 With Beacon RX
安装材料 Installation Materials	CP20-01900	1 套 1 set	带天线 With Antenna Cable
	CP20-01950		无天线 Without Antenna Cable
附件 Accessories	FP20-01100	1 套 1 set	
备用部分 Spare Parts	SP20-00500	1 套 1 set	

2. 全球定位仪系统图识读

下面以某船厂 30 万吨全球定位仪系统为例进行介绍。

封面页和第 2 页的图纸履历已经省略。图 5-5 是该系统图的第 3 页。此页第 2 列详细说明了系统中的设备或单元名称，第 1 列为后续图纸中对此设备或单元的代号，第 3 列是设备或单元的数量，第 4 列为设备或单元的规格型号，第 5 列的附注为设备的提供厂家。

图 5-6 是图纸的第 5 页，给出了 DGPS 与其他系统之间的关系。通过安装在驾控台里面的 DGPS NMEA 信号分配器把位置信号传到了 S 波段雷达、X 波段雷达、电罗经系统、自动识别系统、测深仪、航行数据记录仪和无线电组合台。

图 5-7 是图纸的第 4 页，具体说明了该系统内部各单元之间的关系。该船安装了 2 个 DGPS 显示单元，一台嵌装在驾控台上，一台为台式放置在海图桌上。每个显示单元配置一副天线，安装在罗经甲板上，接收到的信号除了在显示单元上显示外，还通过信号分配器传送到其他系统。电源来自驾控台的航行分电箱和无线电组合台处的直流电。

全球定位仪系统图 GPS SYSTEM DIAGRAM			416 – 653 – 001	共 5 页 TOTAL SHEETS 5	第 3 页 SHEET 3
17					
16					
15					
14					
13					
12					
11					
10					
9	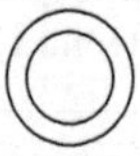 ◎	接线盒 JUNCTION BOX	1	JXS401 AC220V 10A IP56	XX 电气设备有限公司 XX ELECTRIC
8	TB	接线排 CONNECTION TERMINAL（IN BCC）	1		
7	PU1 DGPS PU2 DGPS	电源装置 POWER SUPPLY UNIT			
6	PRT DGPS	DGPS 打印机 DGPS PRINTER UNIT	1	P&E G5	
5	DB DGPS	DGPS NMEA 信号分配器 DGPS NMEA DISTRIBUTOR	1	RZ – 255	
4	2DGPS	2 号 DGPS 显示单元（嵌入式安装） NO. 2 DGPS DISPLAY UNIT（FLUSH MOUNTING）	1	GP – 150	设备厂成套提供 SUPPLIED BY FURUNO
3	1DGPS	1 号 DGPS 显示单元（台式安装） NO. 1 DGPS DISPLAY UNIT（DESK MOUNTING）	1	GP – 150	
2	W13	2 号 DGPS 天线及接收机 NO. 2 ANTENNA WITH DGPS RECEIVER	1	GPA – 018S	
1	W12	1 号 DGPS 天线及接收机 NO. 1 ANTENNA WITH DGPS RECEIVER	1	GPA – 018S	
序号 Ser No.	代号 Code No.	名称 Description	数量 Qty	规格型号 Spec Type	附注 Remarks

图 5 – 5　全球定位系统图中的设备或单元

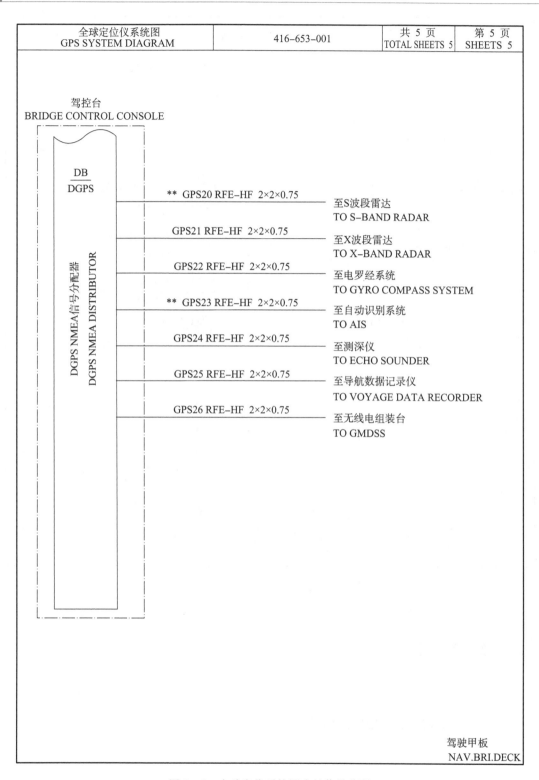

图 5-6　全球定位系统图中的信号分配

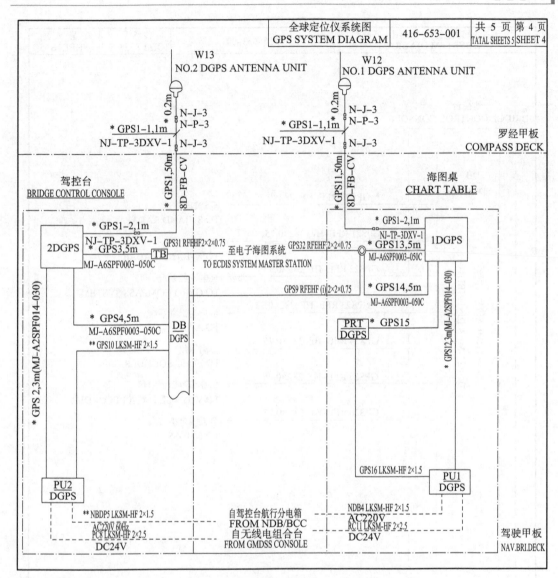

图 5-7 全球定位系统内部单元互联

任务 1 GPS 的安装

一、GPS 天线的安装（Mounting of GPS antenna）

现在新造船上一般来说都安装有两台 GPS。由于 GPS 的船位等信号输出到船上的很多设备，并且是很重要的信号，所以往往有 GPS 信号输出切换。出于安全考虑，如两台 GPS 的天线之间距离很远，如在 GPS 船位信号切换时会导致在雷达、AIS、电子海图等仪器上会有较大的偏差，存在不安全因素。故建议将两台 GPS 的天线安装在附近。

GPS 天线安装应避免被大桅、卫星通信天线等阻挡，不要安装在雷达垂直波束之内，与 VHF 等鞭状天线的距离应大于 1 m，与中、高频发射天线的距离应大于 4 m，与卫星通信天线的距离应大于 5 m。GPS 天线接头处应包扎好，防潮，防漏水。天线高频电缆尽可能短并远离其他发射天线，勿与其他导线混在一起。

GPS 天线安装主要注意事项如下：

①使用天线金属配件，稳固地安装在天线杆上。

②同轴电缆插头的连接部分要使用自溶胶带和乙烯树脂胶带进行防水处理。

③同轴电缆缠绕成环状时，直径要设定在 200 mm 以上，以免芯线折断。

④为降低干扰和提高灵敏度，带鞭状天线的 GPS 天线（GPA – 18/018S）必须接地。

GPS 的 GPA – 18/018S 天线安装图解如图 5 – 8 和图 5 – 9 所示，具体的胶带缠绕方法、防水处理方法以及连接器的装配方法等要按照厂家的安装手册进行。

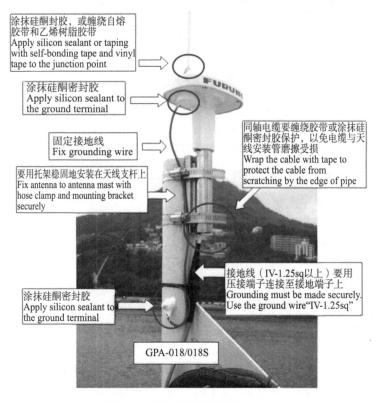

图 5 – 8　GPS 天线安装图解（一）

二、GPS 显示单元的安装（Mounting of GPS Display unit）

1. 安装注意事项

GPS 显示单元根据船东和设计的基本要求可以台式放置，也可嵌入安装，但无论怎样都应符合下列基本条件：

图 5 - 9　GPS 天线安装图解（二）

插头的防水处理　首先以 1/2 带宽叠压缠绕 2 层自熔胶带，在其上面，以 1/2 带宽叠压再缠绕 2 层乙烯树脂胶带，进行防水处理。乙烯树脂胶带缠绕末端要用扎带捆绑，进行固定。

①安装时要远离排气管道和通风孔；

②安装位置要通风良好；

③安装场所的振动要尽量小；

④远离产生电磁场的设备，如电动机、发电机等；

⑤留出足够的维护保养空间，电缆要有足够的松弛度以便进行维修。

2. 安装方式和步骤

GPS 显示单元可以安装在桌面上（TABLE TOP Mounting），也可以安装在船舱顶板上（OVERHEAD Mounting），还可以采用嵌入式安装（FLUSH Mounting）。安装方式图如图 5 - 10 所示。

当嵌入式安装时需要选用配件：F 型（FLUSH Mount Kit F, Type：OP20 - 25, Code No. 004 - 393 - 280）或 S 型（Flush Mount Kit S, Type：OP20 - 24, Code No. 004 - 393 - 000）。嵌入式安装具体步骤如下：

①在安装位置准备一个安装孔，尺寸为：242(W) × 152(H) mm。

②将显示单元插入孔中。

③用两个六角螺栓（M6 × 12）和两个弹簧垫圈将安装金属板与显示单元连接在一起。

④将翼形螺母拧到翼形螺栓上。

⑤拧紧翼形螺栓固定显示单元，然后拧紧螺母。

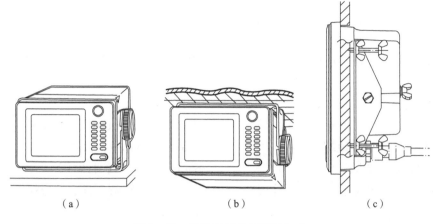

图 5 - 10　GPS 显示单元安装方式

(a) TABLE TOP；(b) OVERHEAD；(c) FLUSH

3. 显示单元的电缆连接

显示单元的电缆连接图如图 5 - 11 所示。说明如下：

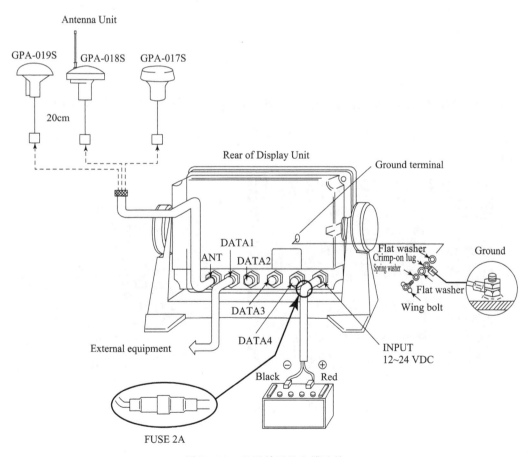

图 5 - 11　显示单元的电缆连接

①接地导线应是 1.25sq（注：mm²）或更大并尽可能的短。

②DATA1、DATA2、DATA3 接口用来连接外部设备，例如自动驾驶仪、远程显示器、导航设备等。具体连接方法见 5－15 接线图所示。

③DATA4 接口用来连接 NMEA 设备、PC 或者 DGPS 无线电信标接收机，接法如图 5－12 所示。

④部分英文含义如下：

Antenna Unit：天线单元   Rear of Display Uni：显示单元的后部

Ground terminal：接地端子   External equipment：外部设备

Flat washer：平垫圈   Spring washer：弹性垫圈

Crimp-on lug：接线垫片，卷曲耳柄   Wing bolt：蝶形螺栓，翼形螺栓

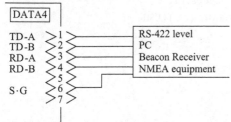
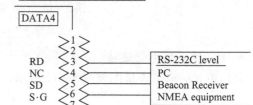

图 5－12　DATA4 接口的连接

三、GPS NMEA 信号分配器的安装 （Mounting of GPS Multi-Distributor）

信号分配器种类较多，常见的信号分配器安装情况如图 5－13 所示。安装时要按照设备说明书进行。

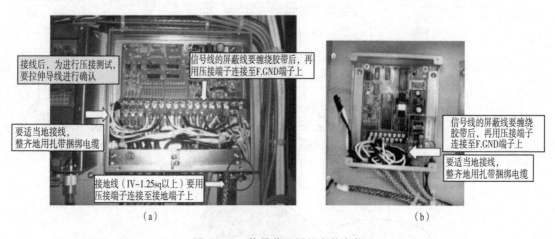

（a）　　　　　　　　　　　　　　（b）

图 5－13　信号分配器的安装实例

（a）MD－550 的安装；（b）IF－2300 的安装

四、识读全球定位系统接线图（GP-150）

GPS 设备厂家的系统接线图如图 5-14 所示。

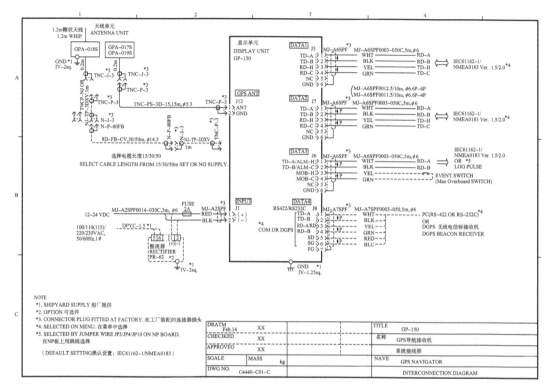

图 5-14　GPS 设备厂家的系统接线图

造船厂在进行施工之前设计部门根据建造规范、船东的要求、设备或系统的安装手册等详细设计出系统接线图。下面就是某造船厂全球定位系统的接线图，如图 5-15 所示，封面和设备说明页已省略。（注：图中符号解释请参见前三个项目。）

五、初始化设置（INITIAL SETTINGS）

1. 熟悉控制面板

图 5-16 是 GP-150 的控制面板，简单说明如下：

最上面是游标小键盘，用来移动光标和显示结果。

MENU ESC：打开或关闭菜单；退出现在的操作。

NU/CU ENT：选择显示方向；注册菜单上的选项。

DISPLAY SEL：选择显示模式。

WPT RTE：记录航路点和航线。

MARK：在显示上做标记。

ZOOM IN：放大。

CENTER：使船或光标的位置居中。

TONE：调整显示的对比度和亮度；改变经纬坐标。

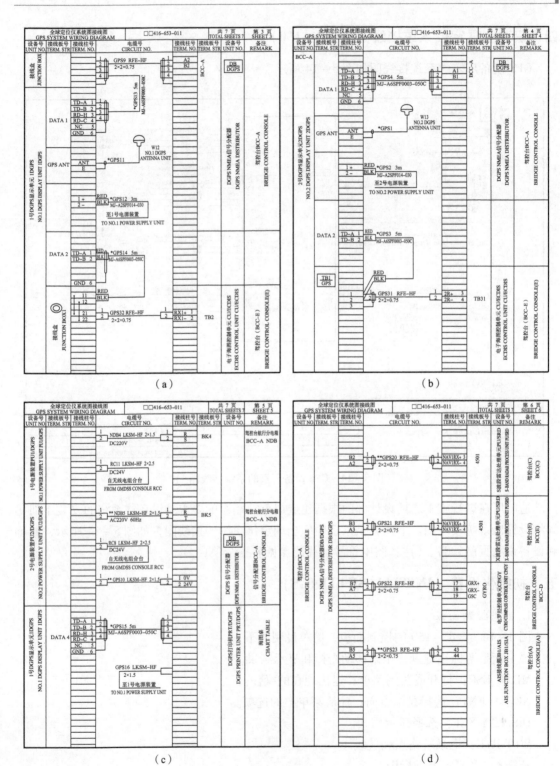

图 5-15 全球定位系统接线图

(a) 第 3 页；(b) 第 4 页；(c) 第 5 页；(d) 第 6 页

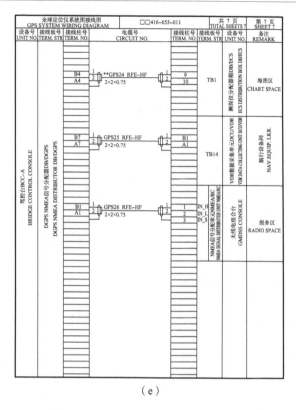

（e）

图 5 - 15　全球定位系统接线图（续）

（e）第 7 页

EVENT MOB：记录船舶重大事件位置；记录人落水位置。

GOTO：设定目的地或转向目标。

PLOT ON/OFF：把记录或标绘的船舶航迹显示/关掉。

ZOOM OUT：缩小。

CURSOR ON/OFF：打开/关掉游标。

CLEAR：删除航路点和标记；清除错误数据；关闭有声报警。

POWER：打开/关闭电源。

2. 初始化操作

（1）检查设备操作运行情况（Checking Operation）

首先打开电源，设备启动后，出现如图 5 - 17 所示画面，按 MENU ESC，再按 8 和 1，确认程序存储器（PROGRAM MEMORY）、静态存储器（SRAM）、内置电池（Internal Battery）、GPS 和无线电信标（BEACON）都是正常完好的。

（2）DGPS 设置（DGPS Setup）

DGPS 设置模式有自动和手动两种，默认模式为手动。GPS - 150 能自动选择最合适的基准台（或称为基站）（reference station）。如果在自动模式（automatic mode）下确定 DGPS 的位置超过了 5 分钟，就转为手动模式（manual mode）。当外部无线电信标接收机（external beacon receiver）没有基准台选择的自动功能时，使用手动模式。

对于两种模式的讲解用英文进行。图 5 - 18 是 DGPS 设置菜单。

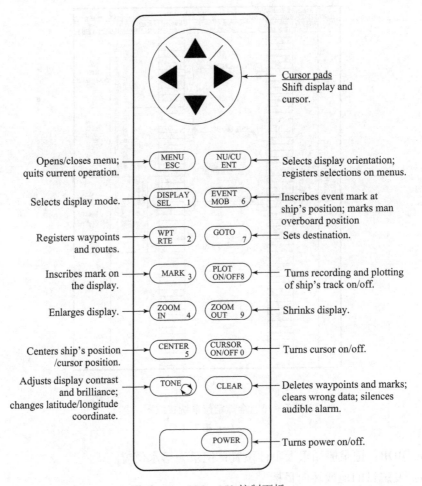

图 5 - 16   GPS - 150 控制面板

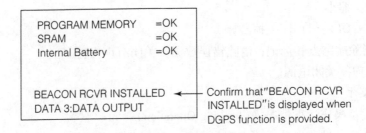

图 5 - 17   设备启动中的自检显示（Self-test display at equipment start up）

①自动设置（Automatic DGPS setup）。

a. Press（按下）MENU ESC, 9 and 7 to display（显示）the WAAS/DGPS SETUP menu（菜单）.

b. Press ▲ or ▼ to select（选择）MODE and press ◄ to select INT BEACON（整体无线电信标）.

c. Press ▲ or ▼ to select DGPS Station.

d. Press ◄ to select Auto.

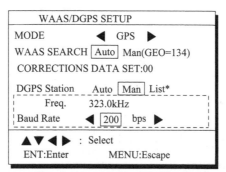

图 5 - 18　DGPS 设置菜单（DGPS SETUP menu）

e. Press the NU/CU ENT key.

f. Press the MENU ESC key.

②手动设置（Manual DGPS setup）。

a. Press MENU ESC, 9 and 7 to display the WAAS/DGPS SETUP menu.

b. Press ▲ or ▼ to select MODE and press ◀ to select INT BEACON.

c. Press ▲ or ▼ to select Ref. Station.

d. Press ▶ to select Man.

e. Press ▼ to select Freq.

f. Enter frequency（频率）in four digits（283.5 kHz to 325.0 kHz）.

g. Press the NU/CU ENT key.“Baud Rate”（波特率）appears（出现）in reverse video（反白显示）.

h. Press ◀ or ▶ to select baud rate：25、50、100 or 200 bps.

i. Press the MENU ESC key.

（3）DGPS 操作检查

如图 5 - 19 所示。

①Press MENU ESC and 7.

②Press ↺ several times（几次，数次）to display the following.

部分英文含义解释如下：

最上面的 U 表示时间为协调世界时 UTC，若为 J 即为日本标准时间 JST，若为 S 则为船时 Ship's time。

D3D 表示差分 GPS 三维定位（常见的定位方式英文缩写有：2D 二维定位；3D 三维定位；D2D 差分 GPS 二维定位；D3D 差分 GPS 三维定位；W2D 广域二维定位；W3D 广域三维定位）。

INTEGRITY STATUS：完整的状态

signal strength：信号强度

signal to noise ratio：信噪比

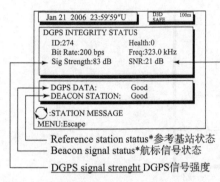

signal to noise ratio 信噪比

This value is between 1 to 22. The higher the value, the better the reception of beacon signal. When this value is less than 20, the error is included in the correction data. In this time, position fixing is done by using past position data. When the ship is in the service area of a beacon station, this value should be 21 or 22. If not, check as follows

该值范围1到22。较高的值会更好地接收航标信号。当该值低于20，在校正数据中会包括错误的数据，此时，会使用以前的位置数据来修复校正位置。当船位于一个航标站的服务区内，该值为21或22，如果达不到，请按下面步骤检查

Reference station status* 参考基站状态

Beacon signal status* 航标信号状态

DGPS signal strenght DGPS信号强度

This value is between 1 and 84.
The higher the value, the stronger the signal.
If a noise appears at reception bandwidth,
the value becomes bigger

该值1到84之间，值越高信号越强，如果在接收波段有噪声，该值会变得更大

·Check the grounding. 检查接地
·Check the radar beam interference. 检查雷达波干扰
·Check the noise of power generator of
  the ship. 检查该船发电机的噪声

*It is necessary that GPS is working properly.
When GPS is malfunctioning though DGPS is normal,
the message "No Good" may be shown

*这对于GPS正常工作，非常有必要。有时尽管DGPS工作正常，当GPS有故障时，会显示"No Good"消息.

图 5 – 19　DGPS 操作检查

reception bandwidth：接收带宽

interference：干涉，干扰

malfunction：失灵，发生故障

（4）输入/输出设置（Input/Output Setting）

要逐一对数据格式和数据输出的有效性、可行性进行检查。

输出数据格式为 IEC 61162 – 1 and NMEA 0183 Ver. 1. 5/2. 0。

输入数据格式为 NMEA 0183 Ver. 1. 5/2. 0。

限于篇幅就不对输入输出数据设置过程进行说明，请阅读厂家提供的安装说明书和相关信号传输协议。

 ## 任务2　GPS 的操作

GP – 150 型 GPS 接收机具有标绘、导航、报警、计算、定位等很多功能，限于篇幅只介绍以下几种基本操作。

一、开机和关机（Turning On and Off the Power）

第一次开机需要花费 90 秒时间，下一次开机只需花费 12 秒时间就可以定位，并且当下一次开机时就会显示上一次开机的模式。

开机方法：按［POWER］键开机。

第一项是 PROGRAM MEMORY 测试；第二项是 SRAM 测试；第三项是 INTERNAL BATTERY 测试；测试完成后就会出现"BEACON RCVR INSTALLED"。接着就会进入下一个画面，如图 5 – 20 所示。

注：N 北纬，E 东经（若 S 南纬，W 西经），BRG 本船到达航路点的方位，COG 对地航

图 5 - 20 开机的过程

向，RNG 本船到达航路点的距离，SOG 对地航速。

开机 12 秒后就会有位置显示在显示器上，如果找不到位置就会出现 "NO FIX"；如果出现 PDOP 就是 3D 模式；如果出现 HDOP 就是 2D 模式；如果出现 "DOP" 就表示不能定位。如果卫星信号正常接收就会出现表 5 - 2 所示状态指示。

表 5 - 2 卫星信号正常接收状态指示

Equipment setting	GPS receiver state indication
2D	2D（normal）
3D	3D（normal）
Differential 2D	D2D（normal）
Differential 3D	D3D（normal）
WAAS 2D	W2D（normal）
WAAS 3D	W2D（normal）

关机方法：再一次按 ［POWER］ 键。

二、调整显示器的对比度和亮度（Adjusting Display Contrast and Brilliance）

按 ［TONE］ 键，显示如图 5 - 21 画面。

调整对比度：按 ◀ 和 ▶ 键，对比度的调整向这个 ▶ 方向有 0 ~ 31 级。

调整亮度：按 ▼ 和 ▲ 键，亮度的调整向这个 ▲ 方向有 0 ~ 4 级。

三、选择显示模式（Selecting the Display Mode）

按［DISPLAY SEL］键，显示如图 5 – 22 画面。

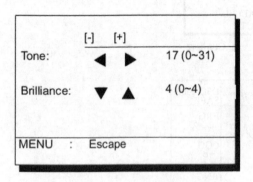

图 5 – 21　对比度和亮度调整画面

图 5 – 22　选择显示模式

按［DISPLAY SEL］键后允许在 15 秒内再按▲和▼键选择显示模式。

Plotter 1（标绘 1）显示模式如图 5 – 23 所示；

Plotter 2（标绘 2）显示模式如图 5 – 24 所示；

Highway（航路）显示模式如图 5 – 25 所示；

导航（Navigation）显示模式有三种情况，如图 5 – 26，图 5 – 27 和图 5 – 28 所示；

数据（Data）显示模式，如图 5 – 29 所示。

1. Plotter 1（标绘 1）显示模式

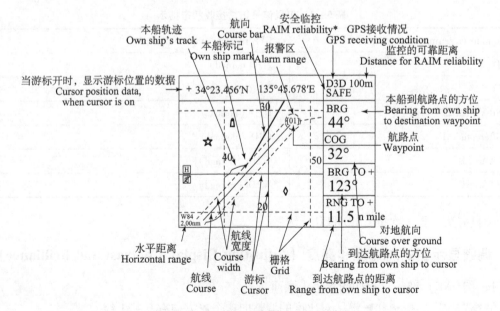

图 5 – 23　Plotter 1（标绘 1）显示模式

2. Plotter 2（标绘 2）显示模式

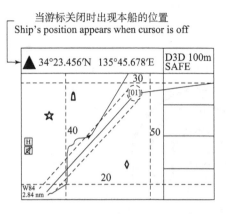

图 5 - 24　Plotter2（标绘 2）显示模式

3. Highway（航路）显示模式

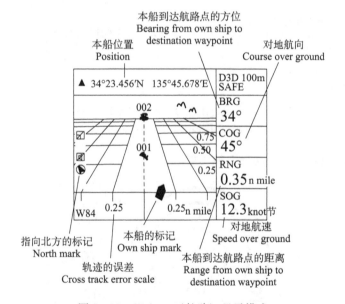

图 5 - 25　Highway（航路）显示模式

4. Navigation（导航）显示模式

（1）没连接自动操舵仪的导航显示模式

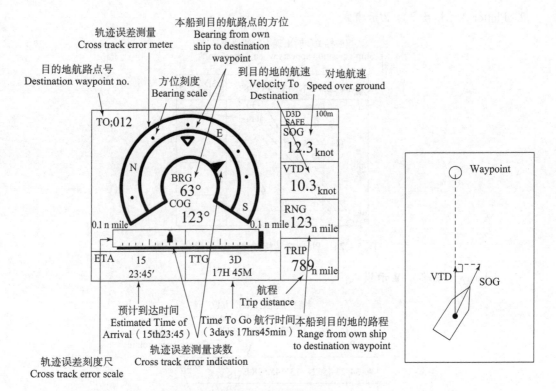

图 5 – 26　没连接自动操舵仪的导航显示模式

（Navigation display，no autopilot connection）

（2）连接自动操舵仪的自动导航显示模式

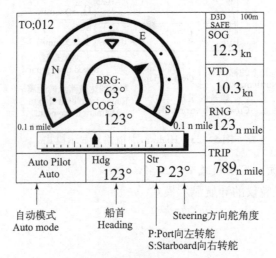

图 5 – 27　连接自动操舵仪的自动导航显示模式

（Navigation display，with autopilot connection，automatic mode）

（3）连接自动操舵仪的非自动导航显示模式

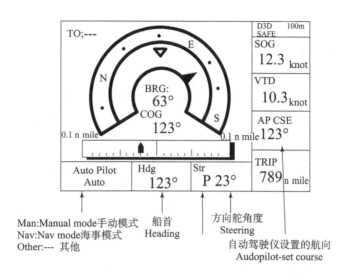

图 5 – 28　连接自动操舵仪的非自动导航显示模式

（Navigation display, Autopilot connection, modes other than automatic mode（manual, nav, etc.））

5. Data（数据）显示模式

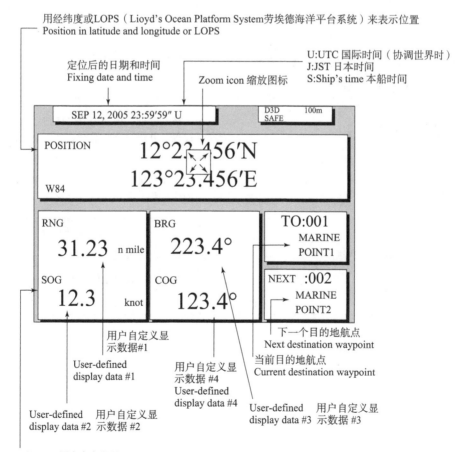

图 5 – 29　数据显示模式（Data display mode）

【项目考核】

项目考核单

学生姓名	教师姓名	项目五	

技能训练考核内容（60分）		技能考核标准	得分
1. 全球定位系统图、接线图识读（15分）	图5－5、图5－6和图5－7全球定位系统图	能正确识读系统图、接线图，识读错误一处扣1分	
	图5－14和图5－15全球定位系统接线图		
2. 全球定位系统安装接线（15分）	GPS天线的安装	能正确进行设备接线，接错一处扣2分	
	GPS显示单元的安装		
	GPS NMEA信号分配器的安装		
	初始化设置		
3. GPS接收机操作（15分）	开机和关机	能正确进行设备操作，操作错误一次扣3分	
	调整显示器的对比度和亮度		
	选择显示模式		
4. 项目报告（10分）		格式标准，内容完整，详细记录项目实施过程、并进行归纳总结，一处不合格扣2分	
5. 职业素养（5分）		工作积极主动、遵守工作纪律、遵守安全操作规程，爱惜设备与器材	
知识巩固测试（40分）		1. 常见的全球定位系统概况	
		2. GPS导航定位原理	
		3. DGPS导航定位原理	
完成日期	年　　月　　日	总分	

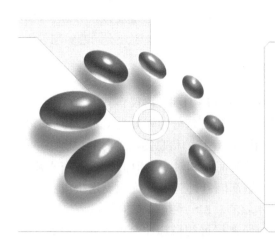

项目六 船舶自动识别系统（AIS）的安装与操作

【项目描述】

船舶自动识别系统（Automatic Identification System，AIS）是一种助航系统。它工作在甚高频（very high frequency，VHF，30～300MHz）频段，采用时分多址（Time Division Multiple Access，TDMA）技术，自动广播和接收船舶信息，实现识别船只、协助追踪目标、简化信息交流和提供其他辅助信息以避免碰撞发生的功能。目前已发展为通用自动识别系统（Universal Automatic Identification System，UAIS）。

【项目目标】

1. 能正确识读 AIS 的系统图和接线图。
2. 能正确安装 AIS。
3. 会对 AIS 进行基本操作。

【知识链接】

知识链接 1 AIS 的基本知识

一、MMSI 码（海上移动服务识别码）

船舶全球的唯一编码 MMSI 码又叫船舶识别号，每一艘船舶从开始建造到船舶使用结束解体，给予一个全球唯一的 MMSI 码。目的在于加强海运安全和防止海运中的欺骗及防止船舶造成海洋污染的管理。MMSI 码适用于 100 总吨及以上的国际航行船舶，不适用于渔船，非机动船，游艇，从事特殊业务的船舶和军用船舶。MMSI 码一般由当地船级社办理，现有的营运船可以向当地船级社提出申请获得。AIS 中就是使用 MMSI 码来区分不同的船舶的。

二、SOTDMA（自组织时分多址接入）技术

AIS 信息在信道中的传输，依据不同情况，分别采用五种 TDMA 协议，其中 SOTDMA 技术是 AIS 设备访问数据链路的主要方式。AIS 技术标准规定：每分钟划分为 4 500 个时间段。每个时间段可发布一条不长于 256 比特的信息，长于 256 比特的信息需增加时间段。每条船舶会通过询问（自动）选择一个与他船不发生冲突的时间段和对应的时间段来发布本船的信息。在统一的 VHF 的频道上，AIS 范围内任何船舶都能自行互不干扰地发送报告和接受全部船舶（岸站）的报告，这就是 SOTDMA 的技术核心。AIS 系统（在同一区域）能同时容纳 200~300 艘船舶，当系统超载的情况下，只有距离很远的目标才会被放弃，以保证作为 AIS 船对近距离目标的优先权。在实际操作中，系统的容量是不受限制的，可同时为很多船只提供服务。在实施 SOTDMA 中，需要 2 个 AIS 专用的 VHF 频道，即 VHF87B—161.975 MHz 和 VHF88B—162.025 MHz。在不能使用这两个频道的地区，系统能自动地转换到指定的替换频道。

三、船舶发送的 AIS 信息

船舶发送的 AIS 信息包括四种不同类型的信息，AIS 在船舶航行过程中发送和接收信息的示意图如图 6-1 所示。

1. 固定的或静态信息

在安装时输入 AIS 单元的静态信息包括：MMSI、呼号和船名、IMO 序号、船长和船宽、船舶类型和龙骨以上高度等。只有当船舶改变其名称、呼号或者从一种船型转换成另一种船型等情况发生时，信息才需要改变。这种信息每相隔 6 分钟广播一次。

2. 动态信息

动态信息一般通过连接至 AIS 的船舶传感器自动地予以更新，动态信息包括：高精度的船位、定位时间（UTC）、对地航向（COG）、对地航速（SOG）、船首向、由当班驾驶员输入和更新的航行状态等。这种信息将按照"报告速率"规定的速率予以更新。

3. 航次相关的信息

这是根据需要人工输入和更新的与航次有关的信息，其中包括：船舶吃水、有害货物及种类、目的港及预计到达时间、航行计划及转向点和船员等。这种信息也是每相隔 6 分钟广播一次。

4. 与安全相关的短电文

与安全相关的短电文是固定或自由格式的文本电文，标注有具体的目的地址（注：以 MMSI 为地址）或者是区域内所有船舶。它们的内容与安全有关，例如看见的冰山或移位的浮标等。

撰写该电文时，应尽可能精炼，系统允许每个电文多达 158 个字符，但越短的电文越容易找到空闲的时隙以便及早地发送。同时，这些电文并不要求规范一致，可以保持灵活的格式。航行中，操作人员应确保显示和接收到与安全相关的短电文，且能根据需要及时地发送

与安全相关的短电文。

与安全相关的短电文仅仅是播发海上安全信息（MSI）的辅助手段。虽然不应低估它们的重要性，但是这种与安全相关短电文的使用不能替代全球海上遇险和安全系统（GMDSS）的任何义务和要求。

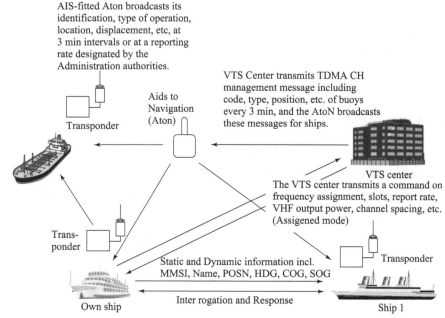

图 6-1　AIS 发送和接收信息

其中，Aton：航标；VTS center：船舶交通管理中心；Transponder：转发器，发射机应答器。

四、船载 AIS 的工作模式

1. 自主连续模式（autonomous and continuous）

自主连续模式为系统缺省工作状态，适用于所有海区。在此模式下，AIS 设备按照 TDMA 协议自行确定广播时隙，并解决与其他台站在发射时间安排上的冲突，并以系统设定的信息更新报告间隔，自动和连续地播发本船信息。

2. 分配模式（assigned）

分配模式也称指定模式，是负责交通监控的主管机关在实施交通控制区域内指定 AIS 采用的一种工作模式，一般通过主管机关的 AIS 基站覆盖实现。在主管机关指定区域内的 AIS 设备运行的信道、收发模式、带宽、发射功率、时隙、信息更新报告间隔等都服从主管机关分配。但如果自主连续模式要求的报告更新间隔高于分配模式的要求时，A 类 AIS 移动设备则采用自主连续工作模式。

3. 轮询模式（polled）

轮询模式也称查询模式或控制模式，是指 AIS 设备在收到其他船舶或管理机关询问后，在与询问台相同的信道上单独响应询问的工作方式。该模式使得交通监控水域的主管机关可通过 AIS 基站随时查询和更新所关心船舶的信息，提高这些船舶的信息更新报告间隔。它有助于提高搜救过程中通过 AIS 设备进行信息交换的效率。该模式也用于进行网络测试或软件服务等工作。

知识链接2　AIS 系统介绍

一、FURUNO FA－150 UAIS 系统配置

FA－150 由 VHF 和 GPS 天线（VHF and GPS antennas）（或两种天线合二为一），应答器单元（a transponder unit），监视器单元（a monitor unit）和其他几个相关单元组成。如图 6－2 所示。应答器单元包含一个 VHF 发射机（a VHF transmitter）、处于两个平行 VHF 频道的两台 TDMA 接收器（two TDMA receivers on two parallel VHF channels）、70 信道 DSC 接收机（a DSC channel 70 receiver）、接口（interface）、通信处理器（communication processor）和内置的 GPS 接收机（internal GPS receiver）。内置 GPS 是一个 12 信道具有差分功能的一体式接收机，为系统同步提供 UTC 参考时间，以消除多用户之间的冲突。当外部 GPS 失效时也可提供位置（position），COG 和 SOG。

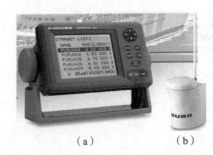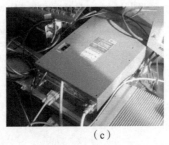

（a）　　　　　　　（b）　　　　　　　（c）

图 6－2　AIS 主要单元的实物图

（a）监视器单元；（b）GPS 和 VHF 组合天线；（c）应答器单元

1. 标准配置清单

FURUNO FA－150 UAIS 标准配置清单如表 6－1 所示。

表 6－1　FURUNO FA－150 UAIS 标准配置清单

No.	Name	Type	Code no.	Qty	Remarks
1	UAIS Transponder	FA－1501	—	1	
2	Monitor Unit	FA－1502	—	1	
3	GPS Antenna	GSC－001	—	1	Select one
		GPA－017S	—		
	GPS/VHF Combined Antenna	GVA－100			

No.	Name	Type	Code no.	Qty	Remarks
4	Installation Materials	MJ – A10SPF0012 – 050	000 – 150 – 216	1	Cable for FA – 1501
		CP24 – 00501	005 – 955 – 550		For FA – 1501
		CP24 – 00400	000 – 041 – 980	1	For FA – 1502 CP 14 – 06001 & Cable MJ – A3SPF0013 – 035
		CP24 – 00101	005 – 950 – 730	1	For DB – 1
		CP24 – 00141	005 – 952 – 330	1	For GVA – 100
		CP24 – 00502	005 – 955 – 560	1	For GPA – 017S/GSC – 001
5	Accessories	FP14 – 02801	004 – 366 – 960	1	For FA – 1502
6	Spare Parts	SP24 – 00101	—	1	For FA – 1502

注：船厂一般还选配电源模块（AC – DC power supply）PR – 240。

2. FURUNO FA – 150 UAIS 自身配置连接

FURUNO FA – 150 UAIS 自身配置连接如图 6 – 3 所示。

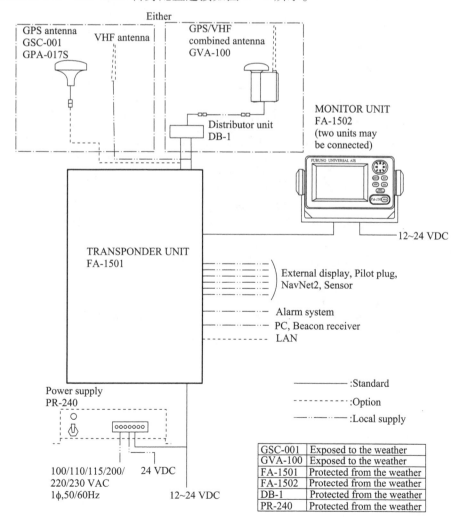

图 6 – 3 FURUNO FA – 150 UAIS 自身配置连接图

二、识读 AIS 系统图

图 6 – 4 为 AIS 设备厂家的系统图，图 6 – 5 为 AIS 系统实物连接图。可以看出应答器是系统的控制中心，图中的天线单元为二选一。AIS 与船舶上的多种导航设备互联，其信息可以在雷达、电子海图上显示出来。

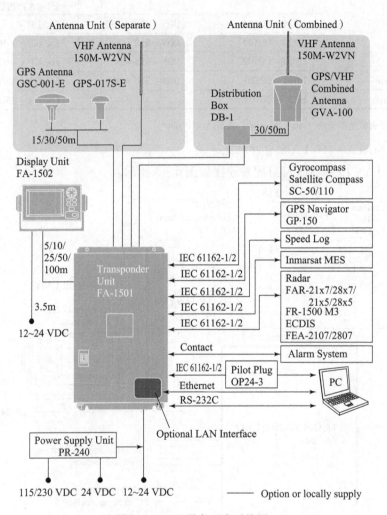

图 6 – 4 AIS 设备厂家系统图

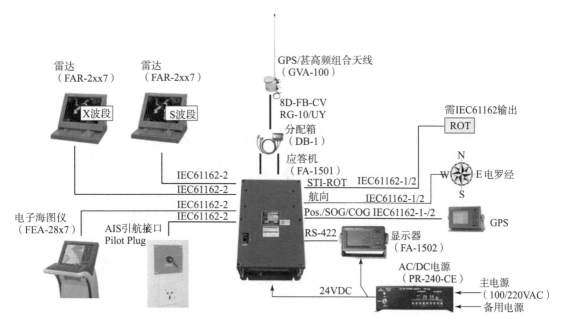

图 6-5 AIS 系统实物连接图

【项目实施】

任务 1 AIS 的安装

一、天线单元（Antenna Units）的安装

1. 分立天线的安装

（1）AIS GPS 天线安装

安装位置如图 6-6 所示。

①安装位置不要处于雷达波束内。因为雷达波束将妨碍或阻止 GPS 卫星信号的接收。

②在卫星视野内不应有障碍物。例如桅杆等障碍物会妨碍信号接收或延长信号采集时间。

③天线安装得应尽量高，以避免障碍物的遮挡和水溅——当水结冰时能中断接收 GPS 卫星信号。

（2）AIS VHF 天线安装

①AIS VHF 天线应安装在较高的位置，从水平方向上 0.5 m 范围内没有导电的建筑物，不要靠近垂直障碍物，360°都可见地平线。

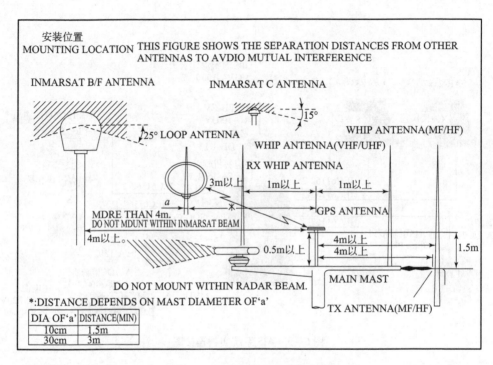

图 6 - 6　AIS GPS 天线安装位置

②AIS VHF 天线的安装位置要远离高功率源的干扰，如雷达和其他无线电发射天线，至少离发射波束 3 m 远。

③在同一平面上不应该有其他天线。AIS VHF 天线应直接安装在船舶主 VHF 的上方或下方，没有水平间距，垂直间距最小 2. 8 m，如图 6 - 7 所示。如果它与其他天线在同一平面上，间距应至少 10 m，如图 6 - 8 所示。

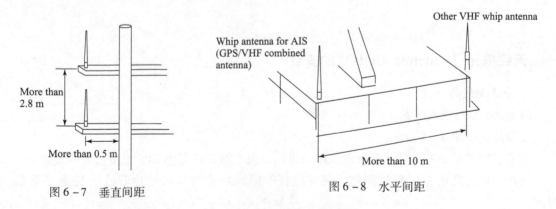

图 6 - 7　垂直间距　　　　　　　　　　图 6 - 8　水平间距

2. GPS/VHF 组合天线（combined antenna）的安装

安装注意事项如前面所述。GPS/VHF 组合天线总体安装情况如图 6 - 9 所示，实物安装图如图 6 - 10 所示。具体安装步骤请查阅厂家安装说明书。

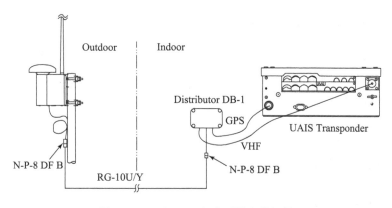

图 6-9　GPS/VHF 组合天线安装概貌

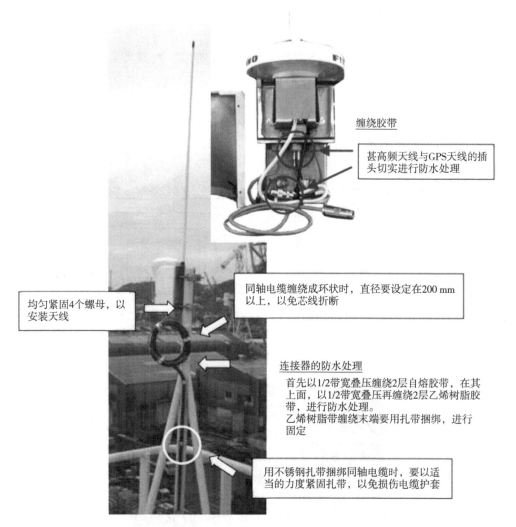

图 6-10　GPS/VHF 组合天线安装实物图

二、监控显示单元（Monitor Unit）的安装

监视器单元可以直接安装在桌面上方，也可嵌入安装在面板上。它可以安装在海图桌上，也可安装在操舵仪附近。

1. 安装注意事项

①避免阳光直射。

②温度和湿度要适中且稳定（工作温度范围：-15℃~+55℃）。

③远离排气管和通风口。

④安装位置应通风良好。

⑤安装位置的冲击和振动要尽量小。

⑥远离产生电磁场的设备，如马达、发电机等。

⑦为了便于维护和检修，在单元的侧面和后部要留出足够的空间，安装电缆要留有余量。

⑧不要离磁罗经太近以防影响磁罗经。参照以下距离：标准罗经（Standard compass）0.45 m，操舵罗经（Steering compass）0.3 m。

2. 安装方法

（1）桌面上方安装

在桌面上方安装有两种形式：直接安装在桌面上、安装在船舱的顶板。安装形式如图6-11所示，显示器后面的实物接线图如图6-12所示。

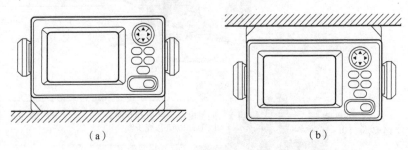

（a）   （b）

图6-11 监视器单元在桌面上方的安装

(a) Tabletop；(b) Overhead

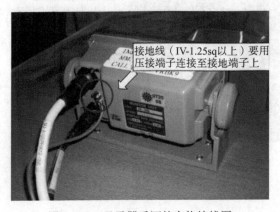

图6-12 显示器后面的实物接线图

安装步骤如下：

①用四个自攻螺丝（5×20）拧紧挂钩。

②用两个旋钮把监视器拧紧固定到挂钩上。

安装尺寸如图 6-13 所示。

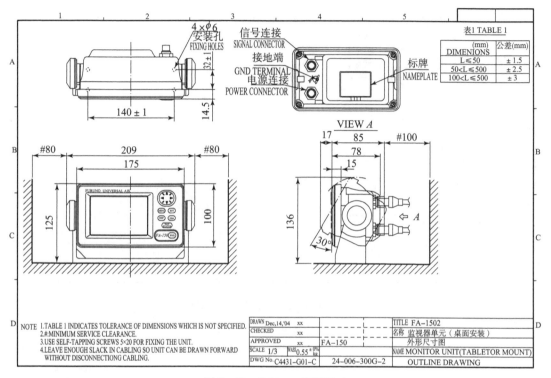

图 6-13　Tabletop 安装尺寸

（2）嵌入式安装

嵌入式安装有两种类型的配套元件：F 型和 S 型。

①F 型嵌入式安装。

图 6-14 为 F 型的安装尺寸图，安装步骤如下：

a. 在安装位置开孔，尺寸 183（W）×92（H）mm。

b. 将装饰面板（cosmetic panel）（20-016-1051）用两个六角头螺栓（hex head bolts）（M6×12）和两个弹簧垫圈（spring washers）（M6）安装在监视器上。

c. 用四个自攻螺钉（self-tapping screws）（5×20）将监视器固定在安装位置。

②S 型嵌入式安装。

图 6-15 为 S 型的安装尺寸图，安装步骤如下：

a. 在安装位置开孔，尺寸 167（W）×92（H）mm。

b. 将监视器嵌入孔中。

c. 用两个六角螺栓（M6×12）和两个弹簧垫圈（M6）将两块安装板（fixing plates）连接到监视器上。

d. 用四个翼形螺栓（wing bolts）（M4×30）与四个翼形螺母（wing nuts）（M4）将监视器固定拧紧。

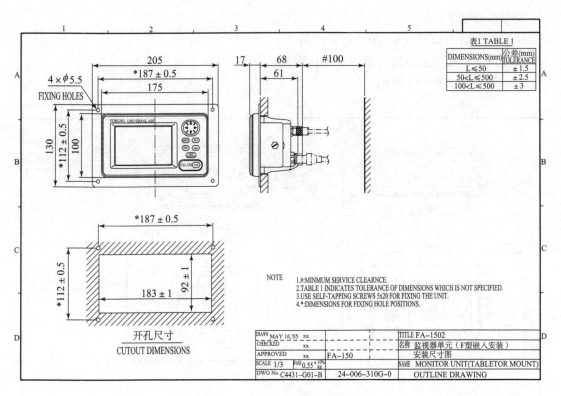

图 6 – 14 F 型嵌入式安装尺寸图

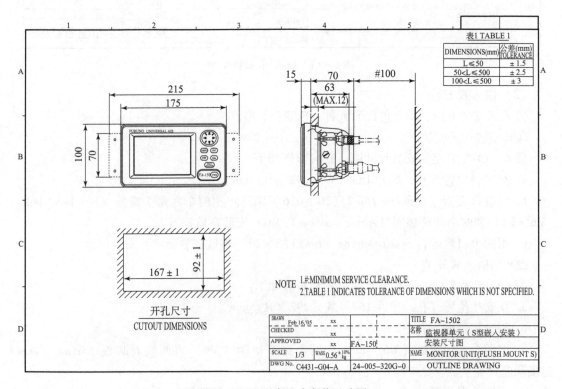

图 6 – 15 S 型嵌入式安装尺寸图

三、UAIS 应答器（transponder）的安装

UAIS 应答器的安装注意事项与监控显示单元的除了最后一点有差别：标准罗经 1.2 m，操舵罗经 0.8 m，其余的都相同。

按照图 6 - 16 用四个自攻螺钉安装固定 UAIS 应答器。图 6 - 17 是应答器的内部布线实物图。

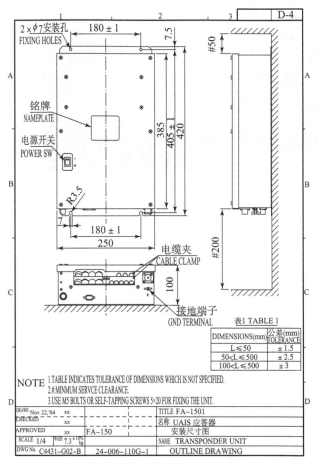

图 6 - 16　UAIS 应答器的安装图

四、电源模块（Power Supply）的安装

除了常规的安装注意事项外，要求与罗经的安全距离为：标准罗经 0.9 m，操舵罗经 0.6 m。

用四个自攻螺钉（M4 × 16）安装在桌面或甲板上，不必打开机盖。安装尺寸如图 6 - 18 所示，图 6 - 19 是 AIS 电源 PR - 240 - CE 的实物接线图。

五、识读 UAIS 接线图

UAIS 的宏观接线图如图 6 - 20 所示，transponder 的外部设备接线情况如图 6 - 21 所示，UAIS 的具体接线图如图 6 - 22 所示。可以看出 UAIS transponder 是整个装置的核心。

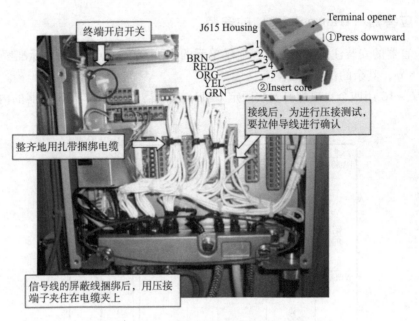

图 6 – 17　应答器的内部布线实物图

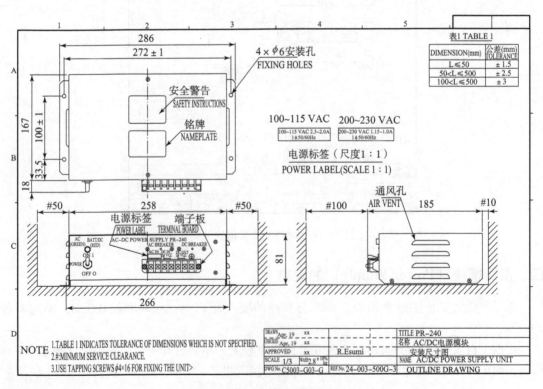

图 6 – 18　电源模块安装图

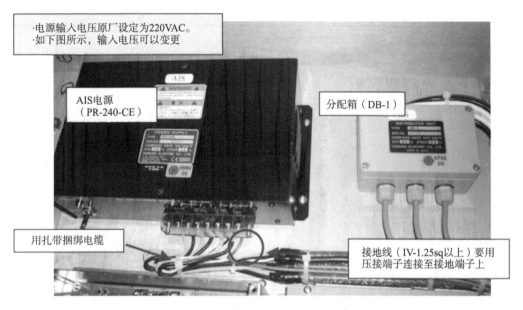

图 6 – 19　AIS 电源 PR – 240 – CE 的实物接线图

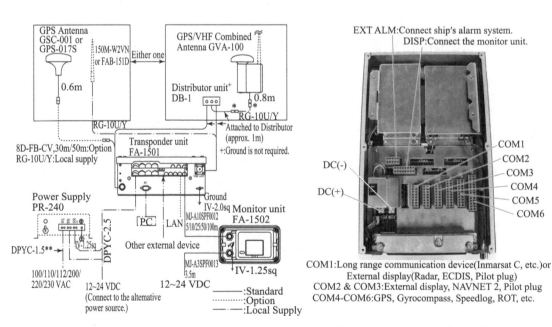

图 6 – 20　UAIS 的宏观接线图

图 6 – 21　transponder 的内部端口及与
外部设备的接线

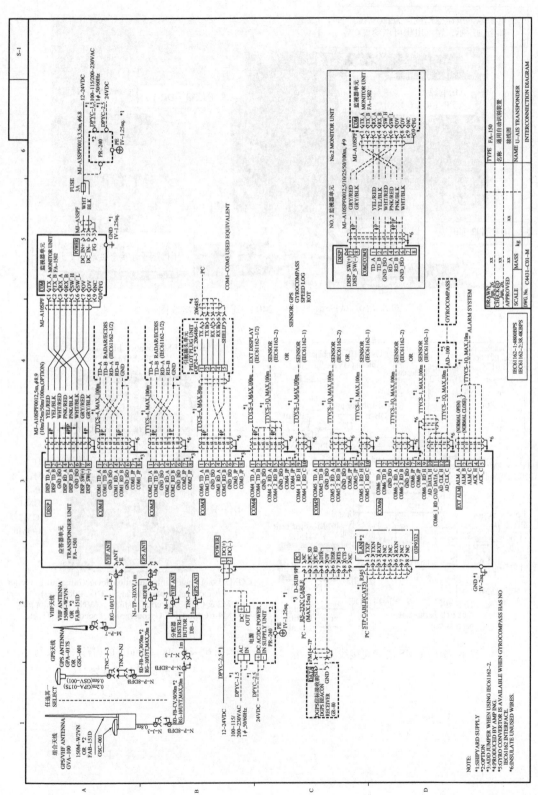

图6-22 UAIS的具体接线图

六、设置和调整（SETTING AND ADJUSTMENT）

设备安装后要设置本船的静态信息（MMSI、IMO（国际海事组织）号、船名（ship's name）、呼号（call sign）、船舶类型（type of ship）和 GPS 天线位置（GPS antenna position））。此外，还要设置 I/O 端口（I/O ports）。

方法是：进入主菜单后，按▼，找到 INITIAL SETTINGS，按 ENT 后一一设置。具体操作请查阅厂家安装说明书。

任务2　AIS 的操作

一、认识控制键（Description of Controls）

UAIS FA－150 的显示屏及控制按键如图 6－23 所示。

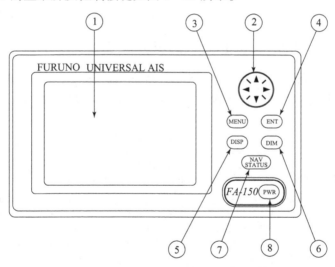

图 6－23　UAIS FA－150 的显示屏及控制按键

说明如下：

①LCD Screen（LCD 显示屏）：Displays various data.

②Cursor Pad（光标键）：Shifts cursor; chooses menu items and options; enters alphanumeric data.

③MENU key（菜单键）：Opens the menu.

④ENT key（确认键）：Terminates keyboard input; changes screen.

⑤DISP key（显示键）：Chooses a display screen; closes menu.

⑥DIM key（亮度调节键）：Adjusts panel dimmer and LCD contrast.

⑦NAV STATUS key（导航状态键）：Displays nav status menu, which sets up for a voyage.

⑧PWR key（电源键）：Turns the power on and off.

二、打开和关闭电源（Turning the Power On and Off）

按 PWR 键打开/关闭电源。

启动步骤如图 6 – 24 所示。

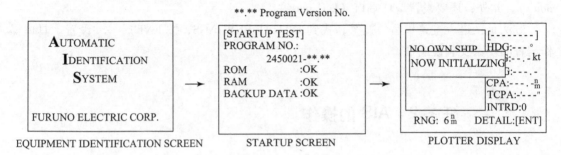

图 6 – 24　FA – 150 启动步骤

如果最后未出现正常的标绘显示画面，请注意提示信息。

船舶在航行或抛锚停泊时应打开 FA – 150 的电源。但出于安全等因素时可以关闭电源。正常启动 2 分钟内发射本船的动、静态信息并接收其他船舶的动、静态信息。

三、熟悉标绘显示（Plotter display）的屏幕信息

当电源开启后，屏幕上会自动出现如图 6 – 25 所示的标绘显示屏幕画面（使用 DISP 和光标键配合可以转换显示模式和相关内容，细节请参阅厂家操作说明书）。

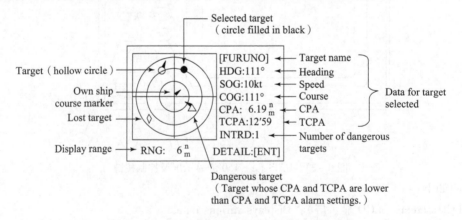

图 6 – 25　标绘显示（Plotter display）屏幕画面

屏幕上右侧的信息是已经选择的目标船（Selected target）的信息。目标（Target）标记为空心圆（hollow circle）的则只显示了该目标船的位置和航向，如果想要了解该船的更多信息就需要进行下面的相关操作。

在查找某船的信息数据前应当先选择量程范围，然后在一定范围内选择目标船。

①Press the DISP key to show the plotter display.

②Use ▼ or ▲ to choose the range. The available ranges are（in nm）0. 125, 0. 25, 0. 5, 0. 75, 1. 5, 3, 6, 12, and 24.

显示目标数据的步骤如下：

①At the plotter display, press the DISP key to show the TARGET LIST, which lists all AIS targets being detected by the FA－150. 如图 6－26 所示。

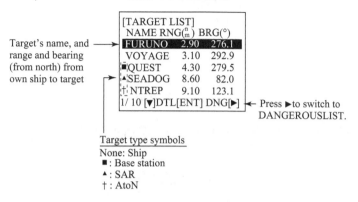

图 6－26　目标列表 TARGET LIST

②Use ▼ or ▲ to choose the target whose data you wish to view, and then press the ENT key. 这时屏幕上将以一定方式显示该船的信息（DETAILS SHIP）。

③Use ▼ or ▲ to scroll the display to see other data.

四、调整面板的亮度和对比度（Adjusting Panel Dimmer and Contrast）

调整步骤如下：

①Press the DIM key，显示如图 6－27 的对话框。

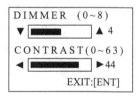

图 6－27　亮度和对比度

②Use ▲ or ▼ to adjust panel dimmer; ◄ or ► to adjust contrast.

③Press the ENT key to close the dialog box.

五、发送信息（Sending a message）

①按 MENU 键打开主菜单。

②用▼或▲选择 MSG 然后按 ENT 键，出现如图 6－28 所示的 MSG 子菜单。

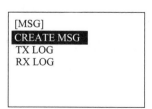

图 6－28　MSG 子菜单（sub-menu）

③选择 CREATE MSG 按 ENT，出现如图 6 - 29 所示的 CREATE MSG 子菜单。

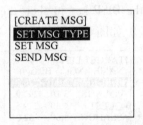

图 6 - 29　CREATE MSG 子菜单

④选择 SET MSG TYPE 按 ENT，出现如图 6 - 30 所示的 SET MSG TYPE 子菜单。

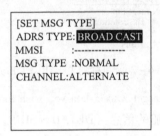

图 6 - 30　SET MSG TYPE 子菜单

⑤选择 ADRS TYPE 按 ENT，显示 $\boxed{\begin{array}{l}\text{EROAD CAST} \\ \text{ADRS CAST}\end{array}}$。

⑥选择 ADRS CAST 是向指定的配备 AIS 的船舶发送信息；若选择 BROAD CAST 则是向广播范围内所有配备 AIS 的船舶发送信息。按 ENT 键选择。

⑦为了 ADRS CAST，转向步骤⑧；若要 ADRS CAST，选择 MMSI，按 ENT 键，使用 Cursor Pad 输入你想要收到此信息的船舶 MMSI 号，按 ENT 键。

⑧选择 MSG TYPE，按 ENT 键显示 $\boxed{\begin{array}{l}\text{SAFETY} \\ \text{NORMAL}\end{array}}$。

⑨选择信息类型，NORMAL（除了 SAFETY 意外的信息 message other than safety）或 SAFETY（重要的导航信息或气象预警 important navigational or meteorological warning），按 ENT 键。

⑩选择 CHANNEL，按 ENT 键，显示 $\boxed{\begin{array}{l}\text{ALTERNATE} \\ \text{BOTH A \& B} \\ \text{A} \\ \text{B}\end{array}}$。

⑪选择你要发射信息的信道。

⑫按 ENT 键。

⑬按 MENU 键返回 CREATE MSG 子菜单。

⑭选择 SET MSG，按 ENT 键，出现如图 6 - 31 所示的画面。

⑮使用 Cursor Pad 输入你要发送的信息，用▼或者▲选择字符（character），用◀或者▶移动光标。

[SET MSG]

—

01(151)*[DIM]HOLD:CLEAR

Number of characters used/available

*:Number of characters available with each message type is as follows:

NORMAL message with BROAD-CAST : 156 characters
NORMAL message with ADDRESS-CAST : 151 characters
SAFETY message with BROAD-CAST : 161 characters
SAFETY message with ADDRESS-CAST : 156 characters

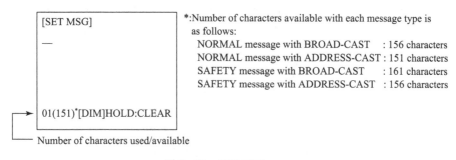

图 6－31　SET MSG screen

⑯按 ENT 键返回 CREATE MSG 子菜单。

⑰选择 SEND MSG，然后按 ENT 键，出现如图 6－32 的提示。

SEND MESSAGE.

ARE YOU SURE?
YES　　NO

图 6－32　发送信息的提示对话框

⑱按◀选择 YES，然后按 ENT 键发送信息。

六、查看收到的消息（Viewing a Received Message）

当接收到消息时，将在屏幕上显示图 6－33 所示的提示。

MESSAGE!

PRESS ANY KEY

图 6－33　消息收到窗口（Message received window）

要查看消息的具体内容按照以下步骤进行：

①按任意键“message received”窗口消失。

②按 MENU 键显示主菜单。

③选择 MSG，然后按 ENT 键。

④选择 RX LOG，然后按 ENT 键，出现收到消息的日志，如图 6－34 所示。

[RX LOG]
03/MAY 13:25 NEW
FR:431099111 N-ABM
28/MAR 03:43
FR:431099111 S-ABM
22/MAR 18:00
FR:431099111 N-ABM
1/3[▼] MSG[ENT] QUIT[MEUN]

Date and time message received ("NEW" displayed for) unread message)

MMSI of sender, type of message
N-ABM: Normal, addressed binary
S-ABM: Safety, addressed binary
N-BBM: Normal, broadcast binary
S-BBM: Safety, broadcast binary

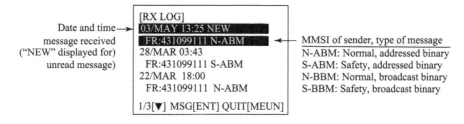

图 6－34　收到消息的日志

⑤浏览未读的消息内容，使用 Cursor Pad 选择消息，然后按 ENT 键。图 6-35 是已收到的消息的例子。

```
[RX LOG]
I HAVE CHANGED MY
 COURSE TO 350 DEGREE.




QUIT[MENU]
```

图 6-35 已收到的消息的例子（Received message example）

⑥按 DISP 键关闭日志。

关于 AIS 的操作还有很重要的内容没有说明，如：Setting Up for a Voyage 及 Setting CPA/TCPA 等，限于篇幅，请读者查阅厂家操作说明书。

【项目考核】

项目考核单

学生姓名	教师姓名		项目六	
技能训练考核内容（60 分）			技能考核标准	得分
1. AIS 系统图、接线图识读（15 分）	图 6-3、图 6-4AIS 系统图		能正确识读系统图、接线图，识读错误一处扣 1 分	
	图 6-20、图 6-22 的 UAIS 接线图			
2. AIS 系统安装接线（15 分）	天线单元的安装		能正确进行设备接线，接错一处扣 2 分	
	监控显示单元的安装			
	AIS 应答器的安装			
	电源模块的安装			
	设置和调整			
3. AIS 基本操作（15 分）	认识控制键		能正确进行设备操作，操作错误一次扣 3 分	
	打开和关闭电源			
	熟悉标绘显示的屏幕信息			
	调整面板的亮度和对比度			
	发送信息			
	查看收到的消息			
4. 项目报告（10 分）			格式标准，内容完整，详细记录项目实施过程、并进行归纳总结，一处不合格扣 2 分	

续表

技能训练考核内容（60分）	技能考核标准	得分
5. 职业素养（5分）	工作积极主动、遵守工作纪律、遵守安全操作规程，爱惜设备与器材	
知识巩固测试（40分）	1. MMSI 码和 SOTDMA 技术	
	2. 船舶发送的 AIS 信息	
	3. 船载 AIS 的工作模式及各模式的工作过程	
	4. AIS 安装时需要注意的问题	
完成日期　　　　年　　月　　日	总分	

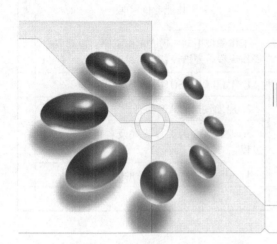

项目七 电子海图显示与信息系统（ECDIS）的安装与操作

【项目描述】

电子海图显示与信息系统（Electronic Chart Display and Information System，ECDIS）是电子海图应用系统之一，它要符合最新的相关国际标准，并要通过相关国际组织认证。它有选择地显示系统电子海图（System Electronic Navigational Chart，SENC）信息及航行传感器的位置信息，帮助用户进行航线设计和航行监控并显示其他相关航行信息。

【项目目标】

1. 能正确识读 ECDIS 的系统图和接线图。
2. 能正确安装 ECDIS。
3. 会对 ECDIS 进行基本操作。

【知识链接】

知识链接 1   ECDIS 的基本知识

一、电子海图

电子海图（Electronic Chart，EC）是将纸质海图上的所有相关的导航信息、数据、图形要素等资料进行数字化处理，并存储于某种介质中（如光盘、磁盘等），能在其应用系统（由软件和硬件组成）的彩色显示器上显示的海图。因此，电子海图其实就是地理信息系统（GIS）在海上的具体应用，是以数字形式表示海域和助航等信息的海图。

1. 电子海图的类型

目前，按照电子海图数据存储和显示方式的不同，电子海图主要有光栅海图和矢量海图两种不同的类型。

（1）光栅海图（raster chart）

光栅海图是电子海图数据的一种表现形式，先利用扫描仪对纸海图进行一次性扫描，形成单一的数字图像文件，再利用电子海图应用系统进行显示。因此，光栅海图其实就是纸质海图的复制品。其数据即光栅数据（raster data）是由一系列图像像素组成的，这些像素覆盖了整个显示区域，把一幅海图分割成一个个栅格，栅格的每一个像素都单独记录和显示，它们之间没有任何关联。

由于光栅数据像素彼此之间没有内在的联系，当图像分割成像素后，像素大小和像素间的距离由坐标所固定，如想放大海图，像素就会大的能看出其矩形形状，造成海图的失真，如图7-1所示。另外，由于光栅海图要么不显示，要么就必须完全显示海图所有的信息，无法进行查询操作或分类显示海图信息。因此，光栅海图也被称为"非智能化的电子海图"。光栅海图其实就是一个图像文件。

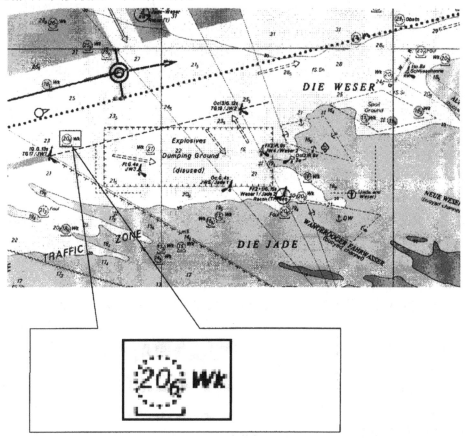

图7-1　光栅海图

（2）矢量海图（vector chart）

矢量海图是电子海图数据的另一种表现形式，它是以空间数据和属性数据所组成的矢量数据（vector data）的模型来表达海图上的信息。

空间数据是表示事物或现象分别在什么位置，通常包括空间位置数据和拓扑数据两项。空间位置数据是指在某一坐标系下，被标识的地理实体的坐标数据。而地理实体根据空间分布的特点，可分为点状、线状和面状三种基本的空间数据类型，三者之间内在的拓扑关系是线由点组成，面由线组成，如图 7 – 2 所示。因此，海图上的各种信息就可以用这三个基本的空间数据模型加以表示。例如，海上灯标、沉船等地理实体，

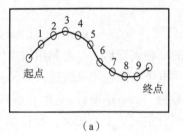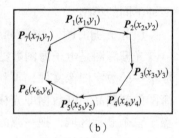

图 7 – 2　矢量海图
（a）点与线的拓扑关系；（b）线与面的拓扑关系

以点状要素表示；等深线、海岸线等以线状要素表示；海岸、岛屿等以面状要素表示。但矢量海图所使用的比例尺会直接影响到现实世界中一些地理实体在海图上的表现形式。如岛屿在大比例尺的海图上用面状表示，而在小比例尺海图上，可能以点状来表示。因此，在不同的比例尺下，面状和点状可表示同一个地理实体，即同一个地理实体可能会有不同的表现形式。

属性数据是对图上要素的分类、分级、质量和数量特征做进一步描述的非图形信息，它可以是数字型、逻辑型或字符型的信息。从逻辑上看，属性数据与空间数据是紧密相联不可分割的。属性数据一般可分为定性数据和定量数据两种：定性描述地理事物或现象类型（如岸线、干出滩、底质）的数据、名称（如桥梁名、灯塔名、锚地名等）数据等属于定性数据的范畴；定量描述地理事物或现象的数量、等级、度量等（如灯塔的射程、沉船的位置、等深线的水深等）都属于定量数据的范畴。

由于矢量海图数据模型包含空间数据和属性数据两类，因此，一幅矢量海图通常由两个数据文件组成，一为海图要素的空间数据文件；另一为属性数据文件。

2. 标准电子海图

随着电子海图的发展，相关国际组织通过制定标准规范和统一电子海图的数据格式，随之产生了标准的光栅电子海图和矢量电子海图，即光栅扫描航海图和电子航海图。

（1）光栅扫描航海图（Raster Navigational Chart，RNC）

符合国际水道测量组织（IHO）《光栅航海图产品规范》（S – 61）的光栅电子海图是通过国家水道部或国家水道部授权出版的海图数字扫描而成，并与显示系统结合提供连续的自动定位功能的电子海图。RNC 通常用于单一海图或海图集的一些标准中。目前世界上主要的光栅扫描航海图产品有英国水道测量局（UKHO）生产的 ARCS 和美国国家海洋及大气管理局（NOAA）生产的 RNC。

RNC 具有以下属性：

①由官方纸质海图复制而成；

②根据国际标准制作；

③内容的保证由发行数据的水道测量局负责；

④根据数字化分发的官方改正数据进行定期改正。

（2）电子航海图（Electronic Navigational Chart，ENC）

ENC 是完全符合相关国际标准的、由政府或政府授权的航道测量机构或其他相关政府机构发布的与 ECDIS 一起使用的数据库，具有标准化的内容、结构和格式。ENC 包含安全航行所需的所有海图信息，并可包含如航路指南等纸质海图上没有但安全航行所需的补充信息。通常所说的标准电子海图就是指 ENC。

ENC 具有以下属性：

①内容基于主管水道测量局的原始数据或官方海图；

②根据国际标准进行编码和编制；

③基于 WGS84 坐标系；

④内容的保证由发行数据的水道测量局负责；

⑤由主管水道测量局负责发行；

⑥根据数字化分发的官方改正数据进行定期改正。

二、电子海图应用系统

电子海图应用系统包括硬件部分和软件部分，如图 7 - 3 所示。硬件部分通常由显示单元、处理单元、打印单元、编辑单元和接口单元等组成；软件部分通常由系统软件、专用显示软件和数据库组成。光栅海图和矢量海图其实就是电子海图应用系统软件部分的数据库，该数据库中的数据通过电子海图应用系统中的处理单元进行处理后，再利用专门的显示软件显示在显示单元或直接打印，以供使用。同时，也可以通过接口单元把其他导航设备的信息输入到电子海图应用系统中，完成电子海图修改、航线设计等基本操作。

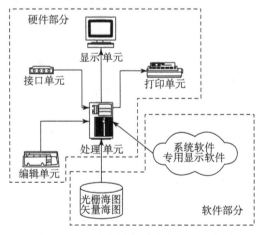

图 7 - 3　电子海图应用系统组成示意图

目前常用的电子海图应用系统有三种：第一种是电子海图系统（ECS，Electronic chart system）是专门用来显示非官方矢量海图和光栅海图数据库的电子海图应用系统，所用矢量海图的数据格式不符合 S - 57 标准。它不能视为纸质海图合法的等效物，因此配备 ECS 的船舶还必须配备纸质海图。第二种是一种专门用来显示光栅海图 RNC 或 SRNC（System RNC，系统电子航海图）的电子海图应用系统——RCDS。第三种是电子海图显示与信息系统（ECDIS，Electronic Chart Display and Information System），电子海图应用系统只有同时满足以下五个条件才可视为 ECDIS：

①符合最新版本的国际标准，即 IMO A. 817（19）《电子海图显示与信息系统（ECDIS）性能标准》、IHOS—57《关于数字化水文数据的传输标准》、IHO S—52《ECDIS 内容和显示方面规范》以及 IEC 61174《ECDIS 操作和性能需求、测试方式和所应达到的测试结果》；

②备份设备应是经主管机关认可的系统；

③所显示和使用的电子海图矢量数据应是 ENC；

④海图数据更新应采用官方的数据更新服务；

⑤必须获得主管机关的认证。

电子海图应用系统只要不满足上述五点中的任何一点，均不可视为 ECDIS。其实，就显示界面而言，一个性能完善的、显示矢量海图的 ECS 与 ECDIS 无本质区别。但 ECS 可以使用非官方、非 S—57 格式的海图数据库，而用于 ECDIS 的数据库必须是 ENC。从法律上讲，ECDIS 可以完全取代纸海图，而 ECS 不行。因此，ECDIS 其实就是电子海图应用系统中的一种，是用来显示电子海图数据的一种电子海图显示系统。若 ECDIS 显示的电子数据是官方 ENC 或其 SENC 的矢量数据，则 ECDIS 即可视为纸质海图的唯一等效物，即配备这种 ECDIS 的船舶上可以不配备纸质海图。ENC，SENC 和 ECDIS 三者的关系为：ECDIS 是一个完整的电子海图应用系统，包含有相应的硬件和软件部分。ENC 或 SENC 只是属于 ECDIS 中的软件部分，是 ECDIS 可以显示数据和信息的一个内部数据库。SENC 是从 ENC 中选取的，为转换成 ECDIS 本身的格式而产生的，与 ENC 有着不同的数据格式。SENC 可以包含有不属于 ENC 中的信息，如开发人员添加的数据域、航海人员的改正信息和其他信息，EC-DIS 实际上是根据 SENC 来显示电子海图的。图 7 – 4 为 ECDB（Electronic Chart Data Base，电子海图数据库）、ENCDB（Electronic Navigational Chart Data Base，电子导航图数据库）、ENC、SENC 和 ECDIS 之间的关系图。

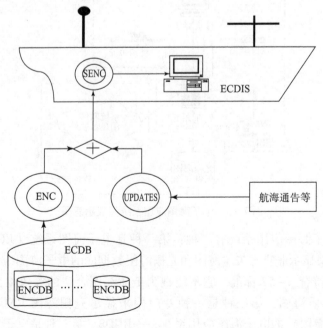

图 7 – 4   ECDB、ENCDB、ENC、SENC 和 ECDIS 的关系图

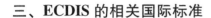

三、ECDIS 的相关国际标准

目前，ECDIS 的相关国际标准主要有五个：IMO ECDIS 性能标准；IHO S-52，即 ECDIS 的海图内容和显示规范；IHO S-57 即数字化水道测量数据传输标准；IHO S-63，即数据保护方案；国际电工委员会（International Electrotechnical Commission，IEC）的 IEC 61174，即 ECDIS硬件设备性能和测试标准。此外，IHO 也制定了一些关于电子海图其他方面的配套标准。

1. IMO ECDIS 性能标准

1995 年 11 月，IMO（国际海事组织）第 19 届大会正式通过 A.817（19）号决议"IMO ECDIS 性能标准"（Performance Standard for Electronic Chart and Display System（ECDIS）），此后，1996 年 11 月海安会通过 MSC.64（67）决议增加了性能标准附件 6 "ECDIS 备用装置要求"。1998 年通过 MSC 86（70）决议增加了性能标准附件 7 "RCDS 操作模式"。2006 年 12 月通过了 MSC.232（82），对标准进行了较全面的修订，使之成了现行的 "IMO ECDIS 性能标准"，俗称 IMO PS。

IMO ECDIS 性能标准给出了 ECDIS 的定义、适用范围、提供和更新海图信息、操作和功能要求、比例尺、其他航行信息的显示、显示模式和邻近区域的生成、颜色和符号、显示要求、航线设计、航路监控和航程记录、计算和精度、性能试验、故障报警和指示、备用装置、与其他设备连接、电源等内容。

该标准有 7 个附件：

附件 1：制定标准时所参照的其他标准；

附件 2：ECDIS 在航线设计和航路监控过程中可显示的海图信息分类；

附件 3：ECDIS 中所使用的航行要素和参数的术语及其缩写；

附件 4：ECDIS 在航线设计和航路监控过程中应自动检测到的特殊地理区域；

附件 5：ECDIS 的报警及指示的形式和内容；

附件 6：对 ECDIS 备用装置的要求；

附件 7：RCDS 操作模式的相关要求。

MSC.232（82）建议各国政府确保：

①在 2009 年 1 月 1 日之后安装的 ECDIS 设备，符合不低于本决议附件所规定的性能标准；

②1996 年 1 月 1 日至 2009 年 1 月 1 日期间安装的 ECDIS 设备，符合不低于经 MSC.64（67）决议和 MSC.86（70）决议修正的 A.817（19）决议附件所规定的性能标准。

2. IHO 关于 ECDIS 的性能标准

IHO（国际水道组织）一直致力于有关海图与航海出版物规范、海图符号规格及其显示等方面的标准化工作。目前 IHO 制定的关于 ECDIS 的标准主要包括：

（1）IHO S-52

IHO S-52 是 IHO 关于电子海图的内容和 ECDIS 显示方面的标准（IHO Specifications for Chart Content and Display Aspects of ECDIS）；现行版为 2010 年 3 月第六版。该标准规范了 ECDIS 显示 ENC 信息时的方式，包括颜色、符号样式、线型等一系列问题，保证不同厂商生产的 ECDIS 显示海图信息的方式、基本海图功能都是一致的，利于用户识读。该标准有三个附件和一个附录：

附件 A：IHO ECDIS 表示库；

附件 B：颜色显示初始校准程序；

附件 C：显示标准的维护程序；

附录 1：电子航海图更新指南。

（2）IHO S–57

IHO S–57 是 IHO 关于数字化水道测量数据即电子海图数据的传输标准（IHO Transfer Standard for Digital Hydrographic Data），现行版为 2000 年 11 月第 3.1 版。

该标准描述了用于各国航道部门之间的数字化水道测量数据的交换以及向用户、ECDIS 的生产商发布此类数据的标准。该标准是具有法律效力的矢量形式电子航海图的数据交换和传输标准。该标准内容主要包括三部分以及两个附件：

第一部分：一般性介绍；

第二部分：理论数据模型；

第三部分：数据结构（电子航海图的数据格式）；

附件 A：IHO 物标目录（物标分类和编码系统）；

附件 B：产品规范（电子航海图产品规范，IHO 物标目录数据字典产品规范）。

（3）IHO S–63

IHO S–63 是 IHO 关于数据保护方案的标准（IHO Data Protection Scheme）现行版为 2008 年 3 月第 1.1 版。该标准主要用于规范电子海图数据的分发与服务，包括防盗版、防伪造、选择性存取、数据制作者一致性和原始设备制造商（OEM）一致性等条款，是安全结构与操作规程的推荐性标准，使用对象为数据发行机构（如国家水道测量部门）、ECDIS/ECS 设备制造厂商和最终用户。

除上述标准外，IHO 还制定通过了其他与电子海图数据或应用系统有关的标准。

3. IEC 61174

IEC 61174《海上导航和无线电通信设备及系统–电子海图显示与信息系统（ECDIS）–操作要求和性能要求，测试方法和要求》是 IEC（国际电工委员会）发布的，现行标准为 2008 年 9 月发布的第 3.0 版。

该标准描述了 ECDIS 的性能测试方法和要求的测试结果。任何厂家生产的 ECDIS 系统必须按该标准经严格测试并达到标准要求的结果，才能被官方认可投入市场。因此，通过该标准的测试是 ECDIS 合法地成为船用设备的基础。符合该标准的 ECDIS 得到了类型认可（Type-Approved）后，才可合法地成为船用设备。

上述各标准之间的关系可用图 7–5 表示。

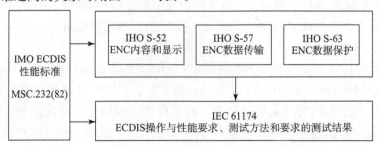

图 7–5　ECDIS 相关标准和规范间的关系

四、ECDIS 功能简介

ECDIS 与 GPS（DGPS）、AIS、RADAR、陀螺罗经等助航仪器组合后，不仅可实现航线设计、自动记录航迹、转向点报警、偏航报警，还可以从显示器上直观地看到本船和装有 AIS 的周围船舶的位置、相互态势，获取他船的航向、航速、距离、最近会遇距离和时间、他船的船舶类型、大小、目的港、吃水大小等信息，显示物标、岸线、水深、等深线、禁航区、各种报告点、报告线，可通过本船矢量线偏离船首线的夹角判断风流压的方向和大小等，对保障船舶的航行安全起到了积极作用。

ECDIS 的功能从大的方面讲有以下几项：海图显示、航海信息查询、海图作业、系统报警与指示、航线设计与航次计划、航行监控、航行记录等。

知识链接 2　ECDIS 系统介绍

一、ECDIS 组成概述

ECDIS 的组成示意图如图 7 - 6 所示。

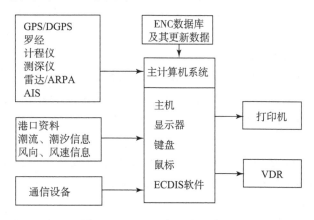

图 7 - 6　ECDIS 的组成示意图

1. 硬件组成

ECDIS 实质上是一个具有高性能的内、外部接口符合 IHO S - 52 标准要求的船用计算机系统。系统的中心是高速中央处理器和大容量的内部和外部存储器。外部存储器存储容量应保证能够容纳整个 ENC、ENC 更新数据和 SENC。中央处理器、内存和显存容量应保证显示一幅电子海图所需时间不超过 5 s。当然，由于计算机硬件技术的迅速发展加上对 SENC 的合理设计，目前各厂商都能实现在 1 s 内完成一幅电子海图的显示。

图形显示器用于显示电子海图，其尺寸、颜色和分辨率应符合 IHO S - 52 的最低要求，即有效画面最小尺寸应为 350 mm × 270 mm，不少于 64 种颜色，像素尺寸小于 0.3 mm。在进行航路监视时显示海图的有效尺寸至少应为 270 mm × 270 mm。

文本显示器用于显示航行警告、航路指南、航标表等航海咨询信息，其尺寸应不小于14英寸，支持 24×80 字符显示。事实上，当前的 ECDIS 大多采用在图形显示器上以开窗方式显示相关的文本信息。

内部接口应包括图形卡、语音卡、硬盘和光盘控制卡等。以光盘或软盘为载体的 ENC 及其改正数据，以及用于测试 ECDIS 性能的测试数据集可通过内部接口直接录入硬盘，船舶驾驶员在电子海图上所进行的一些手工标绘、注记，以及电子海图的手动改正数据的输入等可通过键盘和鼠标实现。同喇叭相连接的声卡用以实现语音报警。

利用打印机可实现电子海图和航行状态的硬拷贝，以便事后分析。VDR 按国际海事组织的要求记录航行数据。

外部接口一般是含有 CPU 的智能接口，保证从外部传感器（包括 GPS、罗经、雷达/ARPA，AIS、计程仪、测深仪、风速风向仪、自动舵等设备）接收信息，并按照一定的调度策略向主机发送信息。

通过船用通信设备不仅自动接收 ENC 的改正数据，实现电子海图的自动改正，而且还可接收诸如气象预报数据等其他信息。

2. 软件组成

ECDIS 软件是 ECDIS 系统的核心，该软件需要包括以下基本功能模块：

（1）海图信息处理软件

由 ENC 向 SENC 转换的软件、电子海图自动和手动改正软件、海图符号库的管理软件、航海咨询信息的管理软件、电子海图库的管理软件、海图要素分类及编码系统的管理软件、用户数据的管理软件等。

（2）电子海图显示系统软件

电子海图合成软件（给定显示区域、比例尺和投影方式，搜索合适的海图数据，并进行投影和裁剪计算，生成图形文件）、电子海图显示软件（根据图形文件调用符号库，在屏幕上绘制海图）、电子海图上要素的搜索软件、航海咨询信息的显示软件。

（3）计划航线设计软件

在电子海图上手工绘制和修改计划航线、计划航线有效性检查、经验（推荐）航线库的管理、航行计划列表的生成（每段航线的距离、航速、航向、航行时间等）。

（4）传感器接口模块

与外部设备（如 GPS、雷达/ARPA、AIS、罗经、计程仪、测深仪、风速风向仪、LOR-AN–C、卫星船站、自动舵等）的接口软件，以及从这些传感器所读取的信息的调度和综合处理软件。

（5）航线监控软件

计算船舶偏离计划航线的距离、检测航行前方的危险物和浅水域、危险指示和报警等。

（6）航行记录模块

用于记录船舶航行过程中所使用的海图的详细信息以及航行要素，实现类似"黑匣子"的功能。

（7）航海问题的求解软件

船位推算、恒向线和大圆航法计算、距离和方位计算、陆标定位计算、大地问题正反解计算、不同大地坐标系之间的换算、船舶避碰要素（CPA，TCPA）计算等。

二、FURUNO FEA – 2107/2107 – BB/2807 ECDIS

1. 系统的设备清单（EQUIPMENT LISTS）

该系统的标准配置清单如表 7 – 1 所示。

表 7 – 1　FURUNO FEA – 2107/2107 – BB/2807 ECDIS Standard Supply

Name	Type	Code No.	Qty	Remarks
Monitor Unit	MU – 201CE – DVI5	—	1	For FEA – 2107, w/DVI cable（5m）, SP03 – 14700, CP03 – 29020, FP03 – 09810
	MU – 231CE – DV15	—		For For – 2807, w/DVI cable（5m）, SP03 – 14700, CP03 – 29020, FP03 – 09810
Processor Unit	EC – 1000C	—	1	Standard type: Processor unit（EC – 1000C w/S-DONGLE）
	EC – 1000C – R	—		Radar Overlay type: Processor unit（EC 1000C w/S-DONGLE and ROV board）
	EC – 1000C – C	—		Conning type: Processor unit（EC – 1000C, w/S-DONGLE and VIDEO board）
	EC – 1000C – CR	—		Conning/Radar Overlay type: Processor unit（EC – 1000C, w/S-DONGLE, ROV board and VIDEO board）
Control Unit	RCU – 018 – E	—	1	Full keyboard type, w/CP03 – 25604, FP03 – 09850
	RCU – 015FEA – E	—	1	Trackball type, w/CP03 – 25604, FP03 – 09860
LAN Adapter	EC – 1010	—	1	
B Adapter	EC – 1020	—	1	For EC – 1000C – C and EC – 1000C – CR
Spare Parts	SP03 – 14800	000 – 083 – 570	1	Fuses
	SP03 – 14700	008 – 549 – 730	1	Fuses, for AC spec
Accessories	FP03 – 10700	000 – 087 – 221	1	For processor unit
	FP03 – 09810	008 – 536 – 010	1	For Monitor unit
	FP03 – 09850	008 – 535 – 610	1	For Control unit RCU – 018 – E
	FP03 – 09860	008 – 535 – 690	1	For Control unit RCU – 015FEA – E
Installation Materials	CP03 – 29020	000 – 082 – 651	1	For Monitor unit
	CP03 – 29100	000 – 087 – 219	1	For EC – 1000C – R Processor unit
	CP03 – 25604	008 – 539 – 850	1	For Control unit RCU – 015/018 – E
	CP03 – 29110	000 – 083 – 624	1	For EC – 1000C – C/CR Processor unit
	CP03 – 29500	000 – 083 – 501	1	For EC – 1000C/C – R, D – SUB cable 5 m
	CP03 – 29510	000 – 083 – 502	1	For EC – 1000C/C – R, D – SUB cable 10 m
	CP03 – 29600	000 – 083 – 507	1	For EC – 1000C – C/CR, D – SUB 5m
	CP03 – 29610	000 – 083 – 508	1	For EC – 1000C – C/CR, D – SUB 10 m

表中的主要英文释义如下：

显示监控单元（Monitor Unit）　　　　　处理器单元（Processor Unit）

操作控制单元（Control Unit）　　　　　局域网适配器（LAN Adapter）

B 转接插头，B 适配器（B Adapter）　　　备件（Spare Parts）

附属设备（Accessories）　　　　　　　安装物料（Installation Materials）

其中显示监控单元和操作控制单元的实物图分别如图 7 - 7 和图 7 - 8 所示。

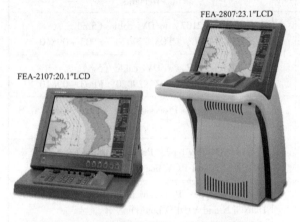

FEA-2807:23.1″LCD

FEA-2107:20.1″LCD

图 7 - 7　显示单元与操作单元实际组合图

（a）　　　　（b）

图 7 - 8　操作单元实物图

（a）RCU - 018；（b）RCU - 015

2. 系统配置（SYSTEM CONFIGURATIONS）

ECDIS EC1000 工作站显示电子海图和作为用户系统的接口。电子海图处理器被连接到各种传感器，并进行导航计算和航行监控。连接接口通常连接一个 LAN（局域网）适配器。ECDIS 处理器可以用于航线计划和航行监控。如果需要，还可以有其他相同的电子海图系统的 EC1000C 工作站连接到同一个局域网共享的电子海图工作任务。如果系统采用一个以上的电子海图 EC1000C 工作站，一个或多个工作站可以作为用户界面（具有所有的使用权），也可以被用来作为计划站（只具有计划权）。如果系统具有两个或多个工作站并连接在一起形成多工作站系统，系统能够使工作站上的数据保持协调，并跟踪任何工作站上所做出的选择和设置。

通常的工作站配置可以有以下两种：

（1）单工作站模式（One workstation）

此模式的系统中只有一个工作站在使用。如图 7 - 9 所示，图中未解释过的英文释义如下：

CALCOMP（California Computer Products Inc.）：［美国］加利福尼亚计算机产品公司

DIGITIZER：数字转换器　　　　　　DRAWING - BOARD：制图板；画板

RADAR OVERLAY PCB：雷达叠加 PCB　　Remote Control Unit：远程控制单元

ALARM OUTPUT：报警输出　　　　　Rectifier：整流器

RADAR SWITCH：雷达开关　　　　　OPTION：可选设备

EXTERNAL DEVICE：外部设备

单工作站的实物连接图如图 7 - 10 所示。

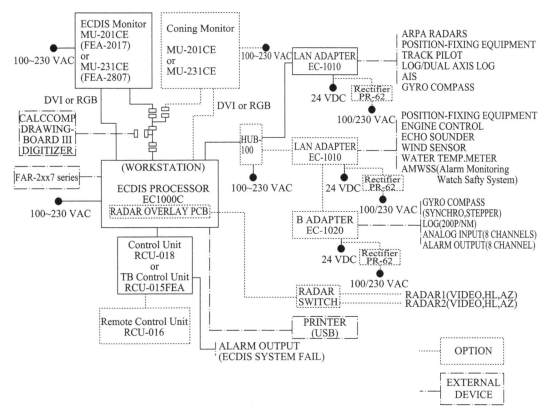

图 7 - 9　单工作站配置

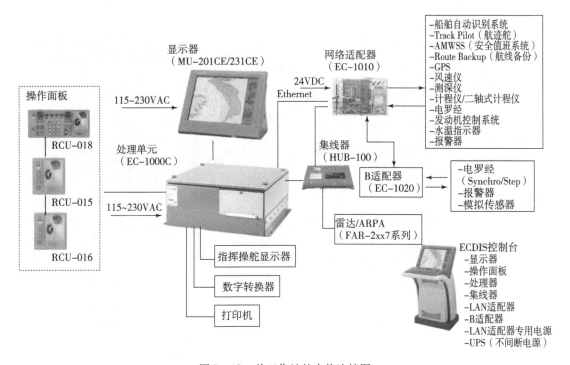

图 7 - 10　单工作站的实物连接图

（2）多工作站模式

两个或更多个工作站在系统中使用，工作站的使用权和传感器源可以由用户更改。多工作站配置如图 7 - 11 所示，多工作站配置实物连接示意图如图 7 - 12 所示。

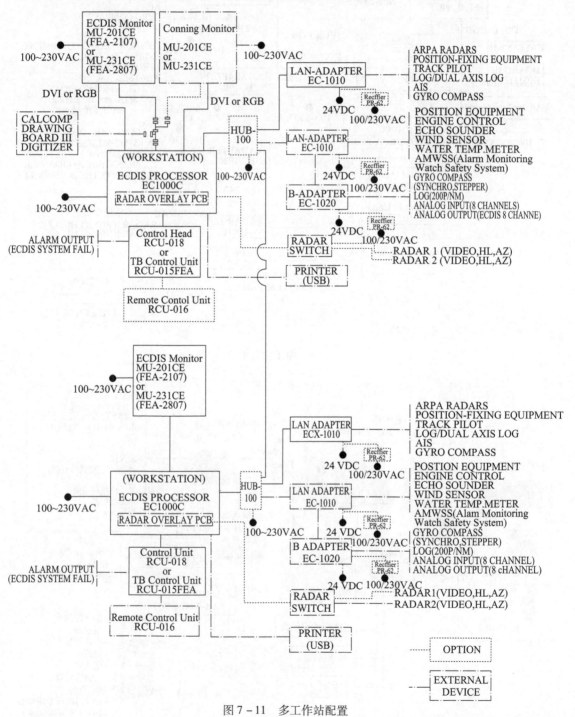

图 7 - 11　多工作站配置

在多个工作站的配置中，可以有 4 个工作站通过局域网（LAN）连接在一起。在此配置中，一个工作站被用作导航传感器的"传感器源"，其他工作站使用传感器源工作站通过局域网与传感器进行通信，从/到工作站接收和发送数据。在多工作站配置中（两个完全冗余导航工作站），导航传感器连接到两个或两个以上工作站，传感器源可能被改变，从/到系统仍然接收和发送信息向/从导航传感器。用户定义的工作站对传感器负责。

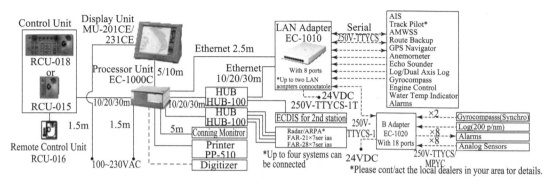

图 7 - 12　多工作站配置实物连接示意图

三、识读船厂电子海图系统图

船舶企业根据各种规范和要求，从船舶建造实际情况出发，设计出企业自用的电子海图系统图，以便于施工。图 7 - 13 是某船厂的电子海图系统图，可以看出主处理单元是电子海

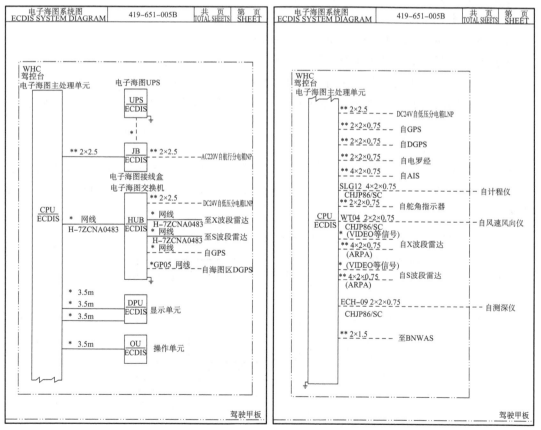

图 7 - 13　某船厂电子海图系统图

图系统进行信息处理和交换的中心。

注：BNWAS 为船载驾驶台航行值班警报系统。

【项目实施】

任务 1　ECDIS 的安装

一、显示监控单元（Monitor Unit）的安装

显示监控单元可嵌入安装在控制台面板上，或使用可选配件安装在桌面上。

1. 安装注意事项（Mounting considerations）

①选择的位置应可以方便地观看显示器，且面向船头时能够查看屏幕。

②避免阳光直射，远离热源。

③单元的两侧和后部留出足够的空间以便于维护。

④要与磁罗经保持安全距离。

2. 嵌入式安装步骤（Flush mounting procedure）

①根据轮廓图所示的尺寸在安装位置开孔。

②将显示器单元嵌入孔中，并用 4 个自攻螺钉（6×30）固定。

③将面板钩固定在开孔附近。面板钩是为了维修时把显示器单元从控制台面板中拉出来。

④将四个面板盖固定在孔上。

嵌入式安装示意图如图 7-14、图 7-15、图 7-16 所示。三个图中主要英文释义如下：

fixing holes：固定孔，安装孔　Panel hook：板钩　Panel cover：板盖　Fixing screw：固定螺钉

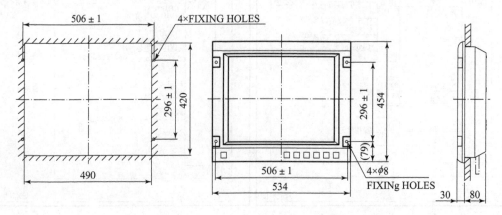

图 7-14　显示监控单元 MU-201CE 的嵌入式安装

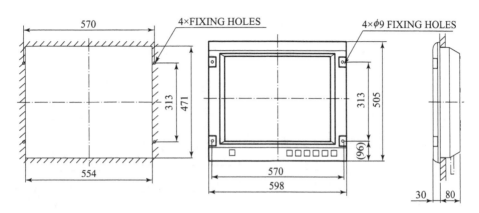

图 7 - 15　显示监控单元 MU - 231CE 的嵌入式安装

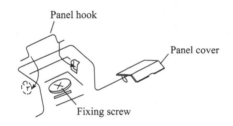

图 7 - 16　安装板钩和板盖

二、操作控制单元（Control Unit）的安装

控制单元可被安装在桌面上，带或不带 KB（Keyboard 键盘）固定金属（此选配件可使控制单元能以一定角度安装）都可。

1. 安装注意事项

①选择的位置要使控制单元便于操作。

②远离热源。

③安装位置要远离水溅和雨水。

④确定安装位置时要考虑控制单元和处理器单元之间信号线的长度（10/20/30 m）。

⑤要与磁罗经保持安全距离。

2. 安装步骤

如果购买了选配件则可有三种安装方法：

①带 KB 固定金属的安装。

②不带 KB 固定金属的安装。

③嵌入式安装。

下面只讲一下不带 KB 固定金属的安装步骤：

①参照轮廓图，如图 7 - 17，钻直径为 5 mm 的四个安装孔。

②四个螺丝（M4）从桌面下侧安装固定控制单元（船厂提供的 M4 螺钉要有足够的长度并适合桌面厚度）。

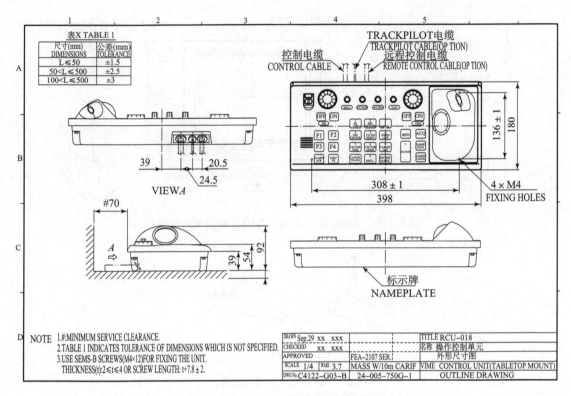

图 7 - 17   操作控制单元安装轮廓图

三、处理器单元（Processor Unit）的安装

1. 安装注意事项

①远离热源。

②安装位置的振动应非常小。

③在单元的两侧和后面应留出足够的空间，以方便维护。

④要与磁罗经保持安全距离。

2. 安装步骤

①将两块安装板用 14 个螺钉（M4 × 8，设备成套提供的）连接到处理器单元。

②用 4 个 M6 的螺栓固定处理器单元，或用自攻螺钉（本地船厂提供）也可。

处理器单元的安装图如图 7 -18 所示。

四、LAN 适配器/B 适配器（LAN Adapter/B Adapter）的安装

注：两者的安装完全相同。

1. 安装注意事项

安装需要注意的问题与处理器单元的安装注意事项完全相同。

2. 安装步骤

①松开一个平头螺钉，从 LAN 适配器上取下盖板。

②拧紧四个自攻螺丝（M3），把适配器固定在安装位置上。

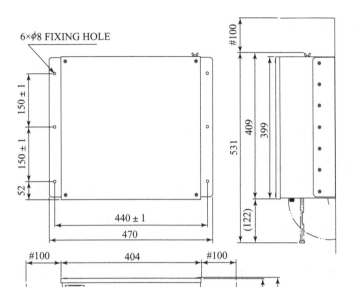

图 7 - 18 处理器单元的安装

③把盖板重新装好。

适配器的安装图如图 7 - 19 所示。

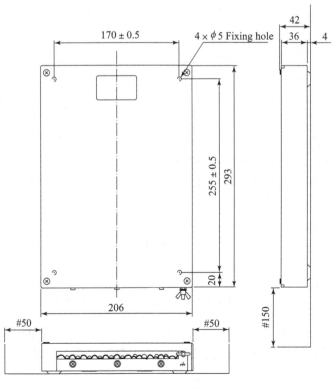

图 7 - 19 适配器的安装

五、识读电子海图系统的接线图

电子海图系统由于运行的关键在于软件系统及其更新，所以它的接线除了常规的电源、各硬件之间的外围接线外，更多体现在内部与处理器之间的互联以及局域网的接入。图 7 - 20 是日本 FURUNO 的电子海图系统接线图。

六、系统的调整和设置（ADJUSTMENTS）

1. 设置 ECDIS 的 IP 地址

电子海图系统有两个局域网接口。按照下面的方法和步骤设置 IP 地址，运行 WindowsXP。

①打开处理器的前面板盖板并连接键盘。

②打开电源。

③按住 Alt 键的同时，按几次 Tab 键，使屏幕显示 ECAWATCH 的窗口。

④松开上述按键，然后立即按下屏幕上的"关闭电子海图系统（Shutdown the ECDIS）"按钮。

⑤点击 x 标志，关闭控制头窗口。

⑥同时按下 Alt 和 F4 键，显示 WindowsXP 的屏幕画面。

接下来有三项具体任务，请参照厂家说明书进行：

①连接局域网 1（ARPA 雷达网）（Local Area Connection for LAN 1（ARPA Radar Network））。

②连接局域网 2（ECDIS 局域网网络）（Local Area Connection for LAN2（ECDIS LAN Network））。

③注册确认（Confirmation of Registry）。

2. 系统参数（Parameters）设置

①将"授权密钥盘（Authorization key disk）"插入到处理器单元。（请注意，安装参数是有限的访问，这受控于授权密钥盘。）

②在控制单元上按 MENU 键，打开菜单。

③滚动滚轮选择初始设置，然后按下滚轮。

④将光标定位于▶至初始设定（INITIAL SETTINGS），显示初始设定菜单。

⑤滚动滚轮，选择安装参数（Installation parameters），然后按下滚轮。如图 7 - 21 所示，在此对话框中有几个按钮，接着就是具体的参数安装设置，请读者查阅厂家说明书。

特别注意：一些选项一定要保持"公共或常规参考系统（Common Reference System）"。请注意具体说明。

七、DIP 开关和跳线（DIP Switches and Jumper Wires）

LAN adapter EC - 1010，Radar overlay（EC - 1000 - C - R - S/1000C - CR - S only）和 B adapter EC - 1020 都需要进行 DIP 开关设置和跳线，限于篇幅，仅以 LAN adapter EC - 1010 为例。

LAN adapter EC - 1010 DIP 开关如图 7 - 22，具体跳线见表 7 - 2。

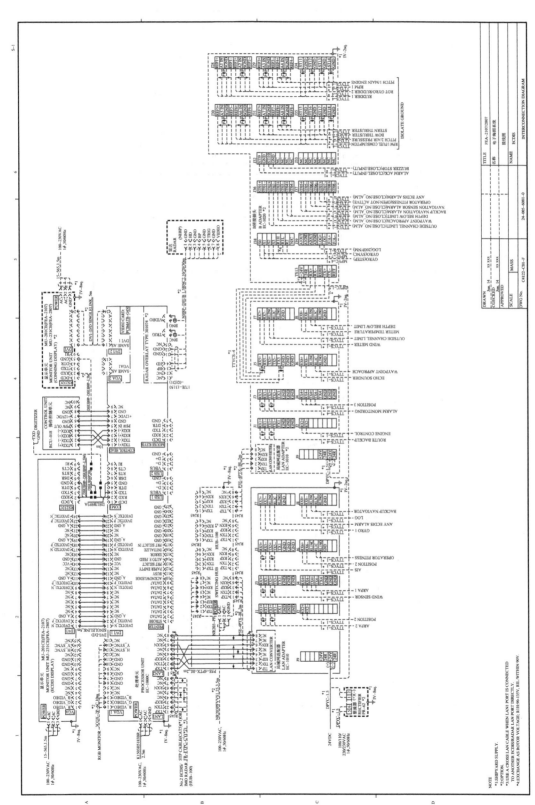

图7-20　设备厂家的电子海图系统接线图

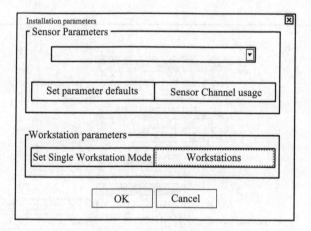

图 7 – 21　安装参数菜单

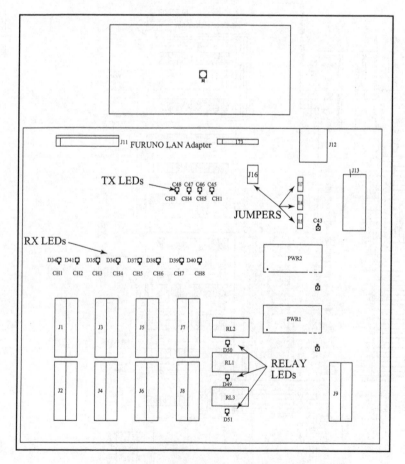

图 7 – 22　LAN adapter EC – 1010 DIP 开关

表 7 - 2 **LAN adapter EC - 1010**

Jumper	Position	Function
J14	TXP TXD1	Programming Normal operation（Default）
J15	RXP RXD1	Programming Normal operation（Default）
J17	CTS1 H – CTS1 CTS1 – GND	Programming Normal operation（Default）
J16	GND – INIT INIT H – INIT	Programming Normal operation（Default）

任务 2　ECDIS 的操作

一、认识 RCU -018 控制面板的旋钮和功能键

RCU -018 控制面板如图 7 -23 所示。

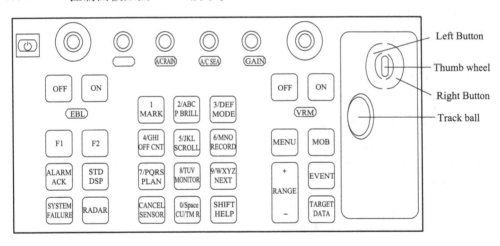

图 7 - 23　RCU -018 控制面板

面板上各旋钮和按键的作用如下：

Power：系统电源开/关（不是显示屏的）。

VRM rotary encoder：VRM（可调式电子圈）旋转轮，调整 VRM。

VRM ON：启动并显示 VRM1/VRM2（交替启动）。

VRM OFF：关掉并且不显示 VRM1/VRM2。

EBL rotary encoder：调整 EBL（电子方位线）。

EBL ON：启动并显示 EBL1/ EBL2（交替启动）。

EBL OFF：关掉并且不显示 EBL1/ EBL2。

F1：激活用户自定义的功能或菜单。

F2：同 F1。

ALARM ACK：警报确认消除—消除由海图、航行或操舵计算所产生的警报。

SYSTEM FAILURE：系统故障—当出现系统故障时该按键后的红灯亮起，蜂鸣器鸣叫。按下改键后，蜂鸣器消声，但灯光保持，直到问题解决。

RADAR：显示雷达图像对话框，调整雷达图像。

STD DSP：激活 ECDIS 标准显示画面。

1/MARK：显示 Nav. Marks 对话框，用以启动或停用各种标记。

2/ABC/P BRILL：调整控制面板亮度。

3/DEF/MODE：选择显示模式—North-up TM，Route-up RM，Course-up RM，North-up RM，Course-up TM。

4/GHI/OFF CNT：使本船移到光标位置，再次按则移到屏幕中心。

5/JKL/SCROLL：启动轨迹球在 ARCS 海图上上下卷动画面功能。

6/MNO/RECORD：打开航行记录子菜单。

7/PRQS/PLAN：打开计划航线对话框。

8/TUV/MONITOR：打开监视航线对话框。

9/WXYZ/NEXT：在多页对话框中打开下一页。

CANCEL/SENSOR：打开传感器对话框；结束对话框或视窗。

0/space CU/TM R：在 TM 和 CU 模式下使本船标记返回到屏幕中心；插入一个空格。

SHIFT/HELP：SHIFT—在大、小写字母间切换；HELP—启动 info/help（光标不能在输入区）。

MENU：显示主菜单。

+RANGE –：调整海图标尺，已调整其显示范围。

MOB：在屏幕上作人员落水标记。

EVENT：在本船位置记录事件。

TARGET DATA：显示选择的 ARPA 目标的目标数据；提供所选海图区域的数据。

GAIN：调整雷达图像增益。

A/C RAIN：减少雷达显示的雨水杂波。

A/C SEA：减少雷达显示的海水杂波。

Left Button：左键。

Thumbwheel：拨轮，指按轮。

Right Button：右键。

Trackball：轨迹球。

二、打开/关闭电源

先打开处理器单元后部的电源开关，然后按控制单元上的电源开关，你会听到声音。关闭电源按相反步骤进行。

三、认识 ECDIS 显示画面

如图 7 - 24 是 ECDIS 部分显示画面。

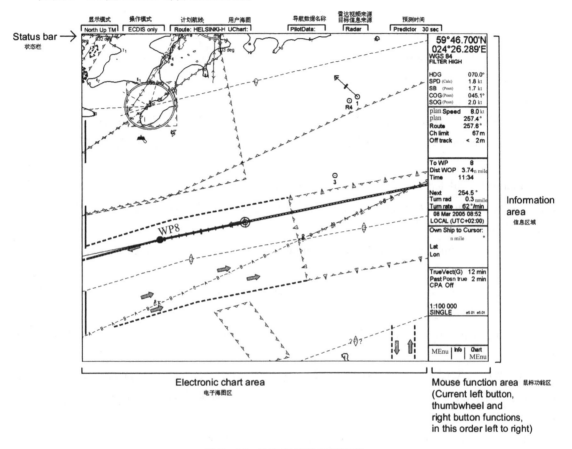

图 7 - 24　ECDIS 部分显示画面

其中右侧信息栏的显示方式有以下几种：

Route display（航线显示），如图 7 - 25 所示。

Autopilot display（自动舵显示），如图 7 - 26 所示。

Conning display（指挥显示），如图 7 - 27 所示。

Docking display（入港/码头显示），如图 7 - 28 所示。

Chart legend（海图图例）

其中前两者必显示其中一个，其余可再显示一种。侧边栏中的信息内容将随着外部设备和传感器与系统的连接情况而改变。

图 7 - 24 信息区域右上角栏目主要含义解释如下：

59°31. 20′N，024°36. 731′E：Latitude and longitude position of own ship. 本船的经纬度。

WGS 84：Datum in use（WGS 72，WGS 84，European 1950，etc.），which is shown above positioning source. 当前使用的坐标系。

FILTER　　HIGH：Positioning source（Dead Reckoning，GPS，DGPS，LORAN，FILTER，etc.）位置信息来源。

HDG：GYRO reading and its source if it is not true gyro. 如果不是真方位则是罗经读数和它的来源。

SPD（CALC 即 Calculated 通过计算预测得到的）根据定位传感器提供的连续船位计算出的航速。

SB（POSN 即 Position 位置）本船航速传感器测得的航速。

COG（POSN）：Course over ground and its source. 对地航向和它的来源。

SOG（POSN）：Speed over ground. 对地航速。

图 7 - 25 中的主要含义解释如下：

Plan Speed：Planned speed to approach "To WP". 去往目的地的计划航速。

Plan：Planned course between previous WP and "To WP". 前一个航路点和下一个航路点之间的计划航向。

Route：Calculated set course to follow the monitored route, including off track, drift and gyro error compensation. 计算设置航向以符合监控中的航线（注意：不是计划航线），包括轨迹偏移，漂移和陀螺误差补偿。

Ch limit：Planned width of channel to approach "To WP". 去往航路点的计划航道宽度界限。

Off track：Perpendicular distance the ship is from the intended track. 船舶与预定的轨迹之间的垂直距离，即偏航。

To WP：The waypoint which the ship is approaching. 船舶正驶向的航路点（航路点也称转向点）。

Dist WOP（Wheel Over Point 轮点）：Distance to the point where rudder order for course change at "To WP" will be given. 舵令改变航向而得到的距离，即旋回舵轮点与转向点之间的距离。

Time：Time to go to WOP（dd：hh：mm：ss）. 到达旋回舵轮点的时间。

Next WP：The WP following the "To WP". 下一个转向点。

Next：Planned course between "To WP" and "Next WP". 与下一个转向点间的计划航向。

Turn rad：Planned turning radius at "To WP". 在转向点的计划旋回半径。

Turn rate：Calculated rate of turn which is based on current speed and planned turning radius. 转向速率（根据当前速度和计划旋回半径而计算得出的速率）。

图 7 - 26 中的主要含义解释如下：

Steering mode（below "Autopilot"）操舵模式（图中为自动舵控制）。

Prog CRS：If you use program track or program heading change steering modes, planned course is shown. 计划航向（程序控制模式下）。

Set CRS：Actual set course 实际设定航向

Set Heading：Actual set heading 实际设定的船首向

Radius：Actual set radius 实际设定的旋回半径

ROT：Value for ROT 转向速率值

Cond：Setting for loading condition 加载条件的设置

Perf：Setting for steering accuracy 操舵精度的设置

Off track：Distance from center line of planned route 偏航距离

图 7 - 27 和图 7 - 28 中的主要含义解释如下：

Transversal speed（frwd 即 forward 向前地）：横向速度

Longitudinal speed：纵向速度

Transversal speed（aft 在船尾；近船尾）：横向速度

Depth（at bow 在船首）：深度

Depth（at stern 在船尾）：深度

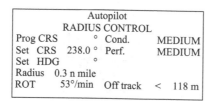

Plan Speed	18.5 kt
Plan	73.2°
Route	79.1°
Ch limit	185 m
Off track	< 18 m
To WP	8
Dist WOP	13.04 n mile
Time	01:11:54
Next WP	9
Next	58.8°
Turn rad	1.0 n mile
Turn rate	10°/min

图 7 - 25　Route display

Autopilot		
RADIUS CONTROL		
Prog CRS	°	Cond.	MEDIUM
Set CRS 238.0 °	Perf.	MEDIUM
Set HDG	°	
Radius 0.3 n mile		
ROT 53°/min	Off track	< 118 m

图 7 - 26　Autopilot display

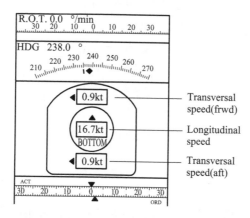

图 7 - 27　Conning display

那么如何更改这几种显示方式呢？步骤如下：

①把光标放在图 7 - 29 中"1"的区域。

②在鼠标功能区将出现"Select Sidebar"，如图 7 - 29 中的"2"。

③点击鼠标右键，就会在显示屏上出现侧边栏菜单，如图 7 - 29 中的"3"。

④旋转拨轮选择你要的显示方式，按拨轮即可。

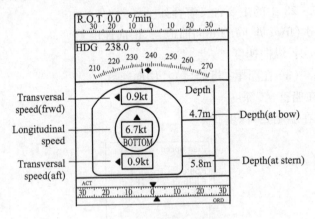

图 7 – 28 Docking display

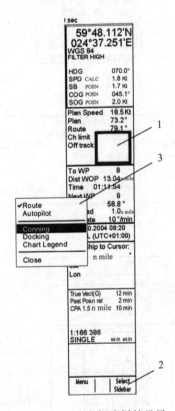

图 7 – 29 改变侧边栏的显示

四、船舶启程前 ECDIS 需要做的准备工作（Setup Before Departure）

①更新海图资料（Update Chart Material）。

②显示并认可 S57 海图日期，手动更新日期（Display and Approve Dates for S57 Charts and Manual Updates）。

③如果必要建立或更新用户图表（Creating or Updating User Chart）。

④如果必要建立或更新导航数据（Creating or Updating Pilot Data）。

⑤设置海图警报计算，确定海图警报区域（Setting Chart Alarm Calculation）。

⑥建立或更新航线（Creating or Updating a Route）。

⑦准备和检查航路监控（Checking and Preparing Route to Monitor）。

⑧核对航行传感器的组合配置情况（Verifying Configuration of Navigation Sensors）。

⑨重新设置距离和行程（Resetting Distance and Trip Counters）。

⑩核对坐标系（Verifying Datum）。

下面就对 ECDIS 的几项基本操作进行说明。

五、建立一条航线（Creating a route）

①将游标放在状态栏（status bar）的 Route 处，然后点击 Plan，用 Route Plan 菜单打开 Route Plan 对话框（如果没出现菜单则将游标放在对话框的三角形上）。选择 Create，按下滚轮。

②输入航线名称（最多 30 个字符）：旋转滚轮选择想输入的字母，按下滚轮即可。名称输入完毕后，点击 OK 按钮。

③在 Plan Route 对话框中勾选 Enable changes；在海图上把游标放在你要去的地点，按鼠标左键，即选择了一个航路点（waypoint）；进入航路点后，编辑名字（Name）、操舵模式（Steering mode）、回转半径（Radius）、航道限制（Channel limit）、速度（Speed（Min，Max）），方法是：把游标放在项目（item）上，旋转滚轮，改变数值按下滚轮确定；依次步骤做完航线的全部航路点。

④使用警报（Alarms）页定义安全的海底轮廓（contour）和其他检查航路所需的指定条件。从清单（list）中选择项目，然后点击 Indication（以得到可见的指示）、Alarm（获得声光报警）或 Ignore（忽视、移除检查项目）按钮。

⑤使用检查核对（Check）页检测识别少于海底轮廓深度的区域或有指定条件的区域。要创建一个报警清单则点击 Start 按钮。

⑥时间表（Time table）可以优化，使用参数（Parameters）页输入预定离港时间（Estimated Time of Departure（ETD））和预计到达时间（Estimated Time of Arrival（ETA）），在优化视窗中选择你想要的优化模式（optimizing mode）。

图 7－30 是建立航线的步骤图，图中的数字与上述讲解的顺序相对应。

注：航路点报告可打印出来。在 Plan Route 对话框的 menu 中选择 Report 或 Full Report 确认后，点击 Print Text 即可。

六、建立一张用户图表（Creating a User Chart）

用户图表是用户为了自己的航行目的而制作的简单的叠加图。它们可以被同时显示在雷达显示屏和电子海图上。这些图表用于突出和安全相关的项目，如重要的航标位置，船舶的安全区等。当航线或船舶的预计位置经过基于用户定义的危险符号，线和面时，用户图表可以用来激活报警和指示。当然一张用户图表上的符号数量是受限的。如在 FEA－2107/2107－BB/2807 ECDIS 中的各条目的最大数值为：200 Points；2 000 Lines；1 000 Symbols（alphanumerics）；50 Areas；an area can have 20 corner points。

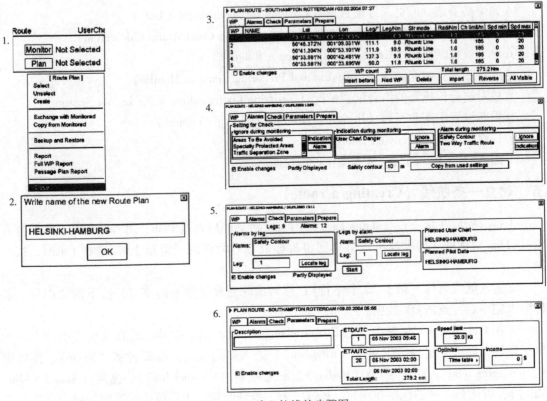

图 7-30   建立航线的步骤图

建立用户图表的步骤如下：

①将游标放在状态栏的 Uchart 上，点击 Plan 按钮，在信息区域出现 Plan User Chart 对话框。

②将游标放在对话框的三角处，在菜单中选择 Create，按下滚轮，为用户图表输入名字后，点击 OK 按钮。

③点击 Line tab（标签），勾选 Enable changes；旋转滚轮，在 Name 处给线（Line）输入名字；旋转滚轮，在 Element type 对话框中选择 line type。

若在一个新位置（new position）建立一条 New Line，勾选 New start position；如果你想在海图报警计算（chart alarm calculation）中使用这条线，则勾选 Danger Line；使用游标把线放到指定位置，然后按下左按钮。

④点击 Symbol tab，勾选 Enable changes；点击 Add 按钮，然后定义类型（Style，指符号 Symbol 或标签 Label），名称（Name）和标志字符（Symbol character）。

Display on radar 自动选择，如果不想让这些符号或标签出现在雷达上就把它勾掉；如果在海图报警计算使用这个符号，则勾选 Danger Symb；使用游标为符号或标签选择位置，然后按下左按钮。

⑤点击 Area tab，勾选 Enable changes；要建立一个新区域（new area），点击 Add 按钮；定义名称，确定是否在雷达上显示以及在海图报警计算是否应用为危险区域（Danger Area）。使用游标把区域放到指定位置，然后按下左按钮。

⑥点击 Tidal（潮汐）tab，勾选 Enable changes；定义名称、类型、方向（Orientation）、

力量（Strength）和时间（Time）。Tidal symbol 仅在 ECDIS 上显示。

⑦点击 Point（点）tab，勾选 Enable changes；使用游标将其放到指定位置，然后按下左按钮。

图 7-31 是建立用户图表的步骤图，图中的数字与上述讲解的顺序相对应。

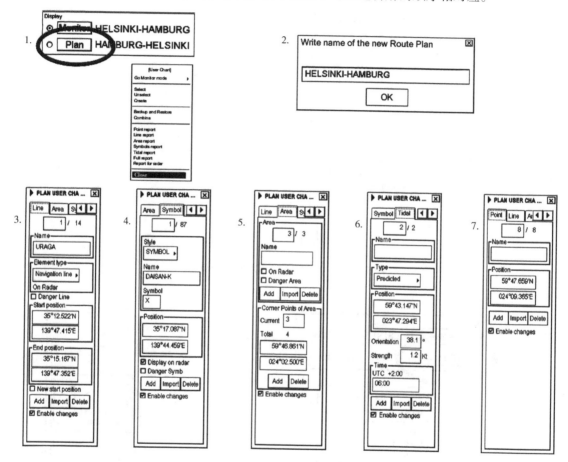

图 7-31　建立用户图表步骤图

七、建立一个导航数据（Creating New Pilot Data）

与导航相关的笔记（notebook）称为导航数据。它在监控模式下为操船者提供某一特定船舶的位置信息。用户为每一个导航数据记录指定范围。当本船航行到导航数据设置的范围内时，ECDIS 把导航数据与本船位置进行比较并把导航数据显示在屏幕上，如图 7-32 所示。

建立导航数据的步骤如下：

①将游标放在状态栏的 Pilot Data 上，然后点击 Plan 按钮，将显示 Plan Pilot Data 对话框。如果菜单未出现，则再点击三角，在菜单中选择 Create，按下滚轮。

②输入导航数据名字，点击 OK 按钮。

③在 Plan Pilot Data 对话框的 Edit Record 页勾选 Enable changes；将游标放置在导航数据要放的位置，按左键；在范围（Range）框内输入本船激活导航数据的范围；在文本描述

（description）框内输入想要在屏幕上显示的文本信息（旋转滚轮选择，按下滚轮确认）。

图 7 - 33 是建立导航数据的步骤图，图中的数字与上述讲解的顺序相对应。

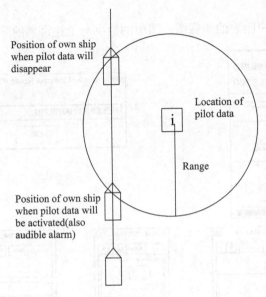

图 7 - 32　导航数据在 ECDIS 上的显示

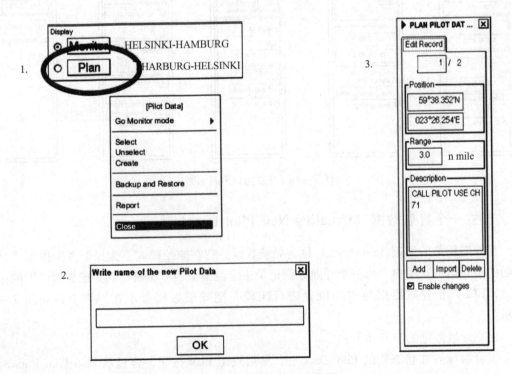

图 7 - 33　建立导航数据步骤图

关于 ECDIS 的操作很多，限于篇幅不能一一说明，请读者查阅厂家操作说明书。

【项目考核】

项目考核单

学生姓名		教师姓名	项目七	
技能训练考核内容（60分）			技能考核标准	得分
1. ECDIS系统图、接线图识读（15分）	图7-9，图7-11，图7-12，图7-13 ECDIS系统图		能正确识读系统图、接线图，识读错误一处扣1分	
	图7-20ECDIS接线图			
2. ECDIS系统安装接线（15分）	显示监控单元的安装		能正确进行设备接线，接错一处扣2分	
	操作控制单元的安装			
	处理器单元的安装			
	LAN适配器/B适配器的安装			
	系统的调整和设置			
	DIP开关和跳线			
3. ECDIS基本操作（15分）	认识RCU-018控制面板的旋钮和功能键		能正确进行设备操作，操作错误一次扣3分	
	打开/关闭电源			
	认识ECDIS显示画面			
	船舶启程前ECDIS需要做的准备工作			
	建立一条航线			
	建立一张用户图表			
	建立一个导航数据			
4. 项目报告（10分）			格式标准，内容完整，详细记录项目实施过程、并进行归纳总结，一处不合格扣2分	
5. 职业素养（5分）			工作积极主动、遵守工作纪律、遵守安全操作规程，爱惜设备与器材	
知识巩固测试（40分）			1. 电子海图的类型及各自特点	
			2. ECDIS的主要国际标准	
			3. ECDIS在安装时需要注意的问题	
完成日期		年 月 日	总分	

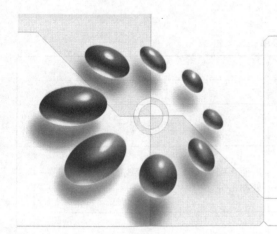

项目八 船载航行数据记录仪（VDR）的安装与操作

【项目描述】

船载航行数据记录仪（Voyage Data Recorder，VDR），通俗地说就是船舶"黑匣子"，是用于记录船舶航行数据、指令和状态等的专用设备。该设备以一种安全和可恢复的方式，连续存储船舶发生事故前后一段时间的与船舶位置、动态、物理状态、命令和操纵相关的信息。当船舶发生事故时帮助调查者找出船舶失事的原因。该设备共有两种形式，一种是标准的 VDR，应用于所有的新造船及客船，另一种是简易的 VDR（Simplified Voyage Data Recorder，S-VDR），主要应用于 2002 年 7 月 1 日之前建造的在航货船上。

【项目目标】

1. 能正确识读 VDR 的系统图和接线图。
2. 能正确安装 VDR。
3. 会对 VDR 进行基本操作。

【知识链接】

知识链接 1　VDR 的基本知识

一、船载航行数据记录仪相关国际标准和导则

船载航行数据记录仪的相关国际标准和建议可分类为性能标准、技术标准和查验导则三类。

1. 性能标准

性能标准是对设备使用功能的最低要求，由 IMO 制订。自 1997 年以来，IMO 通过的有关船载航行数据记录仪的性能标准及其修正案包括：

①IMO A. 861（20）号决议《船载航行数据记录仪（VDR）性能标准建议案》（1997 年 11 月 27 日通过）。

②IMO MSC. 163（78）号决议《船载简易航行数据记录仪（S－VDR）性能标准》（2004 年 5 月 17 日通过）。

③IMO MSC. 214（81）号决议《船载航行数据记录仪（VDR）性能标准［A. 861（20）号决议］和船载简易航行数据记录仪（S－VDR）性能标准［MSC. 163（78）号决议］修正案》（2006 年 5 月 12 日通过）。

2. 技术标准

技术标准是对设备技术指标的最低要求，由 IEC 根据 IMO 的性能标准制定，是各生产厂家生产和测试设备的依据。自 2000 年以来，IEC 根据 IMO 关于 VDR/S－VDR 的性能标准，分别制订了关于船载航行数据记录仪的技术标准，并在 2007 年依据 IMO MSC. 214（81）号决议对技术标准重新做了修订。目前生效的技术标准包括：

①IEC 61996－1 Ed. 1. 0《海上导航及无线电通信设备和系统：船载航行数据记录仪（VDR）：第 1 部分：航行数据记录仪（VDR）：性能要求、试验方法和要求的试验结果》（2007 年 11 月 21 日颁布）。

②IEC 61996－2 Ed. 2. 0《海上导航及无线电通信设备和系统：船载航行数据记录仪（VDR）：第 2 部分：简易航行数据记录仪（S－VDR）：性能要求、试验方法和要求的试验结果》（2007 年 11 月 21 日颁布）。

3. 操作、安装和年度测试导则

针对 VDR/S－VDR 的安装、操作、数据所有权和年度审验，IMO 和 ISO 等国际组织通过和颁布了相关的指导性建议，各国政府按照或参照这些建议规范船载航行数据记录仪的安装、操作和查验。这些指导性建议包括：

①IMO《航行数据记录仪所有权与恢复导则》（2002 年 5 月 29 日通过）。

②IMO《从航行数据记录仪和简易航行数据记录仪中读取存储数据供调查机关使用的建议》（2005 年 6 月 17 日通过）。

③IMO《航行数据记录仪和简易航行数据记录仪的年度性能测试导则》（2006 年 12 月 11 日通过）。

④ISO 22472《船舶与海运技术－VDR 操作与安装导则》（2006 年 11 月 1 日颁布）。

二、VDR 与 S－VDR

VDR 与 S－VDR 没有原则上的不同，最主要的区别在于要求记录的信息数量。VDR 与 S－VDR 的数据记录功能区别如表 8－1 所示。

表 8-1 VDR 与 S-VDR 数据记录功能区别

数据		设备	
类型	内容（来源）	VDR	S-VDR
导航仪器	日期、时间、船位（EPFS）	强制	强制
	速度（计程仪或 EPFS）	强制	强制
	艏向（罗经）	强制	强制
	水深（测深仪）	强制	非强制*
雷达 AIS	雷达图像（雷达）	强制	非强制*
	AIS 数据（AIS）	不需要	若记录雷达数据，则不需要
音频	驾驶台/VHF 声音（麦克风）	强制	强制
操作状态	舵令及响应	强制	非强制*
	轮机命令和响应	强制	非强制*
环境状态	船体开口	强制	非强制*
	水密门和防火门	强制	非强制*
	加速度和船体应力	若有传感器	非强制*
	风速、风向	强制	非强制*
报警	主报警	强制	非强制*

* 若有 IEC61162 或 NMEA 数据或 RGB 接口（雷达），则应予记录。

注：VDR/S-VDR 保存的信息分为配置数据和运行数据。表 8-1 中所列数据均为运行数据。配置数据是由正式授权人在 VDR/S-VDR 启用时写入，且不能被其他未授权人改写的，永久保存在 FRM 中的数据。配置数据定义了系统及其所连接传感器的配置，改变该数据不会影响运行操作数据。配置数据包括形式认可主管机关和参考标准、IMO 船舶识别编号、软件版本号、自动记录最近配置数据修改的日期和时间、麦克风位置和记录端口分配及其 ID、所连接的 VHF 通信设备的位置和端口分配及其 ID、所连接的雷达显示器及其 ID、获取时间和日期的来源、获取船位的 EPFS 及其在船舶的相对位置、其他数据输入源的标识等。

 知识链接 2　VDR 系统介绍

一、VDR 系统组成及各部分作用

基本的 VDR 包括以下几部分（FURUNO VR-3000）：

①数据采集单元（Data Collecting Unit，DCU），也称主机，安装在驾驶台附近的航行设备间等。其内部程序与接口、传感器等配合，完成采集数据、数据格式转换、数据刷新和数

据备份等任务，是系统的核心，如图 8-1 所示。

②数据记录单元（Data Recording Unit，DRU）：结构上表现为最终记录介质（Final Recording Medium，FRM）装载在数据保护舱（protective capsule）里。FRM 一般采用闪存（flash memory）。数据保护舱通常安装在罗经甲板龙骨正上方离开船舶建造结构 1.5 m 外的空旷处，以方便维护和事故后的回收。通常工作环境下所记录的数据能够在记录结束后保持至少两年，如图 8-2 所示。

图 8-1　数据采集单元

保护舱有固定式和自由浮离式两种。其外壳为高可见度荧光橙色，用反光材料标识"VOYAGE DATA RECORDER—DO NOT OPEN—REPORT TO AUTHORITIES"。保护舱带有一个在 25~50 kHz 频段的水下声响信标，信标所用电池至少可以工作 30 天。

（a）　　　　　　　　　　　　　（b）

图 8-2　数据记录单元
（a）固定式（Fixed type）；（b）自由浮离式（Float free type，只用于 S-VDR）

（1）固定式保护舱

固定式保护舱在任何情况下都固定在安装的位置上，并设有分离螺栓或释放杆或转锁等机械释放机关与底座相连，舱体上设有金属拉环或把手，以方便水下回收。在事故发生后，保护舱可以承受冲击（50 g 半正弦脉冲 11 ms）、穿刺（250 kg 100 mm 直径尖头物体 3 m 坠落）、耐火（260℃10 h 及 1 100℃1 h）、深海压力和浸泡（6 000 m 深 24 h 及 3 m 深 30 天）等恶劣环境，并保持数据完好性。对于 S-VDR，保护舱可不要求满足穿刺的标准。

（2）自由浮离舱

自由浮离舱在船体沉没时能够自动脱离船体上浮，并能够在海水浸泡至少 7 天保持数据完好性。但如果保护容器经历了高于国际标准对无线电发射装置的防火性能所应承受的火烧温度时，则自由浮离释放装置自动禁止释放保护容器。浮离舱还带有昼夜工作的指示灯和在 121.5 MHz 工作的自引导发射机，周期性发射莫尔斯码"V"指示最后已知或即时位置（如果有内置 EPFS，Electronic Position Fixing Systems 电子定位系统）。也有的浮离舱集成了 EPIRB 发射机，能够通过卫星搜救系统发出遇险报告。为指示灯和无线电发射机供电的电池至少可工作 7 天。

③远程报警板（Remote Alarm Panel，RAP）：远程指示系统的状态（有的设备报警指示器集成在主机上）。

④接线盒（Junction Box，JB）：能够减少电缆敷设量，增加输入端口数量（VR-3000S

的可选件）。

⑤桥楼麦克风（Bridge microphone）：室内麦克风与室外麦克风加在一起的数量最多 6 个。

⑥VHF 接口单元 IF－5200 以及 VHF 麦克风和扬声器（loudspeaker）。

系统工作时主电源采用 100～230 VAC，也要提供 24 VDC 电源。当供电主回路失电时，要求备用电池能够记录桥楼音频 2 小时。

系统能够连续存储 12 小时以上的数据。

系统整体工作过程可以简述如下：VDR/S－VDR 通过传感器接口及信息处理电路采集传感器信息，在数据处理器中对这些数据进行变换、压缩、编码等处理，然后输入存储器和 FRM 记录保存，并不断滚动覆盖翻新。其主要工作过程可概括为：信号采集、数据存储和备份以及自检和故障报警。

二、识读 VDR 系统图

1. FURUNO VR－3000 标准配置清单

FURUNO VR－3000 标准配置清单见表 8－2。

表 8－2　FURUNO VR－3000 标准配置清单

Name	Type	Code No.	Qty	Remarks
Data Collecting Unit	VR－3010	—	1	
Data Recording Unit	VR－5020－6G	—	Choose one	6 GB, for connection of single radar
	VR－5020－9G	—		9 GB, for connection of 2－4 radars
Remote Alarm Panel	VR－3016	—	1	Includes installation materials
Junction Box	IF－8530	—	1 set	Option on VR－3000S
Microphone	VR－5011	—	1－6	Choose quantity
Waterproof Microphone	VR－3012W	—		
Power Supply Unit	PSU－001	—	1	Russian spec. only
Installation Materials	CP24－00605	004－383－250	1 set	For VR－3010, radar 1 to 2 CH
	CP24－00609	004－383－290		For VR－3010, radar 3 to 4 CH
	CP24－00601	004－383－210		For VR－3010, no radar conn
	CP24－00801	004－384－960	1 set	For VR－3016
	CP24－00217	004－381－090	1 set	For VR－5011
	CP24－00215	004－379－590	1 set	For VR－5020
	CP24－00910	000－042－241	1 set	IEEE1394 cable, 30m, w/armor
	CP24－00401	001－014－480	1 set	For RAP
Accessories	FP24－00201	004－383－300	1 set	English document
	FP24－00203	004－555－560	1 set	For VR－3010
Spare Parts	SP24－00201	004－555－540	1 set	For VR－3010

2. 识读设备说明书的 VDR 系统图

设备厂家的 VDR 系统图如图 8 - 3 所示。图中的主要英文释义如下：

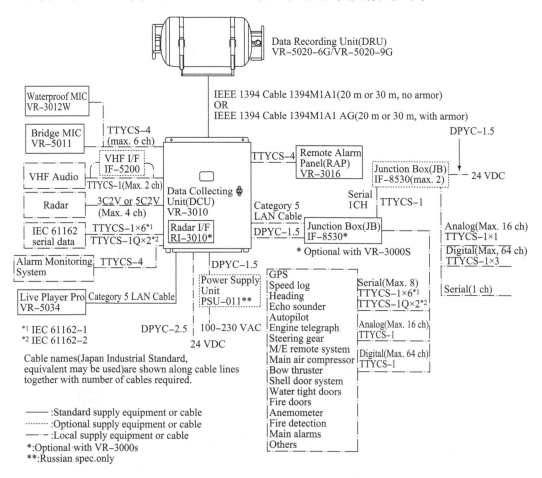

图 8 - 3　设备厂家的（FURUNO VR - 3000）VDR 系统图

Waterproof MIC：防水麦克风（用于驾驶室外）

Bridge MIC：桥楼（即驾驶室内）麦克风

Radar：雷达（记录雷达显示器上的全部信息）

VHF Audio：VHF 音频（即说话声音）

serial data：串行数据

Alarm Monitoring System：报警监控系统

Live Player Pro：在线播放处理器

Analog：模拟的

Digital：数字的

Serial：串行的

GPS：全球定位系统（记录船位，即经纬度和坐标系）

Speed log：计程仪（记录速度）

Heading：船首向（记录船首向，即罗经指示）

Echo sounder：回声测深仪（记录龙骨以下水深、测深仪量程和其他状态信息）

Autopilot：自动舵（记录操舵指示器舵令及其响应角度）

Engine telegraph：轮机命令和响应（记录所有车钟的或直接的轮机/螺旋桨控制器的位置、轴转数（或等效速度）、反馈指示、前进后退指示器及首尾侧推（如果有））

Steering gear：舵机起动器

M/E remote system：主机遥控系统

Main air compressor：主空气压缩机

Bow thruster：艏侧推装置

Shell door system：船体开口/门系统（记录船体开口/门状况）

Watertight doors：水密门

Fire doors：防火门

Anemometer：风速风向仪

Fire detection：火灾探测

Main alarms：主报警（记录所有 IMO 强制要求在驾驶台内报警的状态，报警声音通过麦克风记录。）

Others：其他的重要航行安全数据，如 ECDIS、CCTV 等。

VDR 系统（VR – 3000/3000S）的实物连接图如图 8 – 4 所示。

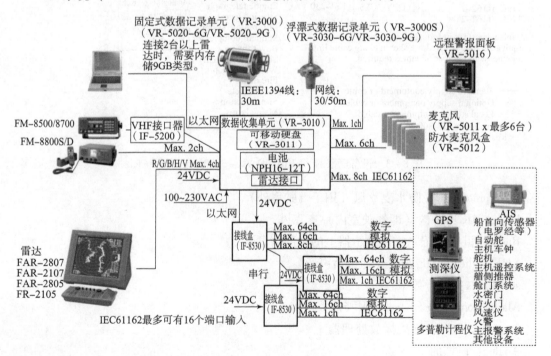

图 8 – 4　VDR 系统（VR – 3000/3000S）实物连接图

3. 识读船厂的 VDR 系统图

各船厂根据船舶建造规范各种建造标准以及船东的要求，再结合设备的实际情况，设计绘制本船厂的 VDR 系统图。图 8 – 5 是某船厂一艘散货船的 VDR 系统图。此图中的 VDR 不是 FURUNO 的。因此与图 8 – 3 相比信号采集有了不同，但总体系统构成是相同的。

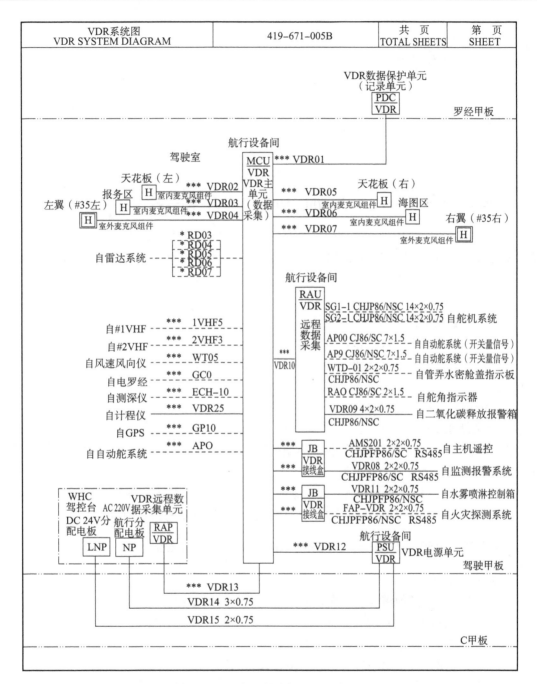

图 8-5 某船厂散货船 VDR 系统图

注：①电力电缆选用 CJ86/SC，通讯电缆选用 CHJP86/SC。

②带 *** 号电缆由 VDR 厂家提供。

③带 * 电缆由设备厂家提供。

【项目实施】

任务1 VDR 的安装

一、数据采集单元（Data Collecting Unit，DCU）的安装

DCU 安装在室内的甲板或舱壁上。安装位置要便于与相关传感器及相关的设备的连接。对于舱壁安装，请确保安装位置足够坚固，在船舶遭遇的正常振动范围内足以支撑 DCU。

1. 安装注意事项

①安装面必须平整。

②安装位置应远离受水溅和有雨水的地方。

③选择位置要考虑电缆长度、相关传感器和设备的连接、访问连接器和该单元门的通道。

④不能离磁罗经太近。

2. 安装过程及细节提示

为了抬高 DCU，在单元顶部提供了有眼螺栓。注意在安装好 DCU 后用提供的装饰帽塞住有眼螺栓孔。

将 DCU 用 M10 螺栓或 ø10 方头螺栓紧固到所选位置，安装图如图 8-6 所示。

DCU 内部的安装细节如图 8-7 所示，DCU 内部同轴电缆的固定细节如图 8-8 所示。

二、数据记录单元（Data Recording Unit，DRU）的安装

1. 安装注意事项

①必须与燃料或其他潜在的火警危险分开。

②必须与可能的机械损伤源分开。

③安装地点必须便于常规维护和复制数据。

④选择便于潜水员或水中搜寻机械人取回设备的地方。

⑤DRU 四周空旷，没有阻碍，以便潜水员或水中搜寻机械人进行作业。

2. DRU 的安装过程

（1）数据记录单元（DRU）的安装支架与安装底座的连接

DRU 原厂装有安装支架（mounting bracket）。要求造船厂为 DRU 制作一个安装底座（mounting base），焊接在甲板上。安装支架要用 M8 螺栓和螺母（双螺母）安装在安装底座上，减震器和螺栓间的间隙至少应有 3 mm，如图 8-9 所示。

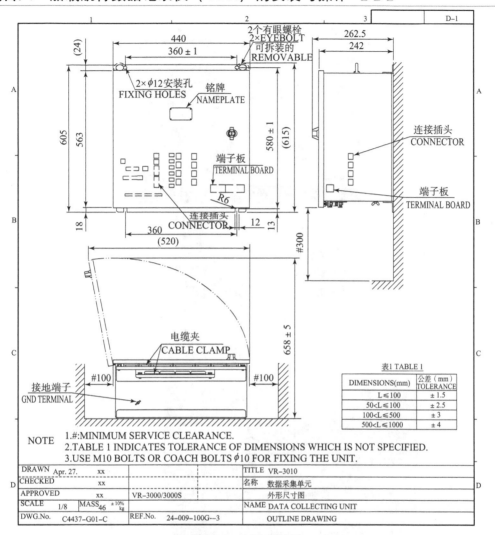

图 8 - 6　DCU 安装图

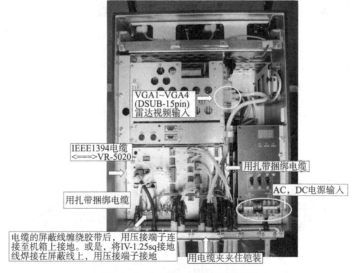

图 8 - 7　DCU 内部的安装细节

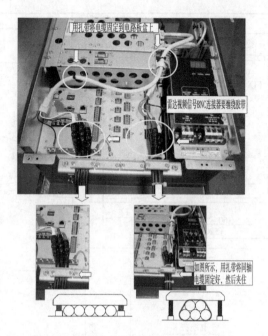

图 8 - 8　DCU 内部同轴电缆的固定细节

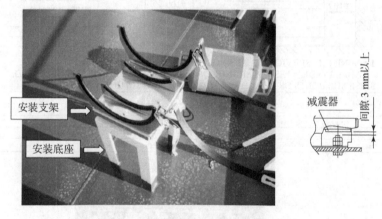

图 8 - 9　DRU 的安装支架与安装底座

（2）DRU 火线（FireWire Cable）的连接

将火线连接至 DRU 时，插头要插入到最内侧。连接至 DRU 的电缆插头不能受到损伤，也不能受到雨淋。必须缠绕胶带，以进行防护防水处理。火线如图 8 - 10 所示。火线的连接如图 8 - 11 所示。

图 8 - 10　DRU 的火线

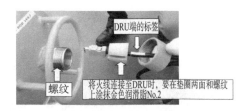

图 8-11　DRU 火线的连接

拓紧 DRU 盖型螺母，直到只可看见一条螺纹，如图 8-12 所示。注意不要将盖形螺母拓紧至螺纹末端。拓好后做防水处理，如图 8-13 所示。

图 8-12　拓紧 DRU 的盖形螺母

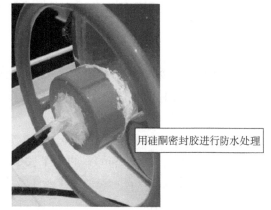

图 8-13　防水处理

（3）多余电缆的处理

多余电缆不能剪断应按图 8-14 方法进行处理。

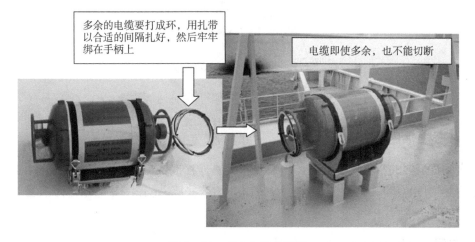

图 8-14　多余电缆的处理

（4）装上铰链销（hinge pin）

装上铰链销是安装 DRU 的最后一步，请不要忘记，如图 8-15 所示。

图 8 - 15 装上铰链销

3. DRU 主体分离的步骤

当需要将 DRU 的主体分离时，按以下步骤进行：

①松开手动拧紧的盖形螺母（cap）。

②直接拉出 DRU 的电缆（cable）（电缆也许在事故发生后已经切断）。

③先取下卡销（snap pin），再取下铰链销（hinge pin）。

④提起释放拉杆（release lever），分离主体。

如图 8 - 16 所示。

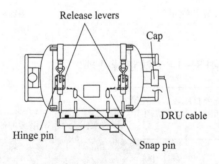

图 8 - 16 DRU 主体的分离

三、远程报警板的安装

要确保有足够的空间用于后盖的安装和布线。远程报警板采用嵌入式安装。在远程报警板附近贴上"IMPORTANT"的标签。安装图如图 8 - 17 所示。图 8 - 18 为报警板的电缆处理。

四、麦克风（**Microphone**）的安装

1. 桥楼麦克风（Bridge microphone VR - 5011）的安装

桥麦克风带有嵌入式安装板。用六个 4×16 自攻螺丝固定安装板。单个麦克风的有效使用面积约直径 10 m，高度 2 m，如图 8 - 19 所示。图 8 - 20 为雷达位置的麦克风安装实例。

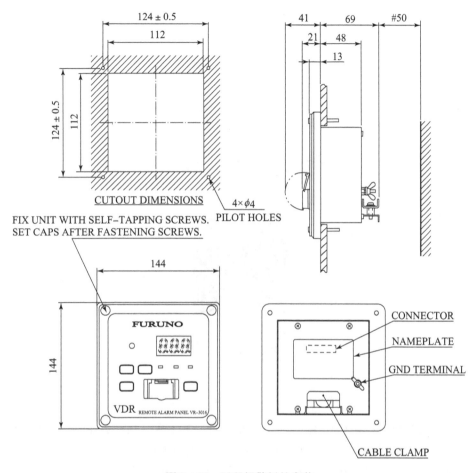

CUTOUT DIMENSIONS

FIX UNIT WITH SELF–TAPPING SCREWS.
SET CAPS AFTER FASTENING SCREWS.

4×φ4
PILOT HOLES

FURUNO

VDR REMOTE ALARM PANEL VR-3016

CONNECTOR

NAMEPLATE

GND TERMINAL

CABLE CLAMP

图 8 – 17　远程报警板的安装

（a）

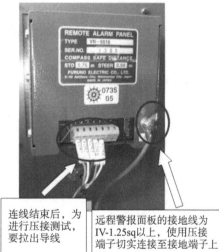

连线结束后，为进行压接测试，要拉出导线

远程警报面板的接地线为 IV-1.25sq 以上，使用压接端子切实连接至接地端子上

（b）

图 8 – 18　远程报警板实物图

（a）前面；（b）后面

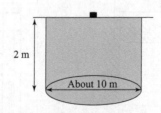

图 8 – 19　麦克风的有效使用面积

图 8 – 20　雷达位置的麦克风安装实例

麦克风安装在可录制桥楼所有对话的位置。如：海图桌、雷达控制台、GMDSS 无线控制台、驾驶台、发动机控制台等的天花板面上。本机最多可连接 6 个麦克风。

2. 防水麦克风（Waterproof microphone VR – 3012W）的安装

防水麦克风，即室外麦克风，安装在桥楼两翼（wing）。有两种类型：舱壁安装（Bulkhead mount）或嵌入式安装（Flush mount）。

有关麦克风的具体安装方法、接线盒的安装以及初始化设置和检查等详见厂家安装说明书。

五、识读 VDR 接线图

图 8 – 21 是 FURUNO 航行数据记录仪 VR – 3000 的接线图。以数据采集单元为核心，图中给出了各种选配模块。

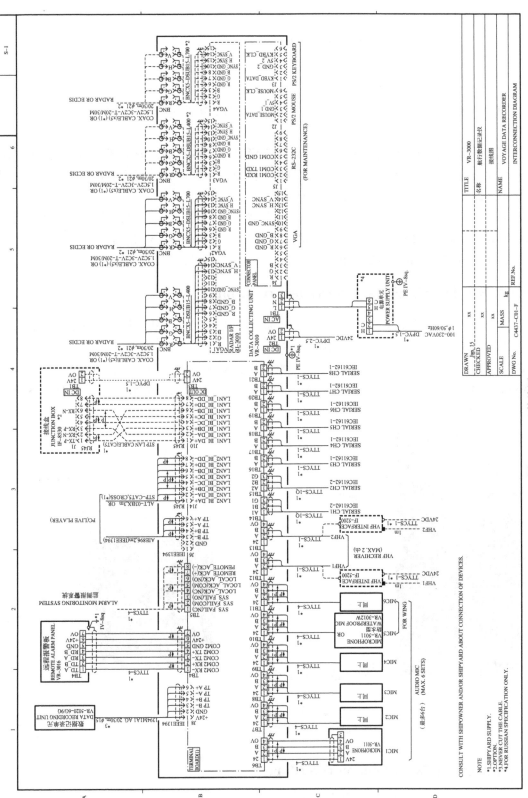

图8-21　VDR接线图

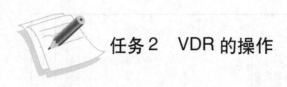

任务 2 VDR 的操作

　　VDR 配有钥匙锁住 DCU 以防止任何未经授权的访问。安装完毕后必须妥善保管好钥匙。

　　配置数据的装载和更改应由正式授权人在 VDR/S – VDR 启用时完成。具体操作根据设备的厂家与型号不同而不同，通常通过 Web 连接由专用软件完成配置操作。配置操作有密码保护。配置完成后，系统方可正常进行数据记录。

　　VDR/S – VDR 在正常工作状态下的运行是完全自动的，无须人为干预。当报警单元发出告警时，航海人员应按操作说明书的要求进行操作。VDR/S – VDR 通常设有电源、存储、记录终止、报警确认和测试等操作控钮。

一、打开电源并记录数据（Powering，recording）

　　在 DCU 的电源控制面板（power control panel）上按照下列顺序依次打开交流供电主电源（AC SUPPLY MAINS），直流供电主电源（DC SUPPLY MAINS）和备用电池（BATTERY BACK – UP）的开关（switches）。确认电源控制面板和远程报警面板（REMOTE ALARM PANEL，RAP）的正常指示灯（NORMAL LED）亮，如图 8 – 22 所示。VDR 在 DRU 和备份硬盘（HDD）中自动记录数据。

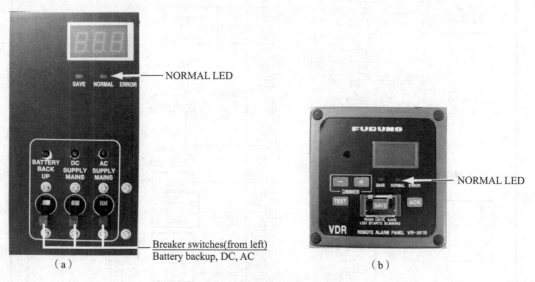

图 8 – 22　VDR 打开电源的正常指示

（a）电源控制面板；（b）远程报警面板

二、停止记录数据（Stopping recording）

　　只有在下列情况下才能终止数据记录：

①船舶在港口内进行必要的维护。

②船舶处于闲置状态。

要停止记录，请按照下列顺序关闭电源：BATTERY BACKUP, DC SUPPLY MAINS and AC SUPPLY MAINS。

注意：当 BATTERY BACKUP 的开关打开时，千万不要通过关闭主开关去关闭系统。如果这样做，系统就会由备用电池供电继续运行，两小时后系统停止工作。

三、远程报警面板的操作（Operation on Remote Alarm Panel）

在远程报警面板上没有电源开关。它的打开和关闭由 DCU 上的电源开关控制。当远程报警面板上的错误指示灯（ERROR LED（red））亮时，在错误代码表（error code tables）中核对错误代码编号，识别确认错误。远程报警面板的功能按钮如图 8 - 23 所示。

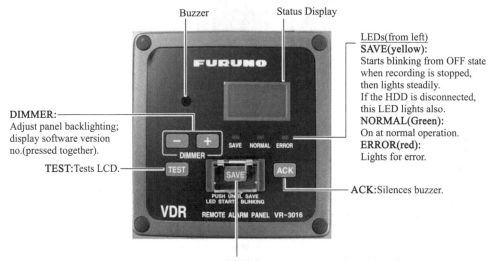

图 8 - 23　远程报警面板的功能键

ACK button：报警确认键。每次连接到 VDR 的雷达被关闭时，蜂鸣器就鸣叫。按下 ACK button 使报警静音。

SAVE button：存储键。按下保存按钮则停止向 DCU 中的备份硬盘记录数据。如果发生事故，按此按钮以停止录制数据到备份硬盘，然后取出硬盘。

四、取出备份硬盘（Removing HDD）

VDR 的信息自动地复制到备份硬盘上，能存储超过 12 小时的信息（最多 48 小时），然后自动地被新信息刷新覆盖。如果可能的话，事故发生后将备份硬盘带走。参照图 8 - 24 按照下列步骤进行：

①长时间按住远程报警面板上的 SAVE 按钮，黄色 LED 灯开始闪烁（blinking），表明记录正在被终止。

②等到灯光平稳（steadily）。

③用钥匙打开 DCU 并关闭电源。

④拉 HDD 门上的把手（knob），打开门。

⑤断开 IEEE1394 电缆。

⑥取出 HDD。

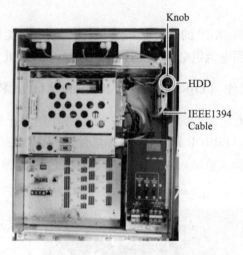

图 8 - 24　HDD 在 DCU 中的位置

项目考核单

学生姓名		教师姓名		项目八	
技能训练考核内容（60 分）			技能考核标准		得分
1. VDR 系统图、接线图识读（15 分）	图 8 - 3、图 8 - 5 的 VDR 系统图		能正确识读系统图、接线图，识读错误一处扣 1 分		
	图 8 - 21 的 VDR 接线图				
2. VDR 系统安装接线（15 分）	数据采集单元的安装		能正确进行设备接线，接错一处扣 2 分		
	数据记录单元的安装				
	远程报警板的安装				
	麦克风的安装				
3. VDR 基本操作（15 分）	打开电源并记录数据		能正确进行设备操作，操作错误一次扣 3 分		
	停止记录数据				
	远程报警面板的操作				
	取出备份硬盘				

技能训练考核内容（60分）	技能考核标准	得分
4. 项目报告（10分）	格式标准，内容完整，详细记录项目实施过程、并进行归纳总结，一处不合格扣2分	
5. 职业素养（5分）	工作积极主动、遵守工作纪律、遵守安全操作规程，爱惜设备与器材	
知识巩固测试（40分）	1. VDR 的性能标准和技术标准	
	2. VDR 保存信息中的配置数据和运行数据	
	3. VDR 的工作过程	
完成日期 年 月 日	总分	

参 考 文 献

[1] 杨在金. 航海仪器 [M]. 大连：大连海事大学出版社，1998.

[2] 中国海事服务中心. 信息技术与通信导航系统 [M]. 大连：大连海事大学出版社；北京：人民交通出版社，2012.

[3] 刘彤，等. 船舶综合驾驶台通信与导航系统 [M]. 大连：大连海事大学出版社，2012.

[4] 关政军. 航海仪器 [M]. 大连：大连海事大学出版社，2009.

[5] 高玉德. 航海学 [M]. 第3版. 大连：大连海事大学出版社，2012.

[6] 中国海事服务中心. 海船船员适任证书知识更新（船长、驾驶员）[M]. 大连：大连海事大学出版社；北京：人民交通出版社，2012.

[7] 吴建华. 现代导航信息系统 [M]. 武汉：武汉理工大学出版社，2007.

[8] 李海凤. 船舶通信与导航 [M]. 哈尔滨：哈尔滨工程大学出版社，2012.

[9] 洪德本. 航海仪器 [M]. 大连：大连海事大学出版社，2006.

[10] 张志军. 船舶通信导航设备操作分册 [M]. 大连：大连海事大学出版社，2009.

[11] 寇连坡，李文芳. 海船船员适任评估教程 [M]. 大连：大连海事大学出版社，2012.